GUIDELINES FOR THE APPLICATION OF

ELECTRONIC COMMERCE LAW

中华人民共和国
电子商务法
适 用 指 南

洪友红——主 编
许力先——副主编

法律出版社 | LAW PRESS

图书在版编目(CIP)数据

中华人民共和国电子商务法适用指南 / 洪友红主编
. -- 北京 : 法律出版社, 2019
ISBN 978-7-5197-3662-0

Ⅰ. ①中… Ⅱ. ①洪… Ⅲ. ①电子商务-法规-法律适用-中国-指南 Ⅳ. ①D922.294-62

中国版本图书馆CIP数据核字(2019)第144505号

中华人民共和国电子商务法适用指南
ZHONGHUA RENMIN GONGHEGUO
DIANZI SHANGWUFA SHIYONG ZHINAN

洪友红 主编

责任编辑 李 群
装帧设计 鲁 娟

出版 法律出版社
总发行 中国法律图书有限公司
经销 新华书店
印刷 中煤(北京)印务有限公司
责任印制 吕亚莉

编辑统筹 法规出版分社
开本 710毫米×1000毫米 1/16
印张 16
字数 253千
版本 2019年8月第1版
印次 2019年8月第1次印刷

法律出版社/北京市丰台区莲花池西里7号(100073)
网址/www.lawpress.com.cn
投稿邮箱/info@lawpress.com.cn
举报维权邮箱/jbwq@lawpress.com.cn
销售热线/400-660-8393
咨询电话/010-63939796

中国法律图书有限公司/北京市丰台区莲花池西里7号(100073)
全国各地中法图分、子公司销售电话:
统一销售客服/400-660-8393/6393
第一法律书店/010-83938432/8433 西安分公司/029-85330678 重庆分公司/023-67453036
上海分公司/021-62071639/1636 深圳分公司/0755-83072995

书号:ISBN 978-7-5197-3662-0 **定价**:58.00元

撰 稿 人 员

洪友红　许力先　朱文杰　吴淑艳
徐　嫔　钱卫龙　夏　亮　章小岚

序

电子商务作为从利用信息网络技术为手段，以商品交换为中心的商务活动，在现代网络社会中日益显示出重要的地位，通过法律对其予以规范，对于保障电子商务各方主体的合法权益，规范电子商务行为，维护市场秩序，促进电子商务持续健康发展，均有特别重要的意义。为此，2018年8月31日十三届全国人大常委会第五次会议通过了《中华人民共和国电子商务法》（以下简称《电子商务法》）。《电子商务法》不是对电子商务行业发展的限制，在一定程度上重塑了电子商务行业竞争格局，因此，对其学习、研究与探索尤其必要。特别是近年来，电子商务行业发生巨大的变化，不仅出现了各类垂直电商、跨境电商，而且电子商务技术也有长足的进步，这就需要法律人不断更新相关知识和获得有关领域的高超技能。

洪友红律师属于从律师的视角较早探讨电子商务法治问题的法律人，2015年就出版《电子商务法律服务指引》。这对指导缺失法律背景下的电子商务具有特别重要的意义。可以说，洪友红属于善于总结办案实践经验、勇于紧跟时代节奏步伐、积极探索我国法治建设的专家型律师。该书在编写中紧扣《电子商务法》的基本内容，突出法律实务，侧重办案实践总结，注重解读法条原意，是一本具有极高实务价值的法律书籍，对有志于从事电子商务法律实务工作人员和从事电子商务活动从业者有所裨益。

在《电子商务法》实施（2019年1月1日实施）之际，对洪友红律师有关电子商务研究的最新成果予以推介，不仅对引导电子商务活动具有意义，而且对促进电子商务有序发展与保障电子商务行业依法进行也具有价值。我希冀洪友红律师的著作在社会上产生应有的社会效果，也期许不远的将来还会有佳作呈现给大家，为我国的法治发展不断贡献经验、力量与智慧。

是为序。

中央财经大学教授、博士生导师
北京金融风险管理研究院副院长　郭　华

2019 年 1 月 20 日

前　言

商贾贸易，古已有之，但不论富甲天下如陶朱、沈万三，还是玩味商道如白圭、子贡，抑或红顶逐利如雪岩、王炽，都囿于时代科技，只能在水陆运输、开埠设店等传统商业模式创造财富。正如古代刑法为主，乡野宗族法为辅的构架难以展望到现今刑民并举、行政商事全面发展的法律体系，电子商务作为互联网时代新技术所形成的商务活动领域，也是令传统商业范畴惊喜又陌生的存在。

商业和法治的交汇随着时间的推移和科技的进步，必然会有匹配时下商业模式的全新部门法应运而生。电子商务历经20年蓬勃发展，已然从幼苗长成了参天巨树，成为中国经济的重要组成部分，以引擎般的非凡姿态鼓动着我国的科技创新、技术创新、模式创新和概念创新，也催生出《电子商务法》这部划时代的商业领域法，标志着我国电子商务告别了野蛮生长的少年时代，步入逐步成熟的黄金时期。

本书编写团队在《电子商务法》尚未颁布前就已关注电子商务领域多年，并已有相关论证，2015年3月由法律出版社出版了《电子商务法律服务指引》，得到有关部门和电商人士的重视。2019年1月1日《电子商务法》实施后，积极调整知识结构、理顺法律规定，在先前积淀的基础之上，融合编写团队的实务经验和研究方向，以电商法律适用为视角，展现电商急剧发展的这片土地上的法律工作者们对电商的独到见解。全书分为十三章，体例结构是在编写团队反复论证研讨之后，将《电子商务法》七章进行合理编排组合，最终确定而来。既有着眼于理论和政策的法律基础、电子商务促进、法律保护这些章节，也有偏重于法律实务的电子商务合同、签名与鉴定、电子证据、刑事犯罪风险防范、争议解决等章节，更有关注业态本身且极具专业性的准入和运营、业态和模式、电子支付、信息管理与安全、物流等章节。

本书旨在为电子商务领域的法治建设提供些许参考和建议，故适用范围广泛，既可以是电子商务平台的参阅资料，也可以是电子商务经营者的学习教程，还可以是法律工作者在电商法领域服务过程中的助力工具，建议读者从章节目录中按图索骥，撷取自身所需部分阅读，每个章节都可以成为独立的借鉴对象，而若有闲暇通篇阅读亦不失为全面审视电商法的好途径，笔者相信本书对学习和理解《电子商务法》有重要的指导作用，对促进电子商务领域法治研究和实务指导也有重要的参考价值。

洪友红

2018 年 12 月 28 日

目　　录

第一章　电子商务法律制度

第一节　电子商务法概述

近年来，电子商务随着互联网技术发展而发展，而且逐渐由国内化向全球化发展，发展之迅速、领域之扩大，令人震惊。

当今电子商务已成为市场经济主要活动，改变了人们生活的方方面面。于是，市场主体们抓住电子商务有利时机发展自己公司业务。无论是自然人、企业，还是政府、社会都全面开展电子商务。然而电子商务的研究起步较晚，特别是我国电子商务专项法律刚刚颁布。《电子商务法》于 2019 年 1 月 1 日起施行，该法规定了电子商务基本原则和基本制度，为此，需要从电子商务经营企业、电商平台及电子商务法律适用方面作一些研究和探讨。

一、电子商务的定义和要素

（一）电子商务的定义

电子商务的定义众说纷纭，国际组织、IT 行业对此都有不同的理解和表述。国际上，联合国经济合作和发展组织在有关电子商务报告中对电子商务的定义是“发生在开放网络 Internet 上的包含商家与商家之间、商家与消费者之间的商业交易”。联合国国际贸易法律委员会对电子商务的定义是“采用电子数据交换和其他通讯方式增进国际贸易的职能”。根据《联合国国际贸易委员会电子商务示范法》的规定，电子商务有广义和狭义之分。狭义的电子商务（Electronic Commerce）也称电子交易，是指基于互联网平台实现商业交易电子化的行为。广义的电子商务（Electronic Business）是指利用数据信息技术进行的各种商业经营管理活动，而数据信息是指由电子的、光学的或其他类似方式所产生、传输并存储的信息。广义电子商务包括网络营销、电子支付、物流配送、电子数据交换等外部交易流通行为，企业资源规划、人力资源管理、信息系统等企业内部管理行为，通过内外联网及互联网将企业的业务资源合作融合，实现资源共享、共赢。《电子商务法》第二条对电子商务定义进行了明确，“本法所称电子商务，是指通过互联网等信息网络销售商品或者提供服务的经营活动”。同时，也确定了《电子商务法》的适用范围仅限于商品或者服务的交易，不适用于新闻信息、视音频、文化产品、出版等内容的发布、搜索引擎、即时通信服务等；更不适用于互联网金融类产品，如保险、众筹、基金、互联网借贷及挂牌交易所形式的电商平台服务。

（二）电子商务的基本要素①

电子商务是传统商务经由互联网网络化、电子化而来的，其核心的运行模式仍是与传统的商务活动一致，同样具备传统商务的四个基本要素，即信息流、资金流、物流、商流。

1. 信息流

电子商务中的信息包括商品的信息、企业的信息（包括电商资质等）、消费者信息、网络技术信息以及交易活动中会出现的询价单等信息。信息流指的是上述这些信息在电子商务交易的各主体间传递的过程，其传递可以通过电子邮件、网站、BBS 等形式。

2. 资金流

资金流指的是交易过程中资金的支付、转账、结账等转移过程。随着互联网的发展，电子商务的产生，资金的转移方式也有了很大的革新。资金转移方式的革新主要体现在网上支付工具的产生。网上支付方式主要是依靠网上银行支付平台及第三方支付平台实现支付转账操作。常见的网上支付方式包括网银支付、支付宝、电子现金、电子支票、电子钱包等。电子商务活动中资金的转移主要是依靠电子支付方式和传统支付方式共同实现。

3. 物流

物流主要指的是商品的流动过程，包括商品的运输、储存、配送、装卸、保管等过程。物流包括卖方物流和第三方物流。电子商务中物流主要是第三

---

① 石炎、章元日主编：《电子商务管理实务》，中国水利水电出版社 2009 年版，第 9～10 页。

方物流。所谓第三方物流是指在商品的流通过程中，由商品交易的供应和需求之外的第三方以合同形式对企业提供一定期限内物流服务的一种物流运作方式。

4. 商流

商流指的是商品所有权由卖方转移至买方的过程。该过程包括交易前的宣传、买卖双方选择及谈判磋商、合同签订、发货、售后服务等，通常涉及商检、税务、海关、运输等各行业。信息流、资金流、物流的最终目的都是成功实现商品所有权的转移，即实现商流。

对电子商务要素的研究有助于我们对电子商务基本内涵的理解，也有助于电子商务信息技术和法律规定的相互统一，促进电子商务信息化和法制化发展，从而规范电子商务市场行为，防范电子商务法律风险。

二、电子商务的特点①

电子商务将传统的商务流程电子化、数字化，以电子流代替了实物流，可以大量减少人力、物力，降低成本；同时，更突破了时间与空间的限制，使交易行为可以在任何时间、任何地点进行，从而提高了效率。电子商务作为一种行业模式，具有如下特点：

（一）普遍性和全球化

电子商务作为一种新型的交易方式，将生产企业、流通企业以及消费者和政府带入了一个网络经济、数字化生存的新天地，为国际贸易、交流打开全新世界。凡是能够上网的人，无论是在南非上网还是在北美上网，都将被包容在一个市场中，有可能成为上网企业的客户。

（二）方便性和快捷化

在电子商务环境中，人们不再受地域的限制，客户能以非常简捷的方式完成过去较为繁杂的商业活动。如通过网络银行能够全天候地存取账户资金、查询信息等，同时使企业对客户的服务质量得以大大提高。电子商务能在世界各地瞬间完成传递与计算机自动处理，而且无须人员干预，加快了交易

① “电子商务具有哪些特点”，载 https：//zhidao. baidu. com/question/2202773769397977508. html，访问日期：2018 年 9 月 28 日。

速度。

（三）整体性和虚拟化

电子商务能够规范事务处理的工作流程，将人工操作和电子信息处理集成为一个不可分割的整体，这样不仅能提高人力和物力的利用率，也可以提高系统运行的严密性。通过以互联网为代表的计算机互联网络进行的贸易，双方从开始洽谈、签约到订货、支付等，无须当面进行，均通过计算机互联网络完成，整个交易完全虚拟化。

（四）安全性和低廉化

在电子商务中，安全性要求网络能提供一种端到端的安全解决方案，如加密机制、签名机制、防火墙、防病毒保护等。由于通过网络进行商务活动，信息成本低，足不出户，可节省交通费，且减少了中介费用，交易成本大大降低。

（五）协调性和透明化

在电子商务环境中，要求银行、配送中心、通信部门、技术服务等多个部门的通力协作。电子商务中双方的洽谈、签约，以及货款的支付、交货的通知等整个交易过程都在电子屏幕上显示，实现公开透明化。

（六）集成性和连续化

电子商务以计算机网络为主线，对商务活动的各种功能进行了高度的集成。任何人都可以在任何时候向网上企业查询信息，寻找问题的答案。企业的网址成为永久性的地址，为全球的用户提供不间断的信息源。

三、电子商务法的基本原则

《电子商务法》第一条规定："为了保障电子商务各方主体的合法权益，规范电子商务行为，维护市场秩序，促进电子商务持续健康发展，制定本法。"

（一）促进发展，鼓励创新

促进发展主要是指促进电子商务持续健康发展。党的十八届五中全会、十九大均坚持以人民为中心的发展思想，提出了"创新、协调、绿色、开放、共享"的新发展理念，作为电子商务法应贯彻新发展理念，促进电子商务法新发展。

（二）规范秩序，分清责任

规范秩序主要是指规范电子商务行为，维护市场秩序。电子商务相关行为包括电子合同的订立、电子支付、快递物流和数字产品的交付等。电子商务法禁止侵害主体合法权益，扰乱电子商务秩序的行为，实现电子商务顺利发展。

（三）保障权益，惩罚违法

保障权益主要是指保障电子商务主体的合法权益。电子商务主体包括电子商务活动中的自然人、法人和非法人组织，其中，消费者作为电商主体受到了特别的保护。同时，对电子商务平台提出了更高的建设要求，包括规范信用评价体系、竞价排名规则以及争议解决机制。

四、电子商务法的基本制度

（一）鼓励创新，营造良好营商环境

电子商务发展的生命力在于创新。鼓励创新是电子商务发展的必然要求，也是政府、行业应当鼓励发展的需要。

1. 电子商务新业态和新模式

新业态是指基于不同产业间的组合、企业内部价值链和外部产业链环节的分化、融合、行业跨界整合以及嫁接信息及互联网技术所形成的新型企业、商业乃至产业的组织形态。信息技术革命、产业升级、消费者需求倒逼是推动新业态产生和发展的三大重要因素。商业模式是企业与企业之间、企业的部门之间、企业与顾客之间、企业与渠道之间都存在各种各样的交易关系和联结方式。电子商务领域的创新既包括技术创新，也包括经营内容和经营方式的创新。

2. 创造良好的营商环境

（1）诚信体系建设

网络空间是现实生活的延伸和扩展。电子商务诚信建设是一项复杂的社会系统工程，不仅需要增强电子商务经营者、消费者的诚信观念，而且需要建立健全电子商务诚信机制，完善立法、强化司法、加强政府监管和行业自律，促进电子商务健康持续发展。

（2）政府最小干预

关键在于充分发挥市场配置资源的决定性作用和更好发挥政府作用。应坚持政府最小干预原则，政府最小干预，并不是否定政府监管的作用，而是要厘清政府和市场的界限。

（3）推动外向型经济

跨境电商是当今互联网时代发展最为迅速的贸易方式，为更多企业、更多群体带来了新的发展机遇，是构建开放型世界经济的重要支撑。当前，我国跨境电商实行以“一带一路”建设为引领，以国际产能和装备制造合作为重点的发展战略，是推动跨境电商发展的有力举措。

（二）法律地位同等

1. 线上线下地位平等

电子商务（线上）与传统商务（线下）是共生、竞争的关系，不存在谁取代谁的问题。线上线下一致原则，即电子商务各方主体的法律地位平等，电子商务主体与其他民商事主体的法律地位也平等。

（1）技术中立

技术中立原则又称“非歧视”原则，即国家制定法律、政策和标准时，应对各种技术同等对待，由电子商务经营者自主选择各种电子商务技术，国家鼓励各种新技术应用和推广，给予各种电子商务技术公平竞争的机会。根据技术中立原则，应当依法承认电子票据、电子合同、电子检验检疫报告和证书、各类电子交易凭证等的法律效力，认可其作为处理相关业务的合法凭证。

（2）平等对待

这要求各级政府和有关部门平等对待电子商务和其他商务活动，使其与其他商务活动处于同一起跑线上，既不能歧视电子商务，也不能歧视其他商务活动。电子商务活动的跨地域性、跨行业特征，要求各级政府和有关部门不得实施条块分割、地方保护主义。

（3）线上线下融合

线上线下一致原则的核心是“线上线下法律精神一致性”和“线上线下技术差异适配性”。线上线下不仅需要共生，更重要的是促进线上线下融合。

2. 新型主体管理同等

新型主体管理同等包括主体管理一致性、税收管理统一性、管理内容均等性等。

（三）共管共治

共管共治是互联网治理理念在电子商务领域的具体体现。互联网治理的基本原则是多方共治。电子商务治理需要自律与监督相结合，通过政府部门监督、经营者和行业自律以及社会他律形成合力。

1. 政府监管

（1）政府各部门分工

政府各部门分工包括国家发展与改革委员会、工业和信息化部、商务部、中国人民银行、国家市场监管总局、国家互联网信息办公室、海关总署、国家邮政局等，各部门分工合作，各负其责，促进电子商务沿着规范化道路发展，监督电子商务活动符合法律规范，保障各方合法权益。

（2）政府各部门协调联动

政府各部门协调联动包括公安部、农业农村部、国家卫生健康委员会、国家知识产权局等，各部门除电子商务发展部际综合协调工作组外，建立跨部门协调联动机制，保障电子商务健康发展。

2. 行业自律

行业自律就是通过建立和发挥电子商务行业组织的职能，推动行业主体进行有效监管，形成自律和诚信建设，扩大行业组织的活动范围，它是政府行政监管体系的有益补充。各级人民政府应当加强培育和引导行业协会的发展，为行业组织依法开展活动提供支持和帮助，发挥行业组织在政府与企业间的桥梁作用，引导企业公平竞争、守法经营。

3. 社会他律

为保障电子商务活动有效监管，让市场机制与利益导向共同生效，充分利用社会组织机构、民间团体依法对电子商务经营者进行监督，让其规范经营。如消费者保护协会等组织对消费者进行电子商务交易安全的宣传教育，提高消费者权益保护意识，对电子商务经营者进行监督和维权。

第二节 电子商务法的适用范围

电子商务的范围非常广泛，其核心要素包括销售产品、提供服务以及经营活动，其核心是通过信息网络从事的商事活动。电子商务的三维度包括电子技术、交易行为以及法律属性。这些要素和特性构成了电子商务法的调整对象，即通过互联网等信息网络销售商品、提供服务，构成了电子商务法的适用范围。

一、电子商务法的调整范围

《电子商务法》第二条规定：“中华人民共和国境内的电子商务活动，适用本法。本法所称电子商务，是指通过互联网等信息网络销售商品或者提供服务的经营活动。法律、行政法规对销售商品或者提供服务有规定的，适用其规定。金融类产品和服务，利用信息网络提供新闻信息、音视频节目、出版以及文化产品等内容方面的服务，不适用本法。”

（一）地域适用范围

在中华人民共和国范围之内的电子商务活动适用《电子商务法》，但同时跨境电子商务并未排斥于本法适用范围以外，《电子商务法》第二十六条规定，电子商务经营者从事跨境电子商务，应当遵守进出口监督管理的法律、行政法规和国家有关规定，同时，“电子商务促进”一章中规定了国家促进跨境电子商务的制度和措施。这些都说明电子商务法适用于跨境电子商务。

（二）内容适用范围

《电子商务法》适用包括：（1）互联网等信息网络，包括互联网、移动互联网、物联网、移动客户端、移动社交圈等。（2）销售商品和提供服务，包括销售有形产品和数字产品，在线服务和其他服务。（3）经营活动，包括商事经营、微商经营以及产生的分享经济。

二、电子商务法的立法范围

随着电子商务的迅速发展，我国现已进入电子商务的推广和运作阶段，研究相应的法律对策，加强电子商务立法，以建立符合电子商务特点的法律制度，将有助于电子商务正常发挥其效益，有助于保障电子商务用户的合法权益。自 2013 年 12 月 7 日，全国人大常委会正式启动了《电子商务法》的立法进程后，历经四审后终于出台，并于 2018 年 8 月 31 日第十三届全国人民代表大会常务委员会第五次会议通过了《电子商务法》。

为规范电子商务发展，截至目前，我国出台了一系列法律法规，涉及电子商务立法的主要包括：

1. 1994 年 2 月 18 日发布、2011 年 1 月 8 日修正实施《计算机信息系统安全保护条例》（保护计算机信息系统的安全，促进计算机的应用和发展，保障社会主义现代化建设的顺利进行）；

2. 1996 年 2 月 1 日颁布并实施的《计算机信息网络国际联网管理暂行规定》（加强对计算机信息网络国际联网的管理，保障国际计算机信息交流的健康发展）；

3. 1997 年 5 月，由国务院颁布并实施的《计算机信息网络国际联网管理暂行规定》（加强对计算机信息网络国际联网的管理，保障国际计算机信息交流的健康发展）；

4. 1997 年，由公安部颁布并实施的《计算机信息网络国际联网安全保护管理办法》（加强对计算机信息网络国际联网的安全保护，维护公共秩序和社会稳定）；

5. 1998 年 2 月，由国务院颁布并实施的《计算机信息网络国际联网管理暂行规定实施办法》（加强对计算机信息网络国际联网的管理，保障国际计算机信息交流的健康发展）；

6. 1999 年 3 月颁布并实施的《合同法》（保护合同当事人的合法权益）；

7. 2000 年 10 月 8 日公布《互联网电子公告服务管理规定》（自 2014 年 9 月 23 日起废止）（加强对互联网电子公告服务的管理，规范电子公告信息发布行为）；

8. 2004 年 8 月 28 日颁布并实施的《电子签名法》（规范电子签名行为，确立电子签名的法律效力，维护有关各方的合法权益）；

9. 2005 年 1 月 8 日颁布并实施的《国务院办公厅关于加快电子商务发展的若干意见》（阐释了国家对我国发展电子商务的若干重要意见，明确了我国发展电子商务的指导思想和原则，确立了我国促进电子商务发展的六大举措）；

10. 2005 年 3 月 31 日颁布并实施的《电子认证服务密码管理办法》（规范电子认证服务提供者使用密码的行为）；

11. 2005 年 11 月 7 日颁布并实施的《互联网电子邮件服务管理办法》（规范互联网电子邮件服务，保障互联网电子邮件服务使用者的合法权利）；

12. 2007 年 6 月 26 日颁布并实施的《电子商务发展“十一五”规划》贯彻落实了电子商务法律法规（旨在贯彻落实《2006－2020 年国家信息化发展战略》和《国务院办公厅关于加快电子商务发展的若干意见》，是我国电子商务发展的指导性文件）；

13. 2009 年 2 月 18 日公布、2015 年 4 月 29 日修订《电子认证服务管理办法》（规范电子认证服务行为，对电子认证服务提供者实施监督管理）；

14. 2009 年 6 月 5 日施行《中国互联网络域名注册实施细则》（规范域名注册服务和管理）；

15. 2010 年 6 月 1 日国家工商总局颁布《网络商品交易及有关服务行为管理暂行办法》（规范网络商品交易及有关服务行为，保护消费者和经营者的合法权益，促进网络经济持续健康发展）；

16. 2010 年 6 月 9 日文化部发布《网络游戏管理暂行办法》（加强网络游戏管理，规范网络游戏经营秩序，维护网络游戏行业的健康发展）；

17. 2010 年 6 月 21 日央行正式公布《非金融机构支付服务管理办法》（促进支付服务市场健康发展，规范非金融机构支付服务行为，防范支付风险，保护当事人的合法权益）；

18. 2017 年 11 月 1 日施行《中国互联网络域名管理办法》（规范互联网域名服务，保护用户合法权益，保障互联网域名系统安全、可靠运行，推动中文域名和国家顶级域名发展和应用，促进中国互联网健康发展）；

19. 2018 年 8 月 31 日，第十三届全国人民代表大会常务委员会第五次会议通过了《电子商务法》，自 2019 年 1 月 1 日起施行。（保障电子商务各方主体的合法权益，规范电子商务行为，维护市场秩序，促进电子商务持续健康发展）。

第三节　电子商务法律关系

一、电子商务法律关系的概念及特征

电子商务法律关系是指电子商务法律规范调整下的以电子商务活动主体的权利义务为内容的社会关系。

与一般的社会关系相比，电子商务法律关系具备法律关系的共有特征，即：

1. 电子商务法律关系是一种意志关系，体现的是国家和行为人的意志，是一种上层建筑。

2. 电子商务法律关系是由电子商务法律规范规定和调整的关系。

3. 电子商务法律关系是以具体的电子商务权利义务为内容的关系。

4. 电子商务法律关系是受国家强制力保证实施的关系。

当然，因为电子商务法律关系主要体现的是平等主体间的民商法律关系，所以电子商务法律关系还具有平等性。该平等性主要体现在：

（1）电子商务法律关系的主体平等

在交易过程中，电子商务法律关系的交易双方都有着独立平等的法律地位，双方并不存在隶属关系。

（2）电子商务法律关系中主体的权利义务一般对等

因为电子商务交易双方的法律地位是平等的，所以其权利地位也是对等的。

电子商务法律规范有公法和私法的结合，国家为了电子商务的发展对其实行了宏观调控，包括对电子商务主体、市场秩序、电子认证、网络安全、网络税收等的监管。因此，电子商务法律关系的另一特征就是复合性，违反电子商务法律规范的责任不仅有民事责任，还可能有行政或刑事责任。

二、电子商务法律关系的要素

电子商务法律关系构成的必要因素包括主体、内容、客体三方面。这三要素中的任何一个或多个要素发生变化，具体的电子商务法律关系也会随之改变。

（一）电子商务法律关系的主体

电子商务法律关系的主体，指的是在电子商务活动中享有权利或承担义务的参与者。法律关系中的主体资格是需要经过立法进行确认的，根据《民法通则》《互联网信息服务管理办法》《电子商务法》等法律规范的规定，电子商务法律关系的主体包括法人、自然人和非法人组织。在特殊情况下，国家政府也会成为法律关系的主体。

在互联网的时代背景下，网络用户激增，网络商业交易也越来越频繁，所以，在一定意义上所有在网上进行交易的网络用户都是电子商务法律关系的主体。根据《电子商务法》第九条及其他条款的规定，电子商务法律关系主体包括：（1）电子商务平台经营者；（2）电子商务平台内经营者；（3）自建网站经营者；（4）通过其他网络进行活动的电子商务经营者；（5）电子商务相关服务提供者、快递物流提供者、支付服务提供者。本节具体从电子商务实际经营主体进行分类，可以分为以下几个方面：

1. 电子商务企业

电子商务企业是电子商务法律关系的主体之一。从狭义上讲，电子商务企业是互联网上的虚拟企业，其主体的识别以及信息的传递是通过数字形式进行的，其存在形态是网站或网页。从广义上讲，电子商务企业指的是通过电子手段进行商务活动的企业。当然，虚拟指的是电子商务企业存在的环境“互联网”的虚拟性，其权利义务的主体仍然是现实生活中存在的民事主体。

电子商务企业的类型包括企业网站、在线商店、在线商城等。

（1）企业网站

企业网站是建立在传统电子商务企业的基础上的，有条件的传统企业通过相应的申请可以建立自己的企业网站。企业网站的建立可以更加便捷、更加大范围（全国乃至世界范围）地宣传企业的形象及产品。同时，传统企业所需的大部分全国各地乃至世界的经销商或代理商也可以被企业网站所替代，进而减少了企业的人力和物力等成本。因为通过建立企业自己的网站，企业可以通过互联网渠道将自己销售的产品或服务直接面向全国乃至世界范围内的网络用户，并进行相应的网络销售。

（2）在线商店

在线商店包括在线超市和在线专卖店。

在线超市也称网上超市，指的是由企业或个人建立的直接在网上销售产品的在线企业，其销售的产品与现实生活中的超市相同，典型的有天猫超市。在线超市可以是现实超市与大型商场之间设立的网络中心，用于现实超市销售渠道的补充，如上海联华超市已设立了自己的网上超市，称为联华 OK 网上购物中心。网络公司也可以与大型商场或连锁店成立在线超市。在线超市销售的一般都是有形物。因此，电商应该关注物流配送问题。

在线专卖店指的是电商租用在线商城的某块网络空间进行商品的专卖，如某些网上旗舰店在天猫商城的性质一样。在线专卖店相对于在线超市而言，其规模相对来说比较小，同时其销售的产品比较专业化。

（3）在线商城

在线商城主要为在线商店提供一个网络交易的平台，如天猫商城、京东商城等。在线商城就相当于现实生活中用于出租的摊位或店面，供在线商店承租用于网络经营。在这个虚拟的网络经营活动中，在线商城扮演着两个角色：一是商城营业者的服务者，为这些在线商店提供相关的服务；二是网络消费者的服务者，如在线商城实施的会员制就是其面向最终消费者的服务，会员制的实行有助于客户群的巩固，如淘宝网、京东网都有实施会员制度。

电子商务企业应当是根据相关法律法规依法设立的企业，其拥有民事责任能力。

2. 在线个人用户

（1）在线个人用户的概念

在线个人用户，即网络个人用户，是电子商务交易活动的主体之一，即电子商务法律关系的主体之一。因为在线个人用户大多数情况下都是以在线消费者的身份存在的，所以相对于在线企业，在线个人用户无须取得工商管理部门核发的营业执照。但是，基于网络交易的安全，用户在申请某网站的信息服务时必须要进行注册登记，将姓名、性别、年龄、国籍、身份证号、住址、电话等个人信息登记于网站的信息库中。同时，在登记注册时，服务商会提醒用户阅读服务协议，这是服务商提供的一种电子格式合同，用户在确认后即发生法律效力。

在许多的网络登记注册中，服务商并没有要求在线个人用户提供身份证号或社会保障卡号，这就导致了在线个人用户侵权或违约时，难以找到真正的侵权者。因此，在互联网如此发达，网络侵权屡见不鲜的时代下，在线个人用户的实名制是必需的，这样有助于侵权行为的抑制和侵权案件的解决。

（2）在线个人用户的责任能力

在线个人用户就是现实生活中的自然人，因此，在线个人用户与自然人的责任能力一样，包括民事责任能力和刑事责任能力。

民事行为能力决定着民事责任的承担。根据《民法总则》第十九条的规定，公民的民事行为能力分为三种情况：①无民事行为能力人，指的是未满八周岁的公民；②限制民事行为能力人，指的是八周岁以上不满十八周岁的公民；③完全民事行为能力人，指的是十八周岁的公民。特殊情况有年满十六周岁不满十八周岁，以自己的劳动收入为主要的生活来源的公民为完全民事行为能力人。而《电子商务法》第四十八条规定，在电子商务中推定当事人具有相应的民事行为能力。但是，有相反证据足以推翻的除外。

3. 电子商务交易的第三方

电子商务交易从开始到最终的完成，这一过程中除了存在交易的买卖双方，还包括第三方，即网络交易中心、电子银行、第三方物流、认证机构、政府等。

（1）网络交易中心

网络交易中心在整个网络交易过程中扮演的是一个居间人或者说是经纪人的角色，它既不是交易的买方也不是交易的卖方，它只是根据相关的法律规定认真地执行买卖双方的委托，并促成交易的完成。

网络交易中心的行为是受到法律约束的，其活动范围不可超过法律许可范围，如业务范围、商品价格、收费标准等都应严格遵守法律规范。同时，对于法律禁止作为合同标的物的物品及明显无支付能力的当事人，网络交易中心不得为其进行居间活动。

（2）电子银行

网络交易的过程中，网上付款、收款是不可或缺的环节，因此，电子银行在交易双方之外以第三方的形式存在。网上付款主要是利用电子银行的电子资金划拨来完成的，而这种划拨行为是以网络交易用户与电子银行所订立的合同为基础的，该合同是由电子银行起草的作为开立账户的条件递交给网络用户的。

在网络交易的过程中，电子银行扮演的是资金发送银行和资金接收银行这两种角色。作为发送银行，主要是在支付货款的环节准确、及时地执行资金划拨的指令。除非是在免责范围内，如若资金划拨出现错误，电子银行需要承担相应的责任。电子银行接收资金的义务是基于其与客户间的合同，主要是用于接收货款，接收银行只要一接到发送银行传送来的资金划拨指示就立即履行其接收义务。所以，当接收存在延误的时候，应以电子银行与客户间订立的合同进行处理。

（3）第三方物流

网络交易过程中，买卖标的为有形物的，就会涉及物流问题。当然，部分电子商务企业包含物流运送，但是大多数的网络交易都是依靠第三方物流的，因此，第三方物流是除网络交易双方以外的又一电子商务法律关系主体。

第三方物流并不参与商品供方和需方的直接买卖交易，只是参与商品的所有物流业务，包括商品的包装、储存、运输、配送等一系列物流活动。现在市场上已经出现了许多专业化、社会化的物流企业。

（4）认证机构

在网络交易过程中，认证机构是作为提供身份认证的第三方机构存在的。它主要是扮演着对网络交易的买卖双方签约及履约行为监管的角色，它不仅是对买卖双方负责，也是对整个电子商务交易秩序负责。第三方认证机构对整个网络交易过程来说是不可或缺的存在，它的存在一定程度上保障了网络交易的安全。

（5）政府

在电子商务发展的过程中，政府一直是起着宏观调控的作用。政府为电子商务的发展出台了许多积极的扶持政策。

（二）电子商务法律关系的内容

电子商务法律关系的内容，是指电子商务主体在电子商务法律关系中所享有的权利和承担的义务。① 电子商务法律关系主要是民事法律关系，因此，

---

① 秦成泰主编：《电子商务法》，科学出版社 2007 年版，第 31 页。

电子商务主体享有的权利和承担的义务与民事主体基本一致，其权利义务的分类、权利的行使方式和保护也与民事主体类似。在整个网络交易的过程中，电子商务的各个主体都各自相互的发生着业务关系，形成法律关系，进而产生相应的权利义务。

1. 电子商务企业的网络权利和义务

电子商务交易是在互联网环境下进行，基于这一特殊的交易环境，电子商务主体除了享有一般民事主体所享有的权利以外，还应享有相应的网络权利，即网络接入权和域名享有权。

（1）网络接入权

网络接入权指的是电子商务公司进入互联网的权利。因为电子商务公司的存在形态是网站或网页，与互联网相连接是网页或网站设立的前提，也是电子商务企业开展网上业务的首要条件，所以，网络接入权电子商务企业最基本的一项权利。网络接入权的具体内容已在电子商务信息技术一节中进行详细的阐述，此处不再展开说明。

（2）域名享有权

域名是与IP地址相对应的，它采用了英文字母、中文或数字表示IP地址，便于记忆。域名和IP地址是以多对一的，也就是说，一个IP可以对应多个域名，但一个域名对应的只能是唯一的确认的一个IP地址。

电子商务企业的设立、运营需要网站或网页的建立，而这些网站或网页的建立又需要域名的申请，因此，域名的享有权是电子商务企业的基本网络权利。

电子商务企业在网站或网页的经营过程中也是作为一名网络内容服务提供商存在的，应承担其所经营网站或网页发布的信息内容合法未侵犯他人权利的义务。

2. 网络交易双方的权利义务

网络交易双方的权利义务指的就是买卖双方的权利义务，因为该双方间是平等关系，因此，他们享有的权利以及承担的义务是对等的，即买方的权利就是卖方的义务，卖方的权利就是买方的义务。

（1）卖方的义务

在网络交易的环境下，卖方的义务包括三项：向买方提供合同约定的标的物及单据；承担合同标的物的权利担保义务；保障标的物的质量。

①向买方提供合同约定的标的物及单据。买卖合同中有明确约定标的物交付时间、地点和方法的，卖方应依据合同约定进行标的物交付，没有明确约定的，卖方就要根据合同法等相关的法律法规进行交付。

②承担合同标的物的权利担保义务。该项义务指的是卖家应当保证其对合同约定的标的物是享有合法的所有权或经营权的，要保障标的物的权利不会被第三人追索，要保障买方在接收标的物以后，标的物所有权或经营权能够顺利地转给买方并能办理相应的登记等。当第三人就标的物向买方主张权利时，卖方有义务就第三方无权追索提供证明，如若进入诉讼，卖方也应当参与诉讼。

③保障标的物的质量。卖方交付的标的物质量应该是符合国家相关规定或是符合双方约定的质量标准的。大部分的网络交易都是看不到实物的，买家只是根据卖家在网络上关于标的物的广告进而进行购买行为的，因此，卖家提供的标的物的质量不得与网络广告中宣传的标的物质量相悖。对于网上销售的商品是否存在瑕疵，卖家应当如实告知买家，买家在明知商品有瑕疵的情况下仍然购买的，卖家不承担商品的瑕疵责任。

（2）买方的义务

以互联网为交易背景的网络交易中，买方的义务可归纳为三项：根据网络规定的方式进行货款的支付；按照合同的约定接收标的物；对标的物承担验收的义务。

①根据网络规定的方式进行货款的支付。网络交易中的货款支付大多数是采取网上支付的，如支付宝支付。当然货款的支付方式在合同中也会有明确的约定，买方只要根据合同的约定履行自己的付款义务即可。

②按照合同的约定接收标的物。合同中对买方接收标的物的时间、地点、方式都会有明确的约定，买方应按照合同的约定履行标的物接收的义务。合同约定标的物由卖方运送的，买方应在得到卖方的标的物接收指示时及时接收标的物；标的物由卖方委托第三方物流进行运送的，买方应在得到第三方物流的接收标的物的指示时及时接收标的物；标的物由买方自取的，买方应按约定的时间、地点取走货物。买方迟延接收标的物的，应承担迟延责任。

③对标的物承担验收的义务。买方在接收标的物后应及时对标的物进行

验收。对于表面瑕疵：有规定验收时间的，买方在规定时间内发现标的物的表面瑕疵时，应及时通知卖家，追究卖家的责任；若买家未在规定时间内验收，标的物出现表面瑕疵的，卖家不承担责任。针对隐蔽的瑕疵和卖家故意隐瞒瑕疵的情况，买方在发现时应及时通知卖家以追究卖方的责任。

3. 在线个人用户的权利和义务

在线个人用户在作为消费者进行网络交易时，其享有的权利义务和上文中买家是一致的。但是，作为网站或网页的注册者，在线个人用户的权利还应包括修改个人资料、密码、账号和保护个人信息不被侵犯的权利；使用系统和从系统中获取适量的信息的权利。

在线个人用户的义务还应包括：（1）按照协议约定遵守网络规则义务。（2）不得在未经许可的情况下，擅自对你所使用系统再次转让许可、拷贝或转让所使用系统的全部或部分。（3）不得对所使用系统进行逆向工程、反汇编或解体拆卸。（4）不得将信息使用权用于非法用途，如传播黄色、暴力内容，利用网络进行诈骗等。①

（三）电子商务法律关系的客体

电子商务法律关系的客体，是指电子商务法律关系的权利和义务共同指向对象。互联网时代，电子商务企业的不断发展、消费者的需求不断增加，电子商务领域从传统的商务领域以动产、不动产作为交易标的，扩展到了以服务（包括旅游服务、教育服务、网上人才招聘、技术转让等）、网络商品（包括系统开发、电子流量等）等作为交易标的。

1. 有形物

有形物包括动产和不动产。从理论上讲，传统商务中的所有有形物都可以是电子商务交易的标的，区别在于传统商务中是在线下交易，而电子商务是在线上交易。如当当网，它可以像现实中的实体书店一样进行售书活动，消费者足不出户就可以买到自己心仪的书。如天猫超市，它可以像现实中的超市一样销售日常用品，消费者可以在其中尽情挑选自己所需的商品，并且不会受到营业时间的限制。当然，即使是房屋也是可以在网上签订购房合同的，现在网上有很多的售房信息，消费者可以根据相关的信息购买房屋。不

① 秦成泰主编：《电子商务法》，科学出版社 2007 年版，第 47 页。

过，有形商品需要配送、交付等手续，这就要依赖于线下传统的手段完成了。有形物是与现实世界中的货物相一致的，如书本、服装、手机、化妆产品、电脑等，这些货物都可以在网上进行销售，成为电子商务法律关系的客体。

2. 服务

电子商务发展领域已经延伸到服务业，现在网上已经出现了许多的在线服务，包括旅游服务、教育服务、网上人才招聘、技术转让、房屋租赁信息、法律咨询、财经咨询、健康咨询、远程医疗等。在互联网时代，电子商务向服务业领域的发展使人们的生活越来越方便。以教育服务为例：最典型的教育服务是远程教育，即网络教育，远程教育的实现给予了广大步入社会的群众提高学历的机会，由于其上课时间和地点的灵活性，学生们可以根据自身的实际情况进行学习任务的完成。其他的教育服务有：电子版学习资料的销售、授课音频及视频的销售等。

3. 网络产品

网络产品是互联网时代背景下衍生出来的。网络产品包括电子流量、系统、软件、域名、游戏等。这些网络产品都凝聚人类劳动，用人类智慧创造出来，具有交换价值，因而构成商品或服务。

第二章　电子商务的准入和运营

信息技术革命与信息化建设正在使资本经济转变为信息和知识经济，作为信息时代新的商贸形式——电子商务正由此迅速繁衍和发展，作为信息时代新的公司存在形式电子商务公司也由此迅速生成。如今的互联网交易比例已占市场交易的很大份额，传统商务也正向电子商务逐渐发展、转变。《电子商务法》的出台给电子商务的准入和运营提出了新要求和新标准。

第一节　电子商务主体

电子商务经营主体是否需要登记以及如何登记准入，一直成为争议的问题。在商事立法中，商事主体登记是其取得营利性活动能力和行为能力的前提和基础，新出台的《电子商务法》第十条对电子商务主体也作了明确的登记要求。

根据《电子商务法》第九条的规定，电子商务经营者是指通过互联网等信息网络从事商品销售或者服务的经营活动的自然人、法人和非法人组织。为明确电子商务主体及其登记，结合市场主体分类要求，作出如下阐述。

一、市场主体登记

（一）公司法人

电子商务公司作为电子商务主体的一种，其设立应当按照《电子商务法》的有关规定进行登记，并应该遵守《公司法》以及相关司法解释的规定。

根据 1988 年颁布施行的《企业法人登记管理条例》的规定，企业应当依照规定办理企业法人登记。申请条件：（1）名称、组织机构和章程；（2）固定的经营场所和必要的设施；（3）符合国家规定并与其生产经营和服务规模相适应的资金数额和从业人员；（4）能够独立承担民事责任；（5）符合国家法律、法规和政策规定的经营范围。

1. 公司的注册资本

2014 年 3 月 1 日实施的新公司法规定了公司注册资金实行认缴制，有限责任公司（包括一人有限责任公司）的注册资金须符合公司章程规定的全体股东认缴的出资额。股份有限公司的注册资金须符合公司章程规定的全体发起人认购的股本总额或者募集的实体股本总额。同时，公司应在章程中规定各股东出资的金额和比例以及缴纳的期限，各股东应按照公司章程的规定进行出资额的缴纳。

2. 公司的注册流程

（1）办理公司名称预先登记

申请人须向市场监督管理局提交名称登记预先申请书，由市场监督管理局上网（市场监督管理局内部网）检索是否有重名，若无重名，市场监督管理局会核发一张“企业（字号）名称预先核准通知书”。

（2）办理公司设立登记

申请人办理公司设立登记须向市场监督管理局提交登记申请书、公司章程、法定代表人任职证明和身份证明、名称预先登记核准通知书、公司住所证明等材料，大概三个工作日后可以领取营业执照。

（3）刻章

申请人可凭借营业执照、法定代表人身份证明等材料到公安局指定的刻章社刻制公章和财务章。

（4）组织机构代码证的办理

申请人可凭借营业执照、法定代表人身份证明、公章等材料到质量技术监督局办理企业的组织机构代码证。

（5）办理税务登记

领取营业执照后，应在 30 日内到当地税务局申请领取税务登记证。应填写税务登记表、提供营业执照、组织机构代码证书、章程、公司住所证明、全体股东身份证明等材料办理地税登记和国税登记。

（6）开户

申请人凭借营业执照正本原件、组织机构代码证、公章、财务章、身份证等相关材料到银行开立基本账户，购买现金支票、转账支票。

（二）非法人组织

根据《民法总则》第一百零二条、第一百零三条的规定：非法人组织是不具有法人资格，但是能够依法以自己的名义从事民事活动的组织。非法人组织包括个人独资企业、合伙企业、不具有法人资格的专业服务机构等。非法人组织应当依照法律的规定登记。非法人组织的登记流程如下：

1. 办理企业名称预先登记

准备企业名称向市场监督管理局申请或者通过网上领取、填写《名称预先核准申请书》，并提交申请人身份证明或者委托书等材料，领取《名称预先核准通知书》和《企业设立登记申请书》。

2. 核准组织及相关证明

根据《名称核准通知书》、出资人身份证明、入资凭证、房产证明、章程等提交文件进行核准。

3. 工商注册登记

向市场监督管理局提交《名称核准通知书》、工商注册登记申请书（在网上进行申请填写然后打印）、验资报告、住所和经营场所使用证明、企业主要负责人的身份证明、组织章程以及其他相关的文件，办理工商注册登记，领取《营业执照》，非法人企业登记成立。

4. 刻章

申请人可凭借营业执照、法定代表人身份证明等材料到公安局指定的刻章社刻制公章和财务章。

5. 开户

申请人凭借营业执照正本原件、组织机构代码证、公章、财务章、身份证等相关材料到银行开立基本账户。

（三）个人、零售企业不需登记

根据《电子商务法》第十条的规定，个人销售自产农副产品、家庭手工业产品可以不需要进行登记，但应该依照税收征收管理法律、行政法规的规定申请办理税务登记，并如实申报纳税。

这其中无须登记的情形需要满足以下几个条件：（1）主体是个人；（2）利用自己的技能，自己包括个人本身及家庭；（3）从事的便民劳务活动以及零星小额交易活动无须取得许可。商事行为一般具有营利性，此种营利性还必须是持续的、稳定的。个人销售自产农副产品、家庭手工业产品一般是间断性，且不以营利为目的，进行此种行为的自然人当然无须进行登记。

二、域名登记申请

申请域名是电子商务公司经营的必经程序。《中国互联网络信息中心域名注册实施细则》第十四条、第十五条、第十六条以及第十七条规定了域名的申请条件、方式和规范。

（一）申请注册域名的主体

申请注册域名的主体应当是任何自然人或者能独立承担民事责任的组织。电子商务公司是依据我国公司法设立的，所以，其符合域名申请的主体要求。

（二）域名注册服务机构

域名注册申请人应当到域名注册服务机构申请注册域名。而该域名注册机构应当是经工业和信息化部批准，并与中国互联网络信息中心签订协议，符合从事“. CN”“. 中国”“. 公司”“. 网络”域名的注册服务条件的机构。

（三）申请注册域名须提供的材料

申请注册域名时，申请人应向域名注册服务机构提交的书面材料包括：

1. 申请者的身份证明材料；

2. 域名注册者联系人的身份证明材料；

3. 中国互联网络信息中心要求提交的其他材料。域名注册服务机构应对上述材料的真实性、准确性、完整性进行核验，核验合格后的一个工作日内将上述书面材料递交至中国互联网络信息中心。

申请者还应当以书面形式或电子形式向域名注册服务机构提交如下信息：

1. 申请注册的域名；

2. 域名主域名服务器和辅域名服务器的主机名以及 IP 地址；

3. 申请者为自然人的，应提交姓名、通讯地址、联系电话、电子邮箱等；

4. 申请者为组织的，应提交其单位名称、组织机构代码、通讯地址、电子邮箱、电话号码等；

5. 申请者的管理联系人、域名技术联系人、缴费联系人、承办人的姓名、通讯地址、电子邮件、电话号码；

6. 域名注册年限。域名注册服务机构应当在收到域名注册申请后一个工作日内向中国互联网络信息中心提交如上域名注册信息。

同时，申请者还应与域名注册服务机构签订域名注册协议，并在其中保证：

1. 遵守有关互联网络的法律和规定；

2. 遵守《域名管理办法》以及主管部门的其他相关规定；

3. 遵守《中国互联网络信息中心域名注册实施细则》（2012 年修订）、域名争议解决办法等相关规定；

4. 提交的域名注册信息真实、准确、完整。

（四）域名规范使用

2018 年 1 月 1 日起工业和信息化部《关于规范互联网信息服务使用域名的通知》对域名的使用进行了规范，根据该通知，互联网信息服务提供者从事互联网信息服务使用的域名应为其依法依规注册所有，包括注册的自然人和法人以及法人的主要负责人和高级管理人员，同时，互联网信息提供者提供的身份信息不真实、不准确、不完整，互联网接入服务者不提供相关服务，如域名不存在、域名过期且未提供真实身份信息等情形的，应停止为其提供服务，电信主管部门对上述违法违规行为纳入企业信誉管理档案并向社会公示。

第二节　电子商务主体的准入

电子商务主体进入网络交易需要相应的条件以及国家相关许可，受国家网监管理。

一、增值电信业务经营许可证

电子商务是增值电信业务的一种，其经营应当申请《增值电信业务经营许可证》。《电信条例》第九条第二款、第十三条、第十四条、第十六条第一款以及《互联网信息服务管理办法》规定了《增值电信业务经营许可证》（以下简称 ICP 许可证）办理的条件。

（一）ICP 许可证的定义

ICP 许可证是指一般性经营性网页的主办者向当地区县申请的证书证明，即《电信与信息服务经营许可证》。我国对于经营性 ICP 实行许可证制度，规定各公司网站必须办理 ICP 许可证，其办理是公司网站合法经营的需要，ICP 许可证由各地通信管理部门核发。

（二）申请办理的主体

申请办理 ICP 许可证的主体应具备如下条件：

1. 该主体应是依法设立的公司；

2. 有与开展经营活动相适应的资金和专业人员；

3. 有为用户提供长期服务的信誉或者能力；

4. 有业务发展计划及相关技术方案；

5. 有健全的网络与信息安全保障措施，包括网站安全保障措施、信息安全保密管理制度、用户信息安全管理制度；

6. 服务项目涉及新闻、出版、教育、医疗保健、药品和医疗器械等互联网信息服务，已取得有关主管部门同意的文件；

7. 注册资金应在一百万元或者一百万元以上；

8. 国家规定的其他条件。

（三）ICP 许可证办理所需材料

办理 ICP 许可证所需的材料包括：

1. 公司法定代表人签署的书面申请；

2. 营业执照（有效复印件）或企业预登记名称证明；

3. 公司概况（公司基本情况、拟从事增值电信业务的人员场地和设施等）；

4. 公司近期会计师事务所或审计事务所审定的财务报表或验资报告；

5. 公司章程、公司股权的结构及股东的有关情况；

6. 业务发展计划及相关技术方案；

7. 有健全的网络与信息安全保障措施，包括网站安全保障措施、信息安全保密管理制度、用户信息安全管理制度；

8. 涉及从事新闻、出版、教育、医疗保健、药品和医疗器械互联网信息服务，应当提交相关主管部门审核的批准文件；涉及电子公告服务的，必须专项申请；没有涉及上述几个项目的，须提交《保证书》；

9. ICP 许可证申报表。

（四）申办流程

经营增值电信业务覆盖范围在两个以上省、自治区、直辖市的，经国务院信息产业主管部门审查批准，取得《跨地区增值电信业务经营许可证》；业务覆盖范围在一个省、自治区、直辖市行政区域内的，申请者须提供符合申办条件的证明，经省、自治区、直辖市电信管理机构审查批准，取得《增值电信业务经营许可证》。

电子商务公司经批准经营电信业务的，应当持依法取得的《增值电信业务经营许可证》，向市场监督管理局办理登记手续，领取营业执照，或办理经营范围的增项变更登记，获得“互联网信息服务”的经营范围。同时，应当在其网站主页的显著位置标明其经营许可证编号。

二、行政许可准入

《电子商务法》第十二条明确规定，电子商务经营者从事经营活动，依法需要取得相关行政许可的，应当依法取得行政许可。例如，卖食品的，需要申请食品流通许可证；从事药品买卖的，需要申请药品经营许可等。

（一）食品流通许可证

1. 食品流通许可证的定义

食品流通许可证，是对食品流通许可证的发放、发放条件、发放程序以及与食品卫生许可证的衔接等问题予以明确。《食品安全法》第三十五条明确规定，我国对食品生产经营实行许可制度，从事食品生产、食品销售、餐饮服务，应当依法取得许可。

2. 食品流通许可证的条件

（1）具有与经营的食品品种、数量相适应的食品原料处理和食品加工、包装、贮存等功能的场所，保持该场所环境整洁，并与有毒、有害场所以及其他污染源保持规定的距离；

（2）具有与生产经营的食品品种、数量相适应的生产经营设备或者设施，有相应的消毒、更衣、盥洗、采光、照明、通风、防腐、防尘、防蝇、防鼠、防虫、洗涤以及处理废水、存放垃圾和废弃物的设备或者设施；

（3）有食品安全专业技术人员、管理人员和保证食品安全的规章制度；

（4）具有合理的设备布局和工艺流程，防止待加工食品与直接入口食品、原料与成品交叉污染，避免食品接触有毒物、不洁物。

3. 食品流通许可证提交的材料

（1）《食品流通许可申请书》；

（2）《名称预先核准通知书》复印件；

（3）经营场所合法使用的有关证明；

（4）负责人的身份证明；

（5）委托书以及委托代理人或者指定代表的身份证明；

（6）专职或者兼职食品安全管理人员的身份证明；

（7）食品安全管理制度；

（8）与其经营活动相适应的食品经营设备清单；

（9）工商部门要求提交的其他材料。

（二）药品经营许可

根据《药品管理法》第十四条的规定，开办药品批发企业和药品零售企业需经药品监督管理部门批准并核发《药品经营许可证》。

1. 办理条件

（1）具有保证所经营药品质量的规章制度；

（2）企业、企业法定代表人或企业负责人、质量管理负责人无《药品管理法》第七十五条、第八十二条规定的情形；

（3）具有与经营规模相适应的一定数量的执业药师。质量管理负责人具有大学以上学历，且必须是执业药师；

（4）具有能够保证药品储存质量要求的、与其经营品种和规模相适应的常温库、阴凉库、冷库。仓库中具有适合药品储存的专用货架和实现药品入库、传送、分捡、上架、出库现代物流系统的装置和设备；

（5）具有独立的计算机管理信息系统，能覆盖企业内药品的购进、储存、销售以及经营和质量控制的全过程；能全面记录企业经营管理及实施《药品经营质量管理规范》方面的信息；符合《药品经营质量管理规范》对药品经营各环节的要求，并具有可以实现接受当地食品药品监督管理部门监管的条件；

（6）具有符合《药品经营质量管理规范》对药品营业场所及辅助、办公用房以及仓库管理、仓库内药品质量安全保障和进出库、在库储存与养护方面的条件。

2. 申请流程

（1）申办人向拟办企业所在地的省、自治区、直辖市食品药品监督管理部门提出筹建申请（开办药品批发企业）/企业所在地设区的市级食品药品监督管理部门或省、自治区、直辖市食品药品监督管理部门直接设置的县级食品药品监督管理部门提出筹建申请（开办药品零售企业），并提交以下材料：拟办企业法定代表人、企业负责人、质量负责人学历证明原件、复印件及个人简历；执业药师执业证书原件、复印件；拟经营药品的范围；拟设营业场所、设备、仓储设施及周边卫生环境等情况。

（2）食品药品监督管理部门对申办人提出的申请，审核后认为申请事项不属于本部门职权范围的，应当即时作出不予受理的决定，发给《不予受理通知书》，并告知申办人向有关食品药品监督管理部门申请；申请材料存在可以当场更正错误的，应当允许申办人当场更正；申请材料不齐或者不符合法定形式的，应当当场或者在5日内发给申办人《补正材料通知书》，一次性告知需要补正的全部内容。逾期不告知的，自收到申请材料之日起即为受理；申请事项属于本部门职权范围，材料齐全、符合法定形式，或者申办人按要求提交全部补正材料的，发给申办人《受理通知书》。《受理通知书》中注明的日期为受理日期。

（3）食品药品监督管理部门自受理申请之日起30个工作日内，对申报材料进行审查，作出是否同意筹建的决定，并书面通知申办人。不同意筹建的，应当说明理由，并告知申办人享有依法申请行政复议或者提起行政诉讼的权利。

（4）申办人完成筹建后，向受理申请的食品药品监督管理部门提出验收申请，并提交以下材料：药品经营许可证申请表；企业营业执照；拟办企业组织机构情况；营业场所、仓库平面布置图及房屋产权或使用权证明；依法经过资格认定的药学专业技术人员资格证书及聘书；拟办企业质量管理文件及仓储设施、设备目录。

（5）受理申请的食品药品监督管理部门在收到验收申请之日起30个工作日内，依据开办药品批发企业/开办药品零售企业验收实施标准组织验收，作出是否发给《药品经营许可证》的决定。符合条件的，发给《药品经营许可证》；不符合条件的，应当书面通知申办人并说明理由，同时告知申办人享有依法申请行政复议或提起行政诉讼的权利。

（三）其他

电子商务经营中容易涉及的行政许可还有很多，例如：

1. 互联网出版许可证

互联网出版，是指互联网信息服务提供者将自己创作或他人创作的作品经过选择和编辑加工，登载在互联网上或者通过互联网发送到用户端，供公众浏览、阅读、使用或者下载的在线传播行为。

2. 网络文化经营许可证

经营性互联网文化活动，是指以营利为目的，通过向上网用户收费或者电子商务、广告、赞助等方式获取利益，提供互联网文化产品［如音像制品、游戏产品、演出剧（节）目、艺术品和动漫画等］及其服务的活动。

3. 互联网医疗卫生服务许可证

互联网医疗卫生信息服务，是指通过开办医疗卫生网站或登载医疗卫生信息向上网用户提供医疗卫生信息的服务活动。

4. 互联网药品信息服务资格证书

经营性互联网药品信息服务，是指通过互联网向上网用户有偿提供药品信息等服务的活动。

5. 互联网医疗卫生信息服务许可证

互联网医疗卫生信息服务，是指通过开办医疗卫生网站或登载医疗卫生信息向上网用户提供医疗卫生信息的服务活动。

6. 信息网络传播视听节目许可证

获得该证书的网站将具有从事互联网视频播放的资格。该证书与此前广电总局颁发的《广播电视节目制作经营许可证》所不同的是，获得制作经营许可证的企业将有权独立制作包括广播剧、电视剧等视频内容，而获得视听许可证的企业依然无权独立制作视频节目。

7. 短信息类服务接入代码使用证书

从事短信息服务业务的增值电信业务经营者；提供短消息类服务的基础电信运营商；提供非经营性短消息类服务的党政、社会机构、企事业单位需要办理。

第三节　电子商务的运营

实践中，电子商务运行主要依托电子商务交易平台进行。电子商务平台包括自营平台和第三方交易平台。目前出现社交电商，这种形式利用第三方平台的社交朋友圈销售商品和提供服务，如微商。本节主要研究电子商务平台经营者相关问题。

一、电子商务平台经营者

（一）概念

《电子商务法》第九条规定的电子商务平台经营者，是指在电子商务中为交易双方或者多方提供网络经营场所、交易撮合、信息发布等服务，供交易双方或者多方独立开展交易活动的法人或非法人组织。

（二）平台设立

电子商务交易平台是为现实交易目的在互联网上设立的网络空间。该含义中包含设立交易平台的经营者以及在平台中存在交易的双方或者多方；交易标的包括产品、服务和相关信息；在网络空间中存在虚拟交易场所，可以用数据显示和标识以供交易双方或多方以及消费者辨别确定。这些互联网元素综合集聚，显示平台交易性质，形成人们认知的网络空间。

电子商务交易平台是平台经营者申请并经核准设立的。经营者可以自行向国家有关部门申请设立，也可以委托互联网交易公司代理设立。无论自行设立还是代理设立，必须符合规定的条件和程序。

1. 电子商务交易平台设立的条件

根据《电信条例》《互联网信息服务管理办法》《网络商品交易及有关服务行为管理暂行办法》等有关规定，互联网交易平台设立应当满足以下条件：

（1）硬件设施。包括网络平台经营者取得“三证合一”的工商登记，并取得国家互联网登记中心备案核准的网络域名（包括国内域名或国际域名）。同时，具备办理工商登记需要的设施，取得营业执照、组织机构代码证、税务登记证等。

（2）计算机系统，包括取得ICP许可证。

（3）管理人员、计算人员、客服人员。

（4）除上述条件外，法律、法规、规章规定的其他条件。

2. 互联网交易平台设立的程序

（1）互联网交易平台经营者注册“三证合一，一照一码”的经营公司；

（2）向国家互联网登记中心申请了域名，取得域名备案核准证书；

（3）办理交易平台增值电信业务经营许可证（ICP）；

（4）如交易平台涉及广告的，需要办理《广告经营许可证》，涉及文化的，还需要办理《文化经营许可证》，涉及金融产品的，还需办理银行业务许可证等；

（5）交易规划备案。

（三）平台的法律关系

现阶段我国存在的电子商务平台，如淘宝网、京东商城、亚马逊等主要分为两种：一种是自营式平台，另一种是作为第三方的电子商务平台。自营式平台指的是商家自己建立起一个网络交易平台，出售自己的商品，没有第三方卖家的入驻。第三方电子商务平台主要是指网络交易平台的实际拥有者本身并不出售任何商品，而是将自己作为平台的提供者让第三方卖家入驻，通过自己建立起来的网络交易平台销售产品，收取管理服务费以及其他的相关费用。

自营式电子商务平台经营者的法律性质实际上就是销售商，与传统的线下销售商所承担的权利义务和民事责任也是一样的。

作为第三方的电子商务平台经营者的法律地位类似于网络服务中间商，同时它又是一个以营利为目的的企业，相对应地，其也应该承担更加严格的义务与责任。然而现在，大多网络交易平台的提供者在商家注册其服务协议时都会有侵权提醒，如淘宝网服务协议中要求商家保证：在淘宝网上交易平台不得买卖侵犯他人知识产权或其他合法权益的物品，但这种保证协议并没有相关的制约措施。同时，电子商务平台经营者一般都会认为自己提供的仅仅是一个虚拟的交易地点，不能控制交易所涉物品的质量、安全或合法性，也不能保证信息的真实性、准确性，以及交易方履行义务的能力。

《电子商务法》规定，电子商务平台经营者知道或者应当知道平台内经营者销售的商品或者提供的服务侵害消费者权益的，平台承担连带责任；若电子商务平台经营者未尽审核义务、未尽安全保障义务的，承担相应的责任；在知识产权方面，电子商务平台经营者在接到通知后未采取必要措施的，对损害扩大部分与平台内经营者承担连带责任；通知错误造成平台内经营者损害的，依法承担民事责任；恶意发出错误通知造成平台经营者损失的，加倍承担赔偿责任。

虽然《电子商务法》的出台是将电子商务平台经营者责任承担摆上明面，但也仅仅是一个框架，在实际操作中往往会遇到很多问题，不可能直接判断电子商务平台经营者是否需要承担责任，承担何种责任。但法律本身具有滞后性，随着电子商务的发展，会有相应的解释、办法出台，给予电子商务平台经营者更加明确的责任承担。

二、电子商务平台运营

（一）制定和修改服务协议、交易规则

《电子商务法》第三十二条至第三十六条明确规定了电子商务平台经营者应当遵循公平、公开、公正的原则，制定平台服务协议和交易规则，并将服务协议和交易规则设置链接公示在平台首页上，对违反法律法规的平台内经营者采取的警示、暂停或者终止服务的措施及时公示。

1. 制定用户服务协议

电子商务平台经营者应当与用户签订《用户协议》，内容包括：（1）用户注册条件；（2）交易规则；（3）个人隐私及商业秘密的保护；（4）用户协议的修改程序；（5）争议解决方式；（6）受我国法律管辖的约定及具体管辖地；（7）退出机制；（8）有关责任条款。

平台经营者的用户协议及其修改应至少提前七日公示，涉及消费者权益的，应当抄送当地消费者权益保护机构。

平台经营者应采用技术等手段引导用户完整阅读用户协议，合理提示交

易风险、责任限制和责任免除条款，但不得免除自身责任，加重用户义务，排除用户的法定权利。

2. 制定和修改交易规则

电子商务平台经营者应当遵循公开、公平、公正原则制定和修改交易规则，在其主页面显著位置公开征求意见，采取合理措施确保有关各方能够及时充分表达意见，修改内容应当至少提前七日予以公示。经营者不接受修改内容，申请退出平台的，互联网交易平台应当允许其退出，并按照修改前的交易规则承担相关责任。

平台经营者制定、修改、实施的基本规则、责任及风险分担规则、知识产权保护规则、信用评价规则、消费者权益保护规则、信息披露规则、防范和制止违法信息规则、交易纠纷解决规则、交易规则适用的规则、交易规则的修改规则、其他必要的交易规则或与规则相关的措施等交易规则应公示并备案。

《电子商务法》第八十一条第一款、第二款明确规定电子商务平台经营者若未在首页设置服务协议和交易规则链接标识、修改交易规则未公开征求意见、未按规定提前公示修改内容以及阻止平台内经营者退出的，由市场监督管理部门责令限期改正，处二万元以上十万元以下的罚款，最高可处五十万元以下的罚款。

（二）核验登记、审查义务

《电子商务法》第二十七条、第二十八条规定：电子商务平台经营者有核实平台内经营者身份，配合市场监督管理部门、税务部门办理平台内经营者的工商登记以及税务登记义务。具体而言，就是电子商务平台经营者应当要求申请进入平台销售商品或者提供服务的经营者提交其身份、地址、联系方式等信息，进行核验、登记，建立登记档案，并定期核验更新；并且电子商务平台经营者还应当配合市场监督管理部门，向其报送平台内经营者的身份信息，配合平台内经营者办理工商登记，并且还应配合税务部门，向税务部门报送平台内经营者的身份信息以及与纳税有关的信息，提示平台内经营者办理税务登记。

电子商务平台经营者在实践中若是违反上述义务，将面临市场监督管理部门责令限期改正，并处以罚款的处罚，罚款最高不超过五十万元。此举是为了加强电子商务平台经营者的责任意识，便于市场监督管理部门和税务部门工作有效开展，建立健全良好的电子商务成长环境。

（三）信用评价制度

在传统的资本市场里，信用评价是指专业评级机构对债务人还款能力的评估。为了减少信息不对称，提高卖家诚信度，电子商务引入了信用评价。例如，淘宝网中的信用评价是买家通过淘宝购入商品，在买家接收商品，第三方机构将资金转给卖家，整个交易完成之后，买家可以对卖家（电子商务经营者）提供的商品和服务进行评价。这个评价就是买家对卖家所作的信用评价。

由于电子商务依托的是网络信息技术，难以避免的就是虚拟性，消费者在购买商品时除了浏览商品详情之外，更多的时间是来关注商品的购买评价。正是由于消费者对商品评价的重视度，平台内经营者为了获取“好评”就会雇用水军进行刷单，或者要求消费者删除“差评”以维护自己的商品评价。刷单以及删差评的行为不利于消费者获取真实的商品信息，无法享受等价的服务，不利于电子商务的健康发展。

《电子商务法》第三十九条就明令禁止电子商务平台经营者删除消费者对其平台内销售的商品或者提供的服务的评价，电子商务平台经营者还应该建立健全评价制度，公示信用评价规则，为消费者提供对平台内销售的商品或者提供服务进行评价的途径。若电子商务平台经营者违反上述规定的，最高可处五十万元以下的处罚。

（四）自营区分规则

目前，国内电子商务平台经营者中的京东商城便是以自营在电子商务市场中占有一定份额，消费者购买京东自营商品可以享受京东提供的完整服务，包括物流配送；电子商务平台经营者开展自营业务可以保证商品的质量和利润、灵活掌握库存、制定售后服务政策。同时，区别于第三方合作，电子商务平台经营者可以依托平台优势，给消费者以更好的客户体验。

《电子商务法》第三十七条规定：电子商务平台经营者在其平台上开展自营业务的，应当以显著方式区分标记自营业务和平台内经营者开展的业务，并且对其标记未自营业务依法承担商品销售者或者服务提供者的民事责任。这一条规定可以帮助消费者区分是不是自营商品，并且在产生质量纠纷时能准确认定责任方，及时得到赔偿，弥补损失。对电子商务平台经营者违反上述规定的，《电子商务法》规定了市场监督管理部门责令限期改正，可以处最高不超过五十万元的罚款。

（五）竞价排名规则

在电子商务领域中，竞价排名规则对于电子商务交易的过程具有重大影响，因此值得关注。所谓竞价排名规则，指的是在搜索引擎中输入相应搜索项时，商家链接从上到下的排序按照商家付费的多少来排列，付费越多，链接越靠前。在电子商务平台中，往往消费者会受到竞价排名的影响来挑选商品或服务，因此，这很大程度上影响了电子商务平台内经营者的经营利润。

为此，《电子商务法》第四十条对此进行了规范，《电子商务法》第四十条规定：电子商务平台经营者应当根据商品或者服务的价格、销量、信用等以多种方式向消费者显示商品或者服务的搜索结果；对于竞价排名的商品或者服务，应当显著标明“广告”。根据该规定，平台经营者应采取价格排序法、销量排序法、信用排序法等多种方式来排列搜索结果，这里的搜索结果是根据客观的算法进行的，但是如果平台经营者采取竞价排名规则对搜索结果加以干预，则应当对于竞价排名的商品或者服务显著标明为是“广告”，也就是说，平台经营者至少要保障基于价格、销量、信用的三种搜索排序方法，保障消费者基于这些搜索结果对自身的交易行为起到参考作用，对于采用竞价排名方式对搜索结果加以干预的，平台经营者应标明是广告，保障消费者对此有所了解。这是对竞价排名规则进行规范的有效措施，可以起到维护电子商务交易公平的效果。

（六）知识产权保护规则

在互联网交易领域中知识产权保护是一个重大课题，也是国家和国际社会普遍关注的重点。电子商务法以及相关的法规采用了避风港原则和红旗标准原则来保护知识产权和惩罚违法犯罪。详细内容在电子商务法律保护一章中阐述。

三、电子商务平台的法律责任

《电子商务法》第二节“电子商务平台经营者”中对电子商务平台权利和义务作出详细规定，特别是对电子商务平台的法律责任作出明确的表述，包括直接责任、连带责任和相应的责任。同时，也明确了民事责任、刑事责任和行政责任等。具体电子商务平台的法律责任将在电子商务法律保护一章中作出详细阐述，在此不作赘述。

第四节　社 交 电 商

一、社交电商的概念

社交电商是利用互联网等社交工具销售商品或服务的经营方式，是一种社会化分销模式。随着互联网时代的飞速发展，社交电商发展越来越壮大，而且以其便捷的形式和靠谱的商品或服务质量越来越受到人们的关注和喜爱。社交电商便捷的形式一方面体现在交易场所的碎片化上，社交电商的运营不一定在大平台上进行，可以通过移动端的各个小程序进行；另一方面也体现在支付方式的简便上，消费者通过网络支付平台即可完成支付。社交电商靠谱的商品或服务质量体现在其依托社交关系开展，而社交关系中人们的关系较为亲密，发生欺骗的风险很小，从而可以保障商品或服务有一个良好的质量。

二、社交电商的经营模式

社交电商在发展中也形成了多种经营模式，按照推广模式可以分为以下几种：

（一）以云集微店为代表的第三方社交电子商务平台模式

这种形式中的店主在平台上开设店铺，选取感兴趣的商品上架，通过社交网络发布商品或服务的信息，吸引社交网络上的人进行购买。这种形式中店主不需要自己准备货源，只需要向消费者发布信息，如果消费者进行消费，店主就能获得佣金。这种模式是一种 S2B2C 模式，通过这种模式，供货商可以用极低廉的成本迅速推广他们的产品；而分销商无须任何库存和成本，只需向下家推荐产品，在他代理的商品被售出时获得利润的分成；采购客户则能在平台上以接近批发价购得商品，而且商品的质量、售后也能得到可靠的保障。然而，云集微店在前段时间因陷入传销旋涡而被严重处罚，可见这种模式的发展容易产生传销这样的问题，还需要进一步的改善。

（二）以拼多多为代表的“团购”模式

这种模式下商品或服务价格低廉，借助“团购”的概念通过微信等社交平台迅速提升曝光度，从而拉拢一大批消费者通过其平台进行消费。这种模式可以积累大量消费者的需求，从而打造“B2C”+“C2B”供应链。“B2C”供应链，是现货模式，零售商备好现货，消费者即时性购买。“C2B”供应链，是期货模式，消费者计划性购买，然后零售商组织供应商品。这两种模式相结合，可以促进商品销售的效率。

（三）以小红书为代表的社区模式

该种模式通过打造一个购物分享社区来吸引消费者的关注，并且打造电商平台来开展商品或服务的销售。这样的模式里，购物分享社区积累了大量关于商品或服务的信息，便于消费者以此作为消费的参考，从而能够吸引大量消费者。该种模式也可以借助消费者的发展“C2B”供应链，促进商品或服务的销售效率。

三、社交电商的发展及法律问题

社交电商具备传统电商所不具有的发展优势，在互联网社会不断发展的今天具有很好的前景。社交电商的发展也能为社会带来正向效益，一方面社交电商迎合了国家“大众创业、万众创新”的号召，能够促进当下各产业的创新发展；另一方面社交电商能够充分挖掘人们的消费需求点，促进消费，实现消费升级，带动各行各业的发展。当下社会已涌现了一大批社交电商从业者，也出现了许多诸如拼多多等的龙头企业从事社交电商，现如今社交电商也在不断尝试新的发展方式，力图满足消费者的需要，相信社交电商的发展前途一片光明。

四、对社交电商发展的法律意见

社交电商的交易模式形式简单且操作便捷，但是也存在容易侵犯消费者个人信息、虚假广告泛滥、售后维权困难等问题，因此，社交电商的发展理应受到一定规制。下面笔者就根据现状对社交电商的发展提出一些法律方面的意见。

（一）加强对社交电商的立法规范

社交电商是一种新兴事物，在这方面尚且缺少完善的法律规范，因此，需要通过立法活动来对此进行规范，从而促进社交电商更好地发展。

（二）对社交电商进行市场准入监管

社交电商作为一种市场主体在市场上进行交易活动，理应进行相应的准入监管，防止产生违法乱象。

（三）明确社交电商的平台监管责任

社交平台是为社交电商提供交易平台的，应认定社交平台具备第三方交易平台的特征，因此，社交平台应当对平台上的商家进行监管，不应以主张自身是社交平台为由拒绝承担平台监管责任。

第三章　电 子 合 同

随着电子商务的兴起，电子合同作为电子商务的核心问题也逐渐得到重视。电子合同突破传统合同的局限，以互联网等计算机网络为载体，成为网络信息化大时代背景下的一种新兴合同模式，电子合同的出现挑战了传统合同模式下的法律制度，给人们的工作生活和现代商业的发展带来了快捷和方便。

第一节　电子合同概述

一、电子合同的概念

经济全球化的互联网时代背景下，电子商务是通过一系列的电子合同文件促成和实现电子商务经营者和消费者的交易。电子合同是电子商务的核心内容。

电子合同属于民事合同中的一种，调整平等民事主体之间设立、变更及消灭其民事权利义务关系的法律行为。

电子合同的概念有不同论述，一般来说，将电子合同分为广义的电子合同和狭义的电子合同两种。广义上指所有的数据电文形式的合同，包括以电报、电传、传真、电子数据交换和电子邮件等形式成立的合同。狭义的电子合同一般指以数据交换和电子邮件等方式，其合同文本信息的传输、记录和表现都是通过计算机来进行的合同。

二、电子合同的组成要素

（一）数据电文

在电子商务交易过程中，合同的双方当事人也可以通过网络平台，对商品的质量和价格进行商讨，甚至讨价还价，如MSN、QQ、阿里旺旺等，为后续合同双方的交易最后达成提供了商谈的平台。当然，最后的交易一般都通过电子合同的形式确认。在电子商务领域，合同的成立方式主要有三种类型：一种是电子邮件，另一种是微信、QQ、短信等即时通信数据，还有一种是网站的程序。因此，由于电子合同的特殊性，基本上所有的电子合同都是通过数据电文交换的形式来完成的。

（二）书面形式

我国法律对于合同的成立形式既认可口头形式，也认可书面形式。《合同法》规定的书面形式是指合同书、信件和数据电文（包括电报、电传、传真、电子数据交换和电子邮件）等可以有形地表现所载内容的形式，故当事人间形成的电子合同属于以书面形式订立的合同。

（三）适用电子签名规则

在传统的纸质合同订立过程中，订约的双方当事人一般采用签名或盖章来确定纸质合同订立，但在电子合同中，交易场所在网络上，交易双方互不见面，故电子合同无法通过传统签字盖章的方式订立，故在电子商务中，电子合同的订立往往采用电子签名的形式。《电子签名法》将电子签名定义如下："电子签名是指数据电文中以电子形式所含、所附用于识别签名人身份并表明签名人认可其中内容的数据。"同时，《电子签名法》也明确规定可靠的电子签名与手写签名或者盖章具有同等的法律效力。

三、电子合同的分类

一般来说，根据电子商务的基本模式，电子合同可分为四种：

（一）企业之间的电子合同（B2B：Business to Business）

以EDI（电子数据交换）或电子邮件方式为主订立的合同，主要适用于企业与企业之间的电子商务活动。

（二）企业与个人之间的电子合同（B2C：Business to Customer）

一般为电子格式合同，通常是由企业的经营者事先拟定好合同文本，再通过计算机程序设置并显示在其商务网站上，个人消费者如果接受经营者提供的商品或服务，通过点击该页面上的相关按钮表示同意则合同成立。

（三）企业、个人与政府间电子合同（B2G：Business to Government）

包括政府与企业之间的买卖合同和各种在线的管理职能合同。

（四）个人与个人间电子合同（C2C：Customer to Customer）

一般为个人与个人之间通过网络进行交易而成立的商务合同。

日常生活中的网上购物是最为普遍的电子合同。购物一般是个人与个人，或者个人与企业之间进行的贸易往来，在以上的分类中一般属于第二种和第四种。

第二节　电子合同的订立

电子合同的订立并不需要合同双方当事人同时在场，而是通过计算机网络的信息交换进行的。合同的双方当事人一般都是素未谋面，远隔千山万水的距离订立合同，是跨空间的一种贸易往来。电子合同的订立是交易双方当事人意思表示一致的结果，是合同成立和生效以及之后合同履行过程中对双方权利义务实现的前提条件。电子商务当事人订立和履行合同，适用《电子商务法》《民法总则》《合同法》《电子签名法》等法律的规定。《合同法》规定要约和承诺是订立合同的过程，承诺到达合同即生效。那么电子合同中的要约和承诺如何确认，需要深入分析。

一、电子合同的要约与要约邀请

传统合同中，“要约”是订立合同的基础，是一方当事人对另一方当事人所发出的希望双方订立合同的意思表示。电子合同的订立同样必须存在当事人一方希望订立合同的意思表示，否则电子合同是无法产生和引起电子商务行为。“要约邀请”是一方当事人向特定的当事人作出希望对方发出要约的意思表示。

电子合同中的“要约”和“要约邀请”都是通过网络电子交易系统进行，两者确认较为困难。比如，一些电子商务交易网站交易平台上公布自己要出售的商品的价格和具体信息，同时设定相应的操作按钮和流程让消费者网上购物，也有些网站将出售商品的库存量、款式、型号、颜色等信息作出明确说明，只要消费者按照相应的流程操作，提交订单，商家就会及时发货。这样类型一般可以理解为要约。如果电子商务网站上的商业广告，需要进一步协商和交流，才能确定是否进行交易，这样类型一般只能认定为要约邀请。

但是《电子商务法》第四十九条规定，电子商务经营者发布的商品或者服务信息符合要约条件的，用户选择该商品或者服务并提交订单成功，合同成立。当事人另有约定的，从其约定。这一条同时也表明电子合同当事人可以自行约定电子合同成立的条件，且约定优先。

二、电子合同的承诺

《合同法》采用要约和承诺确定合同成立时间。《合同法》第二十六条规定：“承诺通知到达要约人时生效。承诺不需要通知的，根据交易习惯或者要约的要求作出承诺的行为时生效。采用数据电文形式订立合同的，承诺到达的时间适用本法第十六条第二款的规定。”第十六条规定：“要约到达受要约人时生效。采用数据电文形式订立合同，收件人指定特定系统接收数据电文的，该数据电文进入该特定系统的时间，视为到达时间；未指定特定系统的，该数据电文进入收件人的任何系统的首次时间，视为到达时间。”

可见，《合同法》采用“到达主义”的观点，承诺一经到达合同即成立。但是由于数据电文和邮件的特殊性，网络环境没有行政区域和国界划分，根据《电子商务法》的规定，电子合同一般也采用“到达主义”规则，但是当事人另有约定的，从其约定。

三、电子合同中要约的撤回和撤销

由于传统的商务交易一般采用邮寄信件的方式进行，在要约发送和到达上有一定的时间差，使得要约撤回成为可能。而电子合同中，由于合同双方当事人通过网络进行信息交换，要约的发送和到达几乎同时完成。所以，导致了电子合同中要约的撤回有一定难度。

要约的撤销，是指要约发出人在要约送达对方当事人之后再次向对方做出撤销前面的要约的意思表示。目的是调整或者改变自己的要约内容，但对这一行为是需要合同双方进行意思表示一致后才能发生法律。在电子合同中，由于要约的撤回具有一定的难度，许多学者并不认可电子合同中存在要约的撤回一说。因此，本次《电子商务法》的条文中并未明确规定要约的撤回和撤销。

四、电子合同的成立

根据《合同法》采取到达生效原则，承诺告知到达要约人时生效，承诺生效时合同成立。承诺生效的地点为合同的缔约地，承诺生效的时间为合同的缔约时间。

目前电子商务中最常见的两类在线合同就是“点击成立合同”和“浏览成立合同”。所谓“点击成立合同”是指商家在互联网中的服务条款前后设置“我同意”“我不同意”或者“我接受条款”“我不接受条款”等标识键供对方选择点击而成立的合同。所谓“浏览成立合同”是指商家在互联网要约中约定，访问者一旦浏览了其网站主页，便与该商家主体之间成立的合同。

但《电子商务法》第四十九条规定：电子商务经营者发布的商品或者服务信息符合要约条件的，当事人选择该商品或者服务并提交订单，合同成立。当事人另有约定的，从其约定。该条款一方面保护了消费者对于经营者的信赖利益，防止电商经营者恶意撤销订单；另一方面也给予了电商经营者特殊的商业模式或者对于某些商品成立的特殊需求，保护电子商务交易模式的自由选择。

在司法实践和电子商务实践中，要认定电子合同成立与否有两个标准：（1）必须查明电子合同一方当事人发出的要约；（2）必须查明电子合同另一方当事人的承诺。要查明当事人的承诺必须查明当事人的收到和回执。

五、电子合同效力的认定

电子合同的生效是指已经成立的合同符合法定的生效要件，法律赋予该合同以拘束力。根据《合同法》的规定，依法成立的合同自成立时生效。《合同法》第五十二条的合同无效五种情形，第五十三条免责无效两种情形，第五十四条的可变更或者撤销合同的三种情形均排除了合同生效情况，也即合同生效的例外。

认定已经成立的电子合同效力有以下几方面标准：

1. 电子合同主体是否具有相应的缔约能力，包括相应的民事权利能力和民事行为能力。

2. 电子合同主体意思表示是否真实。合同主体对电子合同订立、变更、解除或终止是否存在意思自治。

3. 电子合同的内容和形式是否违反法律和行政法规的强行性规定。《合同法》第十一条关于数据电文的规定，即可以通过数据电文订立合同。《电子签名法》第三条规定："民事活动中的合同或者其他文件、单证等文书，当事人可以约定使用或者不使用电子签名、数据电文。当事人约定使用电子签名、数据电文的文书，不得仅因为其采用电子签名、数据电文的形式而否定其法律效力。"

六、电子合同主体行为能力推定原则

民事行为能力是民事主体能够以自己的行为参与民事活动，通过意思表示设立、变更、终止民事法律关系的资格。

（一）根据自然人的年龄划分

《民法总则》规定，十八周岁以上的成年人为完全民事行为能力人，可以独立实施民事法律行为；十六周岁以上的未成年人，以自己的劳动收入为主要生活来源的，视为完全民事行为能力人；八周岁以上的未成年人为限制民事行为能力人，若其独立实施的非纯获利益的民事法律行为或者与其年龄、智力不相适应民事法律行为由其法定代理人代理或者经其法定代理人同意、追认；不满八周岁的未成年人为无民事行为能力人，由其法定代理人代理实施民事法律行为。

（二）根据自然人的精神状况划分

不能辨认自己行为的自然人为无民事行为能力人，由其法定代理人代理实施民事法律行为。不能完全辨认自己行为的成年人为限制民事行为能力人，实施民事法律行为由其法定代理人代理或者经其法定代理人同意、追认，但是可以独立实施纯获利益的民事法律行为或者与其智力、精神健康状况相适应的民事法律行为。

故根据民事法律行为的生效规则，无民事行为能力人实施的民事法律行为无效。限制民事行为能力人实施的纯获利益的民事法律行为或者与其年龄、智力、精神健康状况相适应的民事法律行为有效，实施的其他民事法律行为经法定代理人同意或者追认后有效。故合同签订前，一定要对合同当事人的民事行为能力进行识别，这是合同生效的前提。在传统的合同中，合同双方一般都是当面签署或者通过邮寄合同的形式签订合同，合同双方通过沟通、交谈一般对合同相对人有一定的了解，故对合同相对人的行为能力能够进行审查。但在电子商务环境下，合同的双方当事人经常是从未见过，没有相互了解，甚至双方都不会发生文字交流，双方通过自动交易系统就完成了交易。在电子商务中经营者普遍采用电子代理人，其只能通过用户的注册信息来判断其主体资格，在这种跨空间的一种贸易往来中无法准确对合同对方当事人的行为能力进行认证，如果严格按照传统的行为主体审查方式，电子合同双方当事人将花费大量时间、精力进行确认，增加电商的经营成本，不符合电商发展快速、便捷、减少成本的新业态与创新模式，故《电子商务法》规定，在电子商务中推定当事人具有相应的民事行为能力，但是有相反证据足以推翻的除外。该条款采取了和以往民事行为能力认定完全不同的举证方式，以先行推定的方式认定电子合同交易方具备民事行为能力，而不是先要求认定当事人具备民事行为能力而后才能展开交易，这将极大地便利电子交易的安全和稳定，这也秉承了维护市场交易稳定可信的民法原则。

七、订立流程的告知规定

《电子商务法》第五十条规定，电子商务经营者应当清晰、全面、明确地告知用户订立合同的步骤、注意事项、下载方法等事项，并保证用户能够便利、完整地阅览和下载。这主要是因为如今电子商务交易过程中，对于签订合同的流程步骤有各种形式的设定，并且由于电子合同中审查事项繁多，交易快速，消费者如未经电子商务经营者的提醒会忽略掉关键信息。此外，由于电子合同内容一般由商家上传电商网站或者平台，如消费者不及时下载合同，则一方面事后下载合同困难较大，另一方面事后下载的合同是否会发生篡改、内容不全等情况也无法确定，如发生纠纷，消费者将承担举证不能的后果。故为保护消费者的合法权益，为电子商务交易提供可下载的电子合同是一种维护交易安全及交易秩序的可靠方式。这就需要电子商务经营者清晰、全面、明确地告知用户订立合同的步骤、注意事项、下载方法等事项，并保证用户能够便利、完整地阅览和下载电子合同。因此，《电子商务法》对当前某些电子商务交易中无法下载合同、下载合同不全的情形已予以明确禁止。此外，《电子商务法》电子商务经营者应当保证用户在提交订单前可以更正输入错误，给予消费者补救的权利。

同时，为保护消费者利益，《电子商务法》对电子商务平台经营者也有特殊规定，《电子商务法》要求电子商务平台经营者应当记录、保存平台上发布的商品和服务信息、交易信息，并确保信息的完整性、保密性、可用性。商品和服务信息、交易信息保存时间自交易完成之日起不少于三年。

第三节　电子代理人

一、电子代理人的概念

随着互联网的飞速发展，电子网络已成为电子商务交易的重要工具，在电子商务交易中出现不需要本人亲自操作或由他人代本人操作的电子程序和系统，为此人们逐渐形成电子代理人的概念。其实，我国现今并未赋予电子代理人明确的定义和法律地位。美国法学会起草的《统一计算机信息交易法》，该法将其定义为："电子代理人是指这样一种计算机程序电子手段或其他自动化手段，其能够独立的用于作出某个行为、回应电子记录或作出履行。"结合电子代理人实际的运作方式及法学界对其相关含义的界定，笔者认为，电子代理人是一种网上自动交易系统，其是一种在不需要人的审查或操作的情况下，通过预先设定的程序从而能独立地发出并回应电子记录，以及部分或全部地履行合同的网上交易自动化手段。

二、电子代理人的法律地位

我国法律上不承认电子代理人等同民法上的代理人，因其不具有独立的人格和财产，不能独立地承担民事责任，其主要是包含了一种数据电文形式。它并非自然人，是一种经脑力设计的操作程序。《合同法》第十一条规定："书面形式是指合同书、信件和数据电文（包括电报、电传、传真、电子数据交换和电子邮件）等可以有形地表现所载内容的形式。"第十六条规定："要约到达受要约人时生效。采用数据电文形式订立合同，收件人指定特定系统接收数据电文的，该数据电文进入该特定系统的时间视为到达时间；未指定特定系统的，该数据电文进入收件人的任何系统的首次时间，视为到达时间。"第二十六条第二款规定："采用数据电文等形式订立合同的，承诺到达时间适用本法第十六条第二款。"第三十三条规定："当事人采用信件、数据电文等形式订立合同的，可以在合同成立之前要求签订确认书。签订确认书时合同生效。"从《合同法》内容及立法本意可见，电子代理人适用于数据电文的相关规定。也就是说，我国法律同样肯定电子代理人可以作为订立合同的有效形式。由此可见，电子代理人作为一种数据电讯形式，与传统的口头、书面等订立合同的方式在法律上享有同等的待遇，可以作为订立合同的有效形式。

针对电子代理人法律地位问题的多年争论，随着电子商务法的实施而作出定论。《电子商务法》第四十八条规定，电子商务当事人使用自动信息系统订立或履行合同的行为对使用该系统的当事人具有法律效力。这里所说的自动信息系统是指按照事先设定的程序指令、算法、运行参数和条件，在无自然人确认或干预的情况下，交易双方为了订立合同或者履行合同进行信息互动的计算机信息系统。[①] 自动信息系统的使用者即为电子代理人，与具有独立学习、判断、决策与执行能力的人工智能有本质区别。

三、电子代理人行为的有效性

电子代理人作为一种合同订立的有效形式，其订立的合同是否当然有效，还应取决于其订立是否符合相关的法律法规。电子代理人是合同当事人在合同订立之前预先设定的程序，其包括了当事人预先设定的要约、承诺条件、

---

① 全国人大财经委员会电子商务法起草组编著：《中华人民共和国电子商务法条文释义》，法律出版社 2018 年版，第 144 页。

订立和履行合同的方式等，可以说，电子代理人是代表人其最终支配人的意思表示。但是，基于网络交易安全性的考虑，要视电子代理人是否具备一定的有效要件，使电子代理人的交易对象相信或者应当相信该电子代理人代表了其最终支配人的意思表示，防止最终支配人或交易对象以不知情、电子代理人披露信息有瑕疵、电子代理人程序限制交易对象权利等主张合同不成立或无效。

电子代理人的有效要件应是指能够使交易对象明确其最终支配人以及其能代表最终支配人的意思表示的要件。所以，电子商务公司应在其网站上显著标明：（1）最终支配人的名称；（2）相关的法定资格证明文件编号；（3）法人或其他组织的性质；（4）企业的注册资本；（5）法人或其他组织的法定代表人或负责人；（6）最终支配权人的人工联系方式和联系地址；（7）如属于电子交易中介服务经营机构发出的电子代理人，应当显示授权委托的缔约一方的授权委托书及其电子签章；（8）明确电子代理人接收方可以要求中断自动交易，采用人工方式缔约的声明；（9）其他法律法规规定或者最终支配权人和交易对象事先约定应当显示的内容。同时，也要保障电子代理人程序上不会存在故障进而发生错误交易导致合同无效的情况。

四、电子代理人的使用者主体

电子代理人的使用者主体就是指其最终支配者，其应当具备的条件包括：（1）有自己的名称；（2）有必要的财产；（3）有固定的经营场所；（4）能够独立地承担民事责任；（5）依法成立；（6）具备保证电子代理人正常运作的技术条件和人员条件；（7）具备完善的网上企业信息披露制度和客户的资料保密制度；（8）在近三年内无违法经营记录。具备上述条件的经营机构须经国家有关部门核准，获得相应的电子代理人核准资格文件，同时应将其核准编号明确标识在其电子代理人的电子版面上。同时，也要保障电子代理人程序上不会存在故障进而发生错误交易。

第四节　电子合同的审查

随着电子商务的快速发展，政府、企业或个人商务交易采取电子合同形式，既给商家交易带来便利，也会产生交易的不确定性，电子合同的审查尤为重要。电子合同审查主要是审查电子合同效力问题，这对保障市场交易秩序的稳定起着重要作用。

（一）合同主体审查

电子合同属于民事合同的一种，是调整平等民事主体之间设立、变更及消灭其民事权利义务关系的法律行为。签订有效的民事合同，需要合同主体具有相应的主体资格。电子合同当事人的主体资格，就是指电子合同双方作为订立电子合同主体的权利。电子合同当事人的主体资格既要满足《民法总则》《民法通则》对当事人民事行为能力的要求，在电子合同中，自动信息系统的应用使得电子合同当事人具体的民事行为能力不能得到准确的判断，这是电子商务远程交易的特点决定的，近期是无法避免的。

但是《电子商务法》第四十八条规定，电子商务当事人使用自动信息系统订立或者履行合同的行为对使用该系统的当事人具有法律效力。在电子商务中推定当事人具有相应的民事行为能力。但是，有相反证据足以推翻的除外。即电子合同的当事人是推定具有相应民事行为能力的。这样一来，电子合同当事人在交易中不用确认对方是否具有行为能力，从而促进了交易效率，一定程度上保障了交易安全，促进了电子商务的发展。

但是具体的电子合同主体资格还需要满足订立电子合同特殊性要求。例如，电子合同范围下的电子借贷合同，由于电子借贷合同的签订以及资金的划转均在 P2P 网贷平台以及第三方支付平台中完成，由于平台审查不严或者其他方面的原因，极易导致借贷合同当事人的主体资格欠缺从而带来风险。

1. 注册身份审查

双方当事人的注册身份审查主要包括对其民事权利能力、行为能力和责任能力的审查以及资金合法性审查。包括法人、其他经济组织和自然人的身份以及合同订立目的的审查。特别是双方当事人在注册时需要提供真实的身份信息（包括姓名、年龄、籍贯、出生年月、身份证号、联系方式等），以及在合同中明确约定双方当事人本人使用的微信、微博、电子邮箱、手机号码等，并承诺身份信息真实，可以直接送达给双方当事人。

2. 电子签名

《电子签名法》第二条将电子签名定义如下："电子签名是指数据电文中以电子形式所含、所附用于识别签名人身份并表明签名人认可其中内容的数据。"由于《电子签名法》对可靠的电子签名仅作了抽象规定，在实践中除了第三方鉴定的方式之外，对其效力认定有一定难度。现阶段电子签名的技术种类主要有：（1）向收件人发出证实发送人身份的密码、计算机口令密码和PIN卡技术等一次性的密码生成技术，此类电子签名一般应用于网银等电子银行方面；（2）手写签名或图章的模式识别。由于受借款人的主观意识影响以及客观因素的不同，每次手写签名和图章均会产生差异，难以将借款人本人和签字的人唯一对应；（3）生物识别技术，通过指纹识别、视网膜识别、声音识别等技术提取生物特征，并对其进行数字化处理，转化成数字代码，并将这些代码组成特征模板存于数据库中。笔者认为，在上述技术种类中，因每个人的生物特征的唯一性，所以最好通过生物识别技术对注册P2P网贷平台中借款人的身份进行确认，从而保证其电子签名的效力。

3. 电子代理人

美国法学会起草的《统一计算机信息交易法》将电子代理人定义为："电子代理人是指这样一种计算机程序电子手段或其他自动化手段，其能够独立地用于作出某个行为、回应电子记录或者作出履行。"结合实践中电子代理人的运作方式，电子代理人是一种网上自动交易系统，其是一种在不需要人的审查或操作的情况下，通过预先设定的程序从而能独立地发出并回应电子记录，以及部分或全部地履行合同的网上交易自动化手段。

电子代理人的法律地位、属性已在上文中阐述，在此不再赘述。

4. 电子授权

在绝大部分电子合同中，出卖标的物一方当事人会签订一份《委托扣款授权书》。《委托扣款授权书》作为电子合同的附属部分，其实质上是一份委托代理合同，即出卖方同意授权电子商务交易平台委托银行或者第三方支付机构从合同中指定账户中扣划资金。

5. 电子信息公开

根据《电子商务法》第十五条的规定："电子商务经营者应当在其首页显著位置，持续公示营业执照信息、与其经营业务有关的行政许可信息、属于依照本法第十条规定的不需要电子办理市场主体登记情形等信息，或者上述信息的链接标识。前款规定的信息发生变更的，电子商务经营者应当及时更新公示信息"以及第十六条的规定："电子商务经营者自行终止从事电子商务的，应当提前三十日在首页显著位置持续公示有关信息"可知电子商务经营者应当公开自身的基本工商登记信息以及经营状况信息，但公开不能违反法律规定，对不能公开的用户个人信息，应当予以保护。

（二）合同条款的合法性审查

1. 一般性条款审查

在内容规则审查方面，合同内容、合同目的、合同违约责任等各方面均应最大可能与法律规范的规定相一致，避免因内容的合法性问题影响整个电子合同的效力。不同的电子合同一般性条款审查的侧重点也各有不同。同样地以电子借贷合同为例，对其一般性条款审查主要包括对借款用途、利息约定、还款方式、违约责任及争议解决等条款的审查。

2. 格式条款冲突审查

电子合同中存在大量的格式条款，合同当事人需要在具有授权条款的窗口打开供用户阅读的对话框，且只有点击"同意"或者"不同意"的权利，如果点击"不同意"，该程序就会终止，只要点击"我同意"即意味着全部接受。目前，我国对电子格式合同规制，适用《合同法》及相关司法解释。如格式条款提供方免除其责任、加重对方责任、排除对方主要权利的，该条款无效。

（三）合同条款的变更性审查

《合同法》第七十七条规定："当事人协商一致，可以变更合同。法律、行政法规规定变更合同应当办理批准、登记等手续的，依照其规定"，该条款从法律上规定了合同变更是需要当事人协商一致的。合同作为一种法律关系，其变更的实质是法律关系的变更，法律关系变更得需要法律事实。相应地，合意变更也好、单方变更也罢，都需要一个有效的法律行为来完成合同的变更。电子合同作为合同的一种，其变更需要电子合同双方当事人以及电子商务交易平台达成三方协商一致方可，这种协商一致包括明确表示和默示。电子合同一方当事人还是电子商务交易平台一方作出的单方变更在不违反法律法规的情况下，并在约定的条件下对方没有作出相反的意思表示，就构成了民法中的默示推定，这种不作为的行为同样是法律行为的构成之一，其同样能造成合同变更的结果。

第五节　电子合同的履行

一、电子合同的履行原则

根据《电子商务法》第四十七条的规定，电子合同的订立和履行适用《合同法》的相关规定。根据《合同法》的规定，电子合同的当事人应当按照约定全面履行自己的义务。在合同履行的过程中，当事人应当遵循诚实守信原则，根据合同的性质、目的和交易习惯履行通知、协助、保密等义务。在合同履行完毕，合同的权利义务终止后，当事人仍然应当遵循诚实信用原则，根据交易习惯履行通知、协助、保密等义务。当事人一方不履行合同义务或者履行合同义务不符合约定的，应当承担继续履行、采取补救措施、支付违约金或者赔偿损失等违约责任。根据《电子商务法》第五条的规定，“电子商务经营者从事经营活动应当遵循自愿、平等、公平、诚信的原则”，具体而言，电子合同的履行需遵循适当履行原则、协作履行原则、经济合理原则、情势变更原则。

（一）适当履行原则

适当履行原则，即全面履行原则，其是合同履行最基本的原则，要求合同的履行主体、履行标的、履行时间、履行地点是适当的，合同最终是可以全面履行的。就电子合同的履行而言，如果货物是离线交付的，债务人应根据合同的约定进行货物的交付；在线交付的，债务人应给予债权人以合理的货物检验时间并保证其所交付的货物的质量。

（二）协作履行原则

协作履行原则是基于合同法的基本原则诚实信用原则衍生而出的，其是指合同一方当事人在履行自己合同义务的同时有义务协助合同另一方履行其义务。就电子合同的履行而言，为了使合同能够顺利地履行，债权人有义务将自己的地址及身份信息告知债务人，债务人也有义务就其电子设备中记录的有关债权人的信息进行保密并不得非法利用。

（三）经济合理原则

经济合理原则指的是在合同履行过程中，在保证合同能够全面履行的前提下，尽可能地减少成本的支出，取得最大的利益。其主要体现在：（1）选择最经济合理的运输方式；（2）选择合理的履行期限；（3）选择合理经济的储存地点与方式等。

（四）情势变更原则

情势变更指的是合同有效成立后，因不可归责于双方当事人的原因发生情势变更，致合同之基础动摇或丧失，若继续维持合同原有效力显失公平，允许变更合同内容或者解除合同的原则。

二、电子合同的履行方式

由于电子商务是一种特殊的网络交易方式，其合同标的及付款方式的不同导致了其合同的履行方式与传统纸质合同的履行有着比较大的差别，目前主要的履行方式有线上付款，线上交货；线上付款，线下交货；线下付款，线下交货。

（一）线上付款，线上交货

“线上付款，线上交货”，指的是电子合同双方当事人直接通过网络平台完成合同履行的全部步骤，无须通过现实中的银行或者物流就可以完成货款的给付以及商品的交付的合同履行方式。这种履行方式主要针对的是信息产品，包括音乐下载、网络游戏下载、电影下载、电子书下载等。该种履行方式的发展可以大量地节省人力、物力、财力资源，同时，由于合同履行时间的锐减，可以促进更多类似合同的签订，促进经济更加快速有效地发展。

（二）线上付款、线下交货

“线上付款、线下交货”，指的是电子合同中商品购买方通过浏览商品销售方的网站选定商品并通过相关的网络付款平台进行付款，商品销售方根据购买方的订单通过现实中的物流进行商品的交付的合同履行方式。该种履行方式主要针对的是有形的商品，如淘宝网、京东商城就有采取该种合同履行方式。此类履行方式，产品交付时间为“收货人签收时间为交付时间”。

（三）线下付款、线下交货

“线下付款、线下交货”，通俗地讲就是货到付款的意思。在一些网络购物平台上，如当当网，其网站上有专门设置支付方式选择项“在线支付”或者“货到付款”，商品购买方可以在下订单的时候通过选择付款方式为“货到付款”实现线下付款、线下交货。

就产品交付时间而言，根据《电子商务法》第五十一条的规定，线上交付，产品交付时间为“合同标的进入对方当事人指定的特定系统并且能够识别的时间”，即消费者指定系统显示开始下载时的时间为交付时间；线下交付，产品交付时间为“收货人签收时间”。线下交付主要采用快递物流方式交付，快递物流到达的凭证主要是签收单，收货人在签收单上签收也就意味着产品已经服务；电子合同标的物为提供服务时，生成的电子凭证或者实物凭证中载明的时间为交付时间，当没有载明时间或者载明时间与实际提供服务时间不一致的，实际提供服务的时间为交付时间。

第六节　电子合同的解除

合同解除，是指合同当事人一方或者双方依照法律规定或者当事人的约定，依法解除合同效力的行为。根据《合同法》第九十四条的规定：“有下列情形之一的，当事人可以解除合同：（一）因不可抗力致使不能实现合同目的；（二）在履行期限届满之前，当事人一方明确表示或者以自己的行为表明不履行主要债务；（三）当事人一方迟延履行主要债务，经催告后在合理期限内仍未履行；（四）当事人一方迟延履行债务或者有其他违约行为致使不能实现合同目的；（五）法律规定的其他情形。”

电子合同的解除应遵守《合同法》有关的规定。电子合同的解除包括合同当事人双方协议解除和法定解除。

《合同法》第九十四条规定了合同法定解除的四种情形：（1）因不可抗力致使不能实现合同目的；（2）在履行期限届满之前，当事人一方明确表示或者以自己的行为表明不履行主要债务；（3）当事人一方迟延履行主要债务，经催告后在合理期限内仍未履行；（4）当事人一方迟延履行债务或者有其他违约行为致使不能实现合同目的。

在传统的合同履行过程中，不可抗力主要指的是：自然灾害、如台风、洪水、地震；政府行为，如征收、征用；社会异常事件，如罢工、骚乱。在电子合同的履行过程中，不可抗力当然也包括上述三种类型，但是由于电子合同是在网络平台上签订并履行的，我们还应考虑由于计算机网络的问题导致的合同不能履行的情况，这其中包括计算机病毒大爆发、黑客等问题。就计算机病毒大爆发是否属于合同履行的不可抗力，现行法律并没有就此作出规定，但是电子合同双方当事人应根据民法的公平原则在合同中约定将计算机病毒作为电子合同履行中不可抗力的一种。黑客问题，这还有可能牵涉刑事方面的问题，关键就是，这是不可苛责于合同双方当事人的事件，合同双方当事人也可将其约定为不可抗力作为合同解除的条件。当然，无论是计算机病毒还是黑客，合同双方当事人必须要在证明其已尽到网络维护的责任的前提下才能免于自身责任而去追究第三人责任。

电子合同履行的解除也可以按照上述条款来进行操作和实现。电子合同的解除关键问题是纠纷的解决方式和管辖法院问题。

一、电子合同的纠纷解决方式

除了传统的合同的争议解决方式，如协商、仲裁和诉讼之外。还有在线的争议解决方式。目前，在线争议的解决方式一般是指在线清算、在线仲裁、在线消费者投诉处理、在线调解四种，常见的是后两种。

《电子商务法》第五十九条明确规定，电子商务经营者应当建立便捷、有效的投诉、举报机制，公开投诉、举报方式等信息，及时受理并处理投诉、举报。这里的电子商务经营者应当定义为广义的电子商务经营者。

在实践操作中，走在电子商务前列的淘宝网，在消费者与销售者存在质量等争议时，淘宝网后台设置了客服进行投诉和协商争议解决，客户可以对销售者进行在线投诉，也可以由客服与销售者进行协商处理。

二、电子合同中的管辖法院

电子商务由于具有全球性、开发性，所以，电子商务纠纷的影响是非常迅速和广泛的。很多时候一个纠纷由于影响的面非常大，很难区分具体影响的范围，所以笔者认为，如果电子合同双方当事人已经对合同的纠纷约定了管辖的法院，那么一般适用约定的法院进行管辖。如果没有明确的约定，那么可以适用侵权行为地和被告住所地法院进行管辖更为妥当。

就目前已有的法律规定而言，并没有对具体的电子合同纠纷管辖法院作出明确规定，参照的还是《民事诉讼法》来进行规范。但是由于电子合同中经常出现格式合同的形式，所以对于消费者来说，处于被动劣势地位，如果单纯以约定的格式合同来确定管辖的法院，并不利于消费者权益的维护。

三、保证金制度和事后追偿机制

《电子商务法》第五十八条规定，国家鼓励电子商务平台经营者建立有利于电子商务发展和消费者权益保护的商品、服务质量担保机制。

电子商务平台经营者与平台内经营者协议设立消费者权益保证金的，双方应当就消费者权益保证金的提取数额、管理、使用和退还办法等作出明确约定。

消费者要求电子商务平台经营者承担先行赔偿责任以及电子商务平台经营者赔偿后向平台内经营者的追偿，适用《消费者权益保护法》的有关规定。

如今就现实操作而言，我国各家电子商务平台经营者保证金制度建立的少之又少，即使建立的也是相当简陋（例如，淘宝网通常仅有 5 ~ 10 元的退货险，只承担退换一次产品的运费）。

根据《消费者权益保护法》第四十四条的规定，消费者通过网络交易平台购买商品或者接受服务，其合法权益受到损害的，可以向销售者或者服务者要求赔偿。网络交易平台提供者不能提供销售者或者服务者的真实名称、地址和有效联系方式的，消费者也可以向网络交易平台提供者要求赔偿；网络交易平台提供者作出更有利于消费者的承诺的，应当履行承诺。网络交易平台提供者赔偿后，有权向销售者或者服务者追偿。

网络交易平台提供者明知或者应知销售者或者服务者利用其平台侵害消

费者合法权益，未采取必要措施的，依法与该销售者或者服务者承担连带责任。

因此，消费者要求电子商务平台经营者承担先行赔偿责任的情况有三种：（1）网络交易平台提供者不能提供销售者或者服务者的真实名称、地址和有效联系方式的；（2）网络交易平台提供者作出更有利于消费者的承诺的，应当履行承诺；（3）网络交易平台提供者明知或者应知销售者或者服务者利用其平台侵害消费者合法权益。

在上述三种情况下消费者可以要求电子商务平台经营者承担先行赔偿责任。前两种情况下电子商务平台经营者可以直接向平台内经营者追偿，第三种情况下需要在确定电子商务平台经营者和平台内经营者各自承担的份额的情况后，再向平台内经营者追偿。

法律是随着商品经济的兴起和扩大而产生和发展的，是为商品经济服务的。法律的规定经常会出现立法的滞后性，这也是在所难免的。商品经济的发展也在不断地对立法者提出新的问题和希望解决的方式，所以，这一问题还需要以后的立法和司法实践中不断予以探索和完善。

第七节　电子商务合同的格式条款

当我们在浏览网页、电子购物、下载软件以及进入某网站时，立即在网页上跳出格式合同，让你作出“同意”或“不同意”选择。这种条款，法律上称为电子商务合同格式条款。有些合同格式条款形成霸王条款，主要表现有：

一、违反法律规定，免除合同提供方责任、加重相对人责任

如“网站不对所提供之网络服务做任何类型之担保，包括但不限于：网络服务的及时性、安全性、准确性”而《电子商务法》第三十条明确规定，“电子商务平台经营者应当采取技术措施和其他必要措施保证其网络安全、稳定运行，防范违法犯罪活动，有效应对网络安全事件，保障电子商务交易安全”。显然，网站单方免除自身对网络交易安全的责任，违反《电子商务法》

的规定。

“网站保留随时修改或者中断服务而不需要告知用户的权利”这便赋予了电子商务者随意修改合同乃至单方面中断合同或宣布合同不成立的权利。而这些权利必然会不合理地加重合同相对人的义务，也违反了《电子商务法》的有关规定。

合同相对人购买商品有瑕疵时，只能请求修理或更换，不能返还货款也不能请求损害赔偿。此类条款严重违反了《消费者权益保护法》的有关规定，侵犯了消费者的合法权益。

二、忽略提醒相对人注意

电子商务格式合同中的霸王条款将不合理的条款用细微文字书写，文字表述模糊，不易引起人们的注意使相对人作出非真实的意思表示。

而《电子商务法》第三十三条、第三十七条以及第五十条明确规定，无论是电子商务平台经营者还是自建网站、其他网络服务销售商品或者提供服务的电子商务经营者在合同一般条款上需要清晰、全面、明确地告知，在特殊条款上需要以显著方式予以区分标记。

三、让相对人放弃某些权利

电子商务格式合同霸王条款往往要求相对人预先放弃某些权利，相对人为了实现网络目的只能同意而放弃权利。

四、限制相对人寻求法律救济的途径和手段

在某些电子格式合同的条款中，排除以诉讼或仲裁的方式解决争议的条款，要求相对人在权益受侵害时，只能用与合同提供方协商的方式，或约定有利于己方的管辖地法院。

五、保留最终解释权

在电商格式合同中频频使用“本公司拥有最终解释权”的声明，而且声明均有利于自己公司一方的解释。

目前，我国网络环境下的电子格式合同规制，仍然依靠《合同法》适用

电子商务合同。《合同法》主要是从格式合同的订立、格式条款效力的认定和格式条款的解释三方面对格式合同进行规范。

《合同法》第四十条规定，格式条款具有采取欺诈、以合法形式掩盖非法目的、损害社会公益、违反法律行政法规的强制性规定、造成对方人身伤害、因故意或重大过失造成对方财产损失等情形的，或提供格式条款的一方免除其责任、加重对方责任、排除对方主要权利的，该条款无效。《合同法》第四十条肯定了相对人请求撤销格式条款的权利，也没有绝对排斥相对人可以请求变更格式条款的权利。

但是，随着电子商务快速发展，我国会逐步完善电子商务法律、法规，对电子商务格式条款作出细则规定，以保护消费者的合法权益。

第八节　电子签名与鉴定

一、电子签名概述

（一）电子签名的概念

在传统交易中，一份书面合同一般自当事人签字盖章后生效。而随着电子商务的兴起，合同以电子文本的形式表现和传递，传统的手写签字和盖章则无法在电子商务合同中进行，正因如此，电子签名制度应运而生。一般认为，通过电子技术手段满足签名的各项基本功能的标识，都可认定为电子签名。

我国《电子签名法》第二条规定："本法所称电子签名，是指数据电文中以电子形式所含、所附用于识别签名人身份并表明签名人认可其中内容的数据。"和众多国际立法例一样，我国使用了"功能等同"的立法技术，从签名的形式和功能的角度进行规定，对实现技术不作任何规定。该条将电子签名分为三个层次：（1）表现形式——电子形式；（2）与数据信息的联系——所含或所附于数据信息；（3）功能与目的——表明签名人对数据信息的认可。当然，世界各国对电子签名有不同的理解和法律规定。

（二）电子签名的特征

电子签名与传统意义上的手写签名相去甚远，电子签名是一个随着互联网和电子商务的发展而产生的新鲜事物。电子签名与传统的签名相比，主要具有以下特征：

1. 依赖性

传统手写签名仅需一张纸、一支笔就能轻松地完成整个确认程序，而电子签名的实现则需要软件和硬件设施的双重配合，缺一不可。在电脑或其他硬件设施采集完相关数据后，再通过软件数据系统进行处理、储存和传输①。

2. 高技术性

电子签名本身是高科技的产物，其使用亦需应用高科技，且电子签名亦会随着科学技术的不断发展而发生变化。

3. 高安全性

手写签名虽然具有唯一性但仍难免会出现被模仿假冒的现象，这般现象在现实生活中时有发生。而在现阶段，三种电子签名因通过特殊的技术处理，其安全性普遍较高，也在一定程度上促进了电子商务的发展；电子化签名因采用手写签名加数据的分析及密码化处理程序，安全性要高于传统签名；生物识别技术因人体特征的独一无二性更不容易被假冒；数字签名技术采用公钥和私钥双重加密解密及特殊运算，在现阶段极难被破译②。

4. 无形性

电子签名是存储于磁盘等介质中的数字信号，以计算机存储为条件，是无形的。电子记录的管理、收集、保存比书面文件更为方便，尤其是管理大量的文件时，更能发挥其优越性③。

（三）电子签名的功能

签名是认证的一种手段。通俗地说，签名的功能就是将一个人（包括自然人和法人）与一份文件联系在一起。电子签名一般分为手写签名和数字签名。手写签名就是一个人将自己书写特定化的签名传输到签名文件上的一种形式。手写签名具有三项功能：（1）确认一个人；（2）确认该人在签字行为中的个人活动；（3）将该人与文件的内容联系在一起。合同当事人在合同上

① 魏红匣：《浅议〈电子签名法〉》，中国社会科学院 2013 年硕士学位论文。

② 魏红匣：《浅议〈电子签名法〉》，中国社会科学院 2013 年硕士学位论文。

③ 严红、刘恺：《电子签名的法律效力与 CA 认证》，载《广西社会科学》2003 年第 5 期。

签字的首要作用就是作为一个证据，表明签名者愿意受合同内容约束。而数字签名作为电子签名的一种典型形式，依赖于非对称加密技术，使用私钥和公钥来创设数字签名对数据进行编码、解码和对签名进行验证。其主要的功能是能验证文件原文在传输过程中有无变动，确保传输电子文件的完整性、真实性和不可抵赖性。数字签名可以较好地保证公开网络上信息的安全性和保密性，保障数据的完整性并避免数据被非法篡改。①

因此，电子签名的法律功能可概括为三个方面：（1）鉴定签名者的身份；（2）表明签名者对电子数据内容的认可；（3）确保原始文件的完整性和真实性。

（四）电子签名的表现形式

《电子签名法》没有规定必须采用何种技术实现电子签名，只要该项技术所实现的电子签名符合该法规定即可。数字签名是目前电子商务、电子政务应用最普遍、技术最成熟、可操作性最强的一种电子签名方法。它采用了规范化的程序和科学化的方法，用于鉴定签名人的身份以及对一项电子数据内容的认可。电子签名的技术种类有：

1. 向收件人发出证实发送人身份的密码、计算机口令密码和 PIN 卡技术，以及其他种类的一次性密码生成技术。一般在电子银行的范围内使用。

2. 手写签名或图章的模式识别。附着于电子文件的手写签名的数字化图像，包括采用生物笔迹辨别法所形成的图像，即将手写签名或印章作为图像，用光扫描经光电转换后在数据库中予以存储，当验证此人的手写签名或盖印时，也用光扫描输入，并将原数据库中的对应图像调出，用模式识别的数学计算方法对两者进行比对，以确认该签名或印章的真伪。这种方法曾经在银行会计柜台使用过，但由于需要大容量的数据库存储和每次手写签名和盖印的差异性，证明它不实用，这种方法也不适合在互联网上传输。②

3. 生物识别技术。利用人体生物特征进行身份认证的一种技术。生物特征是一个人与他人不同的唯一表征，它是可测量、自动识别和验证的。生物识别系统对生物特征进行取样，提取其唯一的特征进行数字化处理，转换成

---

① 刘满达：《电子签名的法律效力认定》，载《法学》2011 年第 2 期。

② 熊丙万、杨莹：《电子签名法律制度考》，载《信息网络安全》2010 年第 8 期。

数字代码，并进一步将这些代码组成特征模板存于数据库中。人们同识别系统交互身份认证时，识别系统获取其特征并与数据库中的特征模板进行比对，以确定是否匹配，从而觉得确认或否认此人。具体表现有：（1）指纹识别技术，可以将一份纸质公文或数据电文捺手印同意或放于IC卡中签名。但这种签名需要有大容量的数据库支持，适用于本地面对面地处理，不适宜网上传输。（2）视网膜识别技术，使用困难，不适用于数字签名和网络传输。（3）声音识别技术，这种技术精确度较差，使用困难，不适用于直接数字签名和网络传输。

二、电子签名的法律效力与适用

（一）电子签名的法律效力

电子签名的效力与其适用范围，是两个密切联系的问题。凡是在适用范围内的电子签名，就应当是有效的，相反超出适用范围的电子签名，则不具有法律效力。在电子签名成立与确认以后，也即电子签名满足了法律有关签名的要求，从而成为具有法律效力的电子形式的签名。

1. 电子签名的合法性

任何一项技术都不具有当然被法律自然接受的属性，它可能具有的法律效力只能通过立法途径、司法保护或协议形式得以确认，其中立法的认可是最有效的。

2. 电子签名的有效性

《电子签名法》采用的是技术中立的原则，并未具体指定必须确立哪一种电子签名技术，而只是对安全电子签名及其认证机构所需达到的条件作出要求，为未来网络产业的发展提供了较宽广的空间。

此外，《电子签名法》并非完全是强行性的规范，它允许电子签名的使用者自主协商确定数据电文发送和接收的标准，这实际上也为未来技术的进一步发展提供了制度上的可能性。

（二）电子签名的适用范围

电子签名的法律效力只及于法律规定的事项范围内。从理论上讲，凡亲笔签名方式可签署的文件，同样也应允许以电子签名的方式签署。但由于某些交易的特殊性和复杂性以及技术的原因，有必要将电子签名的法律效力适用限制在一定的事项范围内。《电子签名法》以概括式的授权与列举式的排除相结合的方式对适用范围作了明确规定。

1. 法定不适用范围

根据《电子签名法》第三条第三款的规定，电子签名、数据电文不适用于下列文书：（1）涉及婚姻、收养、继承等人身关系的；（2）涉及土地、房屋等不动产权益转让的；（3）涉及停止供水、供热、供气、供电等公用事业服务的；（4）法律、行政法规规定的不适用电子文书的其他情形。这些被排除的情形是法定的，不能由交易者任意更改。

2. 当事人意思自治

《电子签名法》第三条第一款规定："民事活动中的合同或者其他文件、单证等文书，当事人可以约定使用或者不使用电子签名、数据电文。"第二款规定："当事人约定使用电子签名、数据电文的文书，不得仅因为其采用电子签名、数据电文的形式而否定其法律效力。"由此可见，当事人有选择使用电子签名的权利，亦可以选择拒绝使用电子签名；当事人选择使用电子签名的，该选择和电子签名均具有法律效力。

3. 授权适用范围

《电子签名法》还规定了授权适用范围。《电子签名法》第三十五条规定："国务院或者国务院规定的部门可以依据本法制定政务活动和其他社会活动中使用电子签名、数据电文的具体办法。"这说明，除了民商事领域外，电子签名完全可以适用于电子政务和电子医务等其他领域，只是有关具体的电子签名法规则，有待国务院或者有关部门进一步制定和明确。

值得注意的是，电子签名不仅仅是促进电子商务、电子政务和电子医务发展的手段，还应着重探讨电子签名本身的法律效力问题，以保证电子签名有效性和强制执行力，保障实现电子签名在实体法和证据法上的效果和价值。

三、电子签名的认证与鉴定

（一）电子签名认证的含义

在传统的纸张合同中，当事人的签名具有一定的独特性，签名盖章一般情况下不可否认，同时签名和盖章也起到对合同的证明作用，签名与认证具有高度统一性，交易双方完全可以通过纸张合同上的手写签名来判断合同的归属和真伪。

然而，在电子合同中，电子签名取代了手写签名，签名与认证则相对分离。另外，由于存在主观上签署人的恶意否认与客观上签名被盗、丢失或者被解密，电子合同的安全性很难保障，为了有效地确定签名的归属，就必须建立完善的电子签名认证体系和法律调整。

认证是指权威的、中立的、没有直接利害关系的第三人或机构对当事人的鉴别。电子签名认证是指特定机构通过审查交易主体资格，颁发电子证书，对电子签名及其签名人的真实性进行审查并作出证明的法律行为。电子签名的效力认定从性质上看显然是一个法律问题而非技术问题，应属于电子签名纠纷解决机构的权责范围（电子签名和认证技术标准的建立除外）。虽然目前国内外均无相关的司法实践，但可以肯定的是，在电子签名的效力认定案件中，有赖于专门的数据鉴定机构来弥补法官或仲裁员在计算机与网络专业知识方面的不足以及在技术上为法官或仲裁员提供数据电文和电子签名真实性、完整性和不可否认性的证据。①

（二）电子签名的认证机构

迄今为止，国内外还没有专门机构及相关机构提供或开展电子签名的司法鉴定服务。那么，此种服务在我国可由何种机构提供呢？在我国，设立司法鉴定机构必须遵照全国人民代表大会常务委员会2005年《关于司法鉴定管理问题的决定》的规定，具备司法部2005年《司法鉴定机构登记管理办法》规定的条件，经省级司法行政机关审核登记，取得《司法鉴定许可证》，在登记的司法鉴定业务范围内开展司法鉴定活动。电子签名司法鉴定应属《关于司法鉴定管理问题的决定》第二条所规定的声像资料鉴定。从目前情况看，我国今后的电子签名司法鉴定机构的可能选择有以下两种：

1. 电子认证机构

首先，按照工信部2009年《电子认证服务管理办法》第十七条、第十八条的规定，电子认证机构应当提供制作、签发、管理电子签名认证证书、确认证书真实性的服务以及提供证书目录信息查询和状态信息查询等服务，保证电子签名认证证书的内容在有效期内完整、准确，保证电子签名依赖方能

① 张锁通：《电子签名举证与责任推定》，载《河北法学》2006年第5期。

够证实或者了解电子签名认证证书所载内容及其他有关事项，妥善保存与电子认证服务相关的信息。可以说，由电子认证机构作为电子签名的司法鉴定机构有两个明显的优势，即技术优势与取证便利。

第一，认证机构本身是为将一个密钥对与未来的签名人联系起来而成立的一个第三方。其发布一个证书（一个列出公钥作为证书“主题”的电子记录），证书的接受者即信赖方可以运用证书中列明的公钥核实该数字签名是运用相应的私钥创设的，如果核实成功，则此种推理链证明相应的私钥是证书中所指签名人的私钥并证明数字签名由该特定的签名人所创设；在发布的证书不可靠时（如签名人失去了对私钥的控制），电子认证机构可中止或撤销该证书。①

第二，数字签名可以由签名人创设，也可以由电子认证机构创设，且都是在电子认证机构的参与下或利用认证机构的设备和软件创设的。国内的电子认证机构目前都是依据原信息产业部 2005 年 4 月《电子认证业务规则规范（试行）》而制定各自的《电子认证业务规则》（以下简称 CPS）并运作的。

第三，电子认证机构负有的妥善保存相关信息的义务可方便其取证和鉴定。2004 年《电子签名法》第二十四条规定，与认证相关的信息的保存期限至少为电子签名认证证书失效后五年。实践中，各认证机构都有关于审计日志和归档保存期限的规定。

其次，《电子签名法》第二十八条对由于电子签名认证机构之原因，使得交易双方利益受损时，应适用过错推定的归责原则。具体可以从两个方面来分析：

第一，电子签名认证机构与证书用户是以认证服务协议联系起来的合同双方，认证机关对于证书用户的法律责任也是由于违反合同义务造成的违约责任。一般地，违约责任的归责原则包括过错责任、严格责任以及公平责任三种原则，其中，过错责任包括过错推定责任。

第二，电子签名认证机构对证书信赖方侵权责任的归责原则。上面已经提到，电子签名认证机构与证书信赖方是没有合同关系的，只存在法定的信赖利益关系。两者之间适用的归责原则根据《电子签名法》第二十八条的规

---

① 季奎明：《我国法律环境下的电子签名效力研究》，载《信息网络安全》2010 年第 8 期。

定，也应该适用过错推定原则。另外，上部分已经论证了电子签名认证机构对于证书订户的归责方式也是过错推定原则，而证书订户与证书信赖方本来就存在直接的或者潜在的合同交易关系，法律对于两者的救济路线虽然一个主要是通过违约责任，另一个主要是通过侵权责任，但两者是民法上的平等主体，电子签名认证机构是中立的第三方，对于证书订户承担过错推定责任，同样地，也应该对于证书信赖方承担过错推定责任，实行取证责任倒置。

最后，关于电子签名认证机构的举证责任及举证内容。通过论证和法律规定，电子签名认证机构承担责任的归责适用是过错推定原则，其核心就是要求，当证书订户或证书信赖方因对电子签名认证机构所颁发的证书的信任而发生交易，最终导致损失之时，电子签名认证机构必须承担证明自己没有过错的责任，否则其应当承担侵权或违约的责任。相较而言，电子签名认证机构因为技术和专业的原因，对于证书信息的存档或提取证据都具有先天便利；另外，也是由于电子签名认证机构相对于交易双方来说，虽说不至于形成垄断，也有一定的行业风险，但其占有先天强势的市场地位是不言而喻的，这样让电子签名认证机构承担举证责任不论在情理上还是在司法上都是合理的做法。具体的根据电子签名认证机构的法定义务，其举证内容应该包括但不限于以下几项：（1）证书内容记载事项是否与证书订户提供的原始资料相符；（2）是否对于申请人提供资料已尽到合理谨慎的审查义务；（3）是否对于证书信息，包括用户提交的信息和私钥进行保密和谨慎保存；（4）是否定期对认证系统进行维护，以保障其运行正常且在现有技术下不被黑客等外界因素攻击；（5）是否尽告知义务；（6）证书终止、撤销或过期后是否及时放入作废库。

2. 电子数据司法鉴定中心

自国内第一家电子数据司法鉴定机构，即天津市天信电子数据司法鉴定中心于2003 年年底成立以来，电子签名的司法鉴定仍是空白。由电子数据司法鉴定中心作为电子签名司法鉴定机构的优点主要体现在以下三个方面：

第一，相对中立。电子数据司法鉴定中心本身就是基于“不既当运动员又当裁判员”的思路设立的，独立于签名人与信赖方、电子认证机构、法院或仲裁机构。《关于司法鉴定管理问题的决定》第七条规定，人民法院和司法行政部门不得设立鉴定机构，侦查机关根据侦查工作的需要设立的鉴定机构，不得面向社会接受委托从事司法鉴定业务，目的在于通过确保司法鉴定机构及其工作的独立性来保障其提供的鉴定意见的客观可靠性。

第二，具备一定的技术基础。电子数据司法鉴定目前都通过电子数据取证专用机、高速硬盘复制机、分布式密码破解系统、电子数据取证综合勘查平台、手机取证工具箱等多种鉴定设施并利用电子数据的复制技术、涉及数据规模技术（对数据和文件的修复技术）、数据搜索分析技术等三项关键技术进行。

第三，非营利性。现有的电子数据司法鉴定中心一般都属于民办非企业性质。电子数据司法鉴定中心的非营利性有助于提升其公信力。

可见，电子数据司法鉴定中心虽在技术基础和与电子签名的关联度上弱于电子认证机构，但在设立宗旨、组织形态上却更适合从事电子签名的司法鉴定。然而在具体的可行性上，电子数据司法鉴定中心仍存在以下两点不足：一方面，依靠现有技术和设备能否鉴定电子签名的效力仍具有不确定性；另一方面，电子数据司法鉴定中心的公益性在实际运作中有所扭曲。电子数据司法鉴定中心虽然属于民间性、非营利性的民办非企业单位，但实际上是按逐利性企业模式管理和运营的。

（三）电子签名的鉴定

电子签名司法鉴定的目的与电子认证类似。电子认证的作用主要在于对外防止欺诈以及对内防止否认这两个方面的问题，目的是解决电子签名与电子签名人本人之间是否具有唯一对应性的问题。电子签名的司法鉴定机构应遵循合法、中立、规范、及时的原则并按照司法部2007年《司法鉴定程序通则》的规定开展司法鉴定活动。电子签名的司法鉴定程序同样包括：司法鉴定的委托和受理、司法鉴定的实施以及司法鉴定文书的出具这三个主要程序，其中主要涉及以下三个问题：①

1. 司法鉴定启动权的归属

有学者认为，传统的做法通常是在当事人向法院申请司法鉴定后，由法院委托司法鉴定机构进行鉴定，但实际上是由法院指定某一司法鉴定机构进行鉴定。应当尽量由当事人双方选定司法鉴定机构，这样可以避免当事人对

---

① 封玮、刘颖：《论电子签名法与电子商务的发展》，载《现代情报》2005年第3期。

法院和司法鉴定机构中立性的质疑，只有在当事人不能确定司法鉴定机构或对司法鉴定机构的确定发生争议时，才由法院确定，这种做法虽然会牺牲一些效率，但更有利于程序正义的实现。在电子签名的司法鉴定上，按照《关于民事诉讼证据的若干规定》第二十六条的规定，首先由当事人（如签名人或订户、信赖方、认证机构、被指控欺诈的第三人）向法院申请司法鉴定，经法院同意后，当事人双方协商确定有鉴定资格的电子数据司法鉴定中心、鉴定人员；双方当事人协商不成的，由法院指定并委托电子数据司法鉴定中心。

2. 当事人的举证责任

电子签名纠纷在多数情况下就是解决签名人对数据电文及其签名“不可否认”的过程，而相关的举证责任主要发生于以下情形：

第一，信赖一个签名文件并希望签名人执行该文件的人（信赖方）必须证明该签名及所涉文件是签名人的或是其授权签署的。此时，收件人有义务采取这种程序，并证明自己在程序和操作上履行了适当的勤勉和谨慎义务。

第二，发送人在争讼中都会质疑某签名电文并表示其未发送该电文，此时相关的举证责任不可避免地将由发送人承担，发送人应证明其未签署和发送该电文。例如，发送人在电文离开自己的计算机或系统后即丧失了对电文的控制，安全的匮乏是网络服务提供者或认证机构的失误或系统故障造成的，以至于发生了对电文和签名的非授权使用。

第三，认证机构的举证责任。《电子签名法》第二十八条规定，电子签名人或者电子签名依赖方因依据电子认证服务提供者提供的电子签名认证服务从事民事活动遭受损失，电子认证服务提供者不能证明自己无过错的，应承担赔偿责任。该条之所以采用举证责任倒置规则，是因为认证机构的举证能力远远大于签名人或信赖方。但是，认证机构虽然有审计日志、归档记录等，其保存着与认证相关的信息，但这些记录和信息也未必能作为呈堂证供，因为这些记录和信息以及整个认证系统是否可靠还不确定，认证机构本身也无法证明自己无过错；如求助于公证机构的公证，因公证机构的专业性不够强也未必可行，唯一的途径是进行电子数据的司法鉴定。

3. 司法鉴定的事项

电子签名的司法鉴定事项应视《司法鉴定协议书》中载明的委托鉴定事项而定，这与电子签名所要解决的问题是不同的。正如有学者指出的，电子签名（如数字签名）本身只能证明当通过散列函数（Hash 函数）得到的信息摘要与发送人发来的信息摘要相同时，这一行为是发送人所为，但是发送人与外部署名人是否一致，使用密钥的人与有权拥有密钥的人是否一致却是电子签名本身无法解决的问题。联合国电子商务工作组在阐述可靠电子签名的要件时也承认，从技术角度看，签名制作数据可以单独与签名人相关联，而其本身并不是唯一的，签名制作数据在使用时必须处于签名人的唯一控制下，问题是签名人是否可向他人授权，以便他人可代表其使用签名数据；签名及签名电文的完整性可能只是一种在功能上与原始文件等同的形式。因此，电子签名本身与电子签名的司法鉴定其实也是一个问题的两个方面，都关系到电子签名及数据电文的安全性。[①]

归根结底，电子签名的司法鉴定机构应鉴定的事项有两个：一是订户的操作是否规范；二是订户或认证机构的计算机系统是否安全，即是否存在国外所谓的“身份盗窃”的可能和事实。

《电子签名法》第十七条、《电子认证服务管理办法》第五条均对认证机构的资质作出规定，其中，在技术方面主要是对认证机构的物理环境、技术和设备等作出规定。因此，对订户或认证机构的计算机系统是否安全的鉴定也主要应针对这些方面展开。例如，系统是否放置于安全的建筑物内并具有独立的硬软件操作环境；审计日志程序、归档记录、认证系统技术等是否可靠；订户是否使用可信任操作系统、内部人员的监控和审计措施是否可靠等。其具体涉及计算机系统功能鉴定、介质数据鉴定、软件功能检验鉴定、数据库一致性检验鉴定、数据库审计系统检测、计算机应用软件运行痕迹鉴定等。值得注意的是，计算机的安全不是一个绝对的而是一个相对的问题，一个特定的系统是否具有一定程度的安全性，应考虑更安全系统的有效性以及由此带来的成本因素。

---

① 胡廷松：《试论电子签名的法律效力》，载《重庆邮电学院学报》（社会科学版）2006 年第 4 期。

电子签名的司法鉴定是电子签名效力认定的前提、手段和技术依据。电子数据司法鉴定中心按照实际鉴定情况出具的鉴定意见，经法院或仲裁庭审查（往往需要专家辅助人的协助）及各方质证后，如符合客观性、关联性、合法性的要求，即可作为证据而被采信，成为裁判者认定电子签名效力的事实依据。电子签名的效力认定牵涉面广、技术复杂，既涉及签名认证链中硬软件设备的鉴定，也涉及相关人员行为的鉴定和管理，尤其需考虑黑客偷窃、雇员欺诈和签名人疏忽这些影响电子签名效力的主要因素。因此，应结合技术层面上的鉴定、检测与法律规则层面上的假定、推理来认定电子签名的效力。

第四章　电子商务业态和模式

2019 年 1 月 1 日开始施行的《电子商务法》第一次通过法律的形式鼓励发展电子商务新业态，创新商业模式。与此同时，电子商务的新业态和新模式也需要电商技术的研发和推广应用。因此，法律以正本溯源的方式将电商技术的研发和推广应用作为一项重要的引导方向，以倡导性规范鼓励发展电子商务新业态和新模式。

第一节　电子商务业态、模式概论

一、电子商务业态、模式的概念和原则

一般而言，电子商务业态、模式指的是电子商务业务经营的形式、状态以及主体行为的一般方式。

从法律上而言，电子商务采用哪一类型的业态、哪一种商业模式直接决定了电子商务运行的基本结构、盈利方式、各参与方的权利义务以及最终的法律关系、由此造成的法律责任。

《电子商务法》对电子商务的创新发展虽然没有界定明确的方向，也没有列明具体的限制，仅通过原则性、概括性的条款界定了电子商务在国民经济发展中应当如何进行发展，结合实践和现有立法，笔者总结出电子商务业态、模式的发展原则有：

（一）诚信原则

《民法总则》中明确规定，民事主体从事民事活动，应当遵循诚信原则，秉持诚实，恪守承诺。在电子商务中，交易双方往往互不相识，不能当面交

易和提供服务，要求交易双方诚信经营高于个人或法人应当遵守的诚信程度。

另外，诚信原则应当以创造诚信机制予以实现，实行违约惩治、公式机制，更好地创造电子商务诚信价值体系以更有利于电子商务健康、有序发展。

（二）高质量原则

国家在发展经济过程中，需要以电子商务来推动高质量的发展。反之，电子商务本身业态和模式也需高质量，从而使电子商务在国家新一轮经济改革中发挥其举足轻重的作用。

高质量原则要求电子商务业态和模式符合国家发展方向，符合党的十八大提出的创新、协调、绿色、开放、共享发展，遵循长期趋势和经济规律、适应经济发展新常态。

（三）“刚需”原则

党的十九大确立了新时代我国社会的主要矛盾已经转化为人民日益增长的美好生活需要和不平衡不充分的发展之间的矛盾。国家鼓励电子商务发展正是基于电子商务跨地域和便捷性，充分发挥电子商务的上述优点，带动欠发达地区电子商务发展，实现弯道超车。这是解决我国现阶段不平衡不充分发展的有效路径，完成平衡而又充分地发展任务后即完成人民美好生活的需求，实现国家的共同富裕。

（四）开放原则

构建开放型经济新体制，是实现全面开放的要求。目前，电子商务以互联网为依托，全球网民即为电子商务服务的对象，在构建开放型经济方面具有无可比拟的先天优势。充分发展跨境电商，以传统进出口为依托，形成跨境电商方面独有的海关、税收、进出口检验检疫、支付结算等方面的电子商务业态、模式，配合政府部门形成特有的管理制度，从而极大发挥跨境电商的开放需求。

二、电子商务业态、模式方法

（一）引导发展

国务院和各地市政府应当将电子商务发展纳入国民经济和社会发展规划，并且需制定相应的产业政策，用以促进电子商务创新发展。在电子商务的不断发展中，新业态、新模式如能快速、有序、合理地发展，同样需要符合国家和各地市各自的电子商务产业发展政策，获得政府扶持，取得有利营商条件。

（二）绿色发展

在新型电子商务业态、模式的发展中，节能环保是电子商务应有之义。而电子商务在无纸化、轻便化、不受时间和地域限制等方面已极大地满足了绿色发展的要求，目前在包装、仓储和运输方面更加迫切需要绿色发展。为此，各级政府将采取相应措施，做到绿色发展的极大完善。

（三）标准化发展

电子商务业态和模式发展多样，但基础设施及其所需要的物流网络是电子商务所必须具备的。做到基础设施完备，物流网络统一建设是电子商务所欠缺的，需要进行标准化建设。

同时，完善电子商务统计制度，建设电子商务标准体系将使纷繁复杂的电子商务业态和模式中呈现必要的法律底线，获得规范管理，形成标准化发展。

（四）“电子商务＋其他产业”发展

电子商务的发展能够带动商品和服务的高效流通，在促进“互联网＋”的进一步发展过程中具有重要意义。各产业与电子商务结合，各自发挥优势，经济领域全面网络化，提前迎来第四次科技革命，实现网络强国的目标。

（五）人工智能在电商运用的发展

与其他人工智能一样，聊天机器人也是人工智能的一种，主流电子商务平台已经广泛采用聊天机器人自动识别和回应用户的对话，让其担任客服的角色。有学者指出，有了人工智能聊天机器人客服，企业就可以把人工客服优先安排去服务忠诚客户，经营用户满意度，让用户能持续消费，然后逐渐将人工智能聊天机器人培养成AI客服，用来处理商品、订单信息查询和退货退款流程等问题。聊天机器人的这一应用将极大颠覆目前电商交易的法律基础。

（六）促进农村电子商务发展

国家着重农村电子商务的发展，鼓励农业生产、加工、流通等环节利用互联网技术应用，建设农村电子商务，让农村电子商务在扶贫攻坚任务中发挥重要作用，真正实现全民参与电子商务建设和发展，共享经济发展成果。

（七）公共数据共享发展

《网络安全法》第一次从法律上对信息数据作出了界定和保护，而在保护的同时，为了能够让数据信息得到充分商业利用，以有利于电子商务发展。国家一方面将维护电子商务交易安全作为首要任务，另一方面将保护电子商务用户信息作为底线。同时，也鼓励电子商务数据充分商业化，需要开发利用，以完善的法律规定来保障电子商务数据有序自由流动。

下一步，国家将采取措施推动并建立公共数据共享机制，促进电子商务经营者依法利用公共数据，这将极大促进电子商务平台经营者、平台内经营者以及通过自建网站、其他网络服务销售商品或者提供服务的电子商务经营者均能够利用公共数据，得到有利于自身的商业信息，法律让经营者透明化地得到发展，推动形成电子商务良好、有序的市场竞争环境。

（八）信用评价机制

信用评价机制是使电子商务用户和经营者之间关于商品的沟通渠道，用第三方信用评价机构对电子商务主体、商品、服务、售前售后等各方面的中立评价，社会公众在获取相关的评价报告后能够更加直观、透明地了解电子商务相关主体，作出理智的网络消费行为。

（九）支持跨境电商发展

国家鼓励和支持跨境电商的发展，并在海关、税务、进出口检验检疫、支付结算等方面建立适应跨境电子商务特点的管理制度，为跨境电商提供便利，并且支持跨境电子商务平台经营者等为跨境电子商务提供仓储物流、报关、报检等相关服务。国家进出口部门在实现信息共享、监管互认、执法互助等方面提高跨境电子商务服务和监管效率，跨境电商经营者将可凭电子单证直接办理有关手续，实现跨境电商高效便捷化。

第二节　电子商务业态、模式的表现形式及鉴别

电子商务的新业态、新模式层出不穷，如何透过现象看本质，准确把握新业态、新模式下的法律风险及法律表现形式，将是一项具有挑战性的任务。一般而言，电子商务的总体交易方式有 B2B、C2C、B2C、O2O、B2G 等，

而随着电子商务的进一步发展，将衍生出形式越来越多样、体系越来越复杂、内容越来越新颖的商务模式。准确界定电子商务的业态和模式，从而分清电子商务各方的权利义务，判断各方法律责任，厘清各方法律后果。

一、表现形式

（一）B2B 电子商务

B2B（Business to Business）模式是指企业通过互联网技术与企业之间进行的产品交易或服务的交换。本质上来说，B2B 模式是传统商务活动在网络平台上的延续和发展，B2B 电子商务是构筑在贸易伙伴之间的相互信任和商务合同的基础之上的。采用 B2B 电子商务形式可以为企业降低成本、节约时间，从而提高企业的生产效益。可以说，在电子商务的诸多模式中，B2B 模式所产生的经济效益无疑是最大的。①

1. B2B 模式的三个要素

在 B2B 模式下买卖、合作和服务是三个重要要素。首先，B2B 网站平台为消费者提供质优价廉的商品，吸引消费者购买的同时促使更多商家的入驻；其次，企业与物流公司建立合作关系，为消费者的购买行为提供最终保障；最后，物流服务为消费者提供购买服务从而实现再一次的交易。

2. B2B 模式的主体分类

按照构建 B2B 网站的主体不同，可以将 B2B 网站分为：企业 B2B 网站和中介 B2B 网站。

（1）企业 B2B 网站要求企业本身有经营实体，企业通过建立网站来进行采购、营销和企业形象宣传工作。例如，海尔公司通过建立专门的网站来接受客户的订货，与客户进行交易协商，最后完成网上的支付结算以及物流配送工作。企业 B2B 的盈利点在于在减少销售成本的情况下进行全球的商品销售。

（2）中介 B2B 网站指不参与营销的网络公司为自身没有能力独立建设电子商务网站的企业搭建一个 B2B 的网络交易平台，通过 B2B 平台服务来实现盈利。如阿里巴巴。

---

① 邹雄智、刘锦：《中小企业电子商务发展策略》，载《企业经济》2012 年第 12 期。

3. B2B 模式的盈利模式

目前，我国 B2B 电子商务一般靠广告、搜索、自有产品销售、交易、增值服务等实现盈利。

（1）搜索，关键词竞价排名，指客户通过搜索关键词得到的排名以及热点词汇直达商铺或企业网站。

（2）自有产品销售，如阿里巴巴中国供应商诚信通、支付宝等。

（3）交易，交易佣金，支付服务，网上业务中介，网上拍卖等。

（4）增值服务，客户留言前沿资讯短信服务和邮件服务，高级商友俱乐部收费服务和线下服务以及专家在线资讯服务等。

（二）C2C 电子商务

C2C（Customer to Customer）模式是指消费者通过互联网与消费者之间进行的个人交易。

1. C2C 电子商务的运作模式

目前，我国 C2C 电子商务的运作模式主要有：网络拍卖和店铺平台。

（1）网络拍卖是指网络服务商利用互联网通信传输技术，向商品所有者或某些权益所有人提供有偿或无偿使用互联网技术平台，让商品所有者或某些权益所有人在其平台上独立开展以竞价、议价方式为主的在线交易模式。通过网络拍卖在虚拟市场让每一个竞价者都站在了同一起跑线上，所有人可以同时竞价，从而克服了传统商店的种种限制。

（2）店铺平台是电子商务企业提供平台方便个人在网上开店，并以会员制的方式收取会费或通过广告或提供其他服务收取费用，这种平台也可称为网上商城。

2. C2C 平台的盈利模式

一般而言，C2C 平台的盈利模式是服务盈利和特色服务或增值服务盈利。

（1）交易服务盈利模式。C2C 交易服务模式的电子商务贸易平台，它本身并不直接参与交易，但它必须对交易双方及交易过程提供必要的、完善的服务，以最大限度公平地保障交易双方的正当利益不受侵害，对交易双方的身份进行基本信息的认证、审核，并提供解决电子支付安全性的措施，如支付宝。C2C 网站为交易双方提供安全可靠的交易平台，适当地收取部分服务费用作为网站正常运营的资本及收益。但从中国市场上的网站来看，在此项目上的盈利是非常有限的。

（2）特色服务与增值服务的盈利模式。在特色服务增值服务方面，以淘宝网为例，淘宝网所提供的服务比较齐全，淘宝旺铺、旺旺 E 客服等特色及增值服务功能强大，从而大大满足了不同卖家在不同特色及增值方面的各种需求，从而更好地吸引卖家注册，丰富的产品、便捷全面的服务也就吸引更广泛的消费群体进入，为网站赢得竞争力及更高的信誉。特色服务与增值服务能够很好地使 C2C 平台、卖家、买家、第三方等在各个层面上满足自己的不同需求，实现用户价值的最大化，故而这种盈利模式必将得到用户的理解与接受。所以说，此种盈利模式有着非常广阔的应用前景与商业价值，也必将得到更好的发展与完善。

（三）B2C 电子商务

B2C（Business to Customer）模式是指企业通过互联网建立一个网上商店来与消费者之间进行的直接的电子商务交易活动。一般在 B2C 模式下消费者可以通过与经营者直接快速的交流来表达自己的需求，与 C2C、B2B 模式相比，B2C 模式具有更高的灵活性也更具效益，目前较为成功的有陈欧的聚美优品等。

1. B2C 模式的电子商务的企业类型

目前 B2C 模式的电子商务的企业大致可分为：经营离线商店的零售商、没有离线商店的虚拟零售企业和商品制造商。

（1）经营离线商店的零售商。这些企业没有实体店，网上的零售只是作为企业开拓市场的一条渠道，他们并不依靠网上的销售生存，如网上超市等。

（2）没有离线商店的虚拟零售企业。这类企业是互联网商务的产物，网上销售是其唯一的销售方式，靠网上销售生存，如当当网等。

（3）商品制造商。商品的制造商采取网上直销的方式销售其产品，不仅给顾客带来了价格优势上的好处以及商品客户化，而且减少了商品的库存和积压，例如，DELL 公司的网上直销。

2. B2C 电子商务的主要模式

B2C 电子商务的主要模式有以下三种：

（1）直接电子商务是通过网络直接向消费者提供服务，包括网上订阅模式、付费浏览模式、广告支持模式和网上赠与模式。

网上订阅模式是指企业通过网页安排向消费者提供网上直接订阅，消费者直接浏览信息的电子商务模式。包括在线出版（在网上向消费者提供电子刊物），在线服务（网上在线向消费者提供各种形式的在线信息服务），在线娱乐（主要指在线的网络游戏）。

付费浏览模式是指企业通过网页的安排向消费者提供几次收费性网上信息浏览和信息下载的电子商务模式。如中国知网。

广告支持模式是指在线服务商免费向消费者或用户提供信息在线服务，而营业活动全部由广告收入支持，该模式是当今最成功的电子商务模式之一。

网上赠与模式是一种非传统的商业运作模式，是企业借助于国际互联网用户遍及全球的优势，向互联网用户赠送软件产品，以扩大企业的知名度和市场份额，通过让消费者使用该商品来获得潜在用户。如360公司杀毒软件的免费下载。

（2）间接电子商务模式是指不能通过网络进行交付的实物商品，仍然需要借助传统的送货方式如快递等形式，而采用网上在线销售的电子商务模式。

（3）综合模式。多数企业网上销售并不是仅仅采用一种电子商务模式的，而往往采用综合模式，即将各种模式结合起来实施电子商务。

3. B2C电子商务的盈利模式

经营B2C电子商务一般靠收取服务费、会员制、限低价格扩大销售额来实现盈利。

（1）收取服务费。网上购物的消费者，除了要按商品价格付费外，还要向网上商店支付一定的服务费。

（2）会员制。网络交易服务公司一般采用会员制，按不同的方式、服务的范围收取会员的会费。

（3）降低价格，扩大销售量。网上销售商提供低价的商品或服务，为的是扩大销售量、提高企业的形象。

（四）O2O电子商务模式

O2O（Online to Offline）模式是指消费者在线上进行筛选服务并支付。线下进行消费验证和消费体验。这样既能极大地满足消费者个性化的需求，也节省了消费者因在线支付而没有去消费的费用。O2O电子商务主要面向第三产业服务业，“十二五”中国经济结构战略性调整，由出口走向内需，扩大内需最大产业支撑是服务业。服务业中的绝大部分属于实体经济，也是最大的就业容纳器和创新驱动器。在积极发展高技术产业和先进制造业的同时，推动服务业大发展成为产业结构调整的战略重点。目前大家比较熟悉的 O2O 模式就是团购，如大众点评网、58 同城等。

1. O2O 电子商务模式的主要方式

对于传统企业来说，开展 O2O 模式的电子商务，主要有以下三种方式：

（1）自建官方商城 + 连锁分子店铺的形式。消费者直接向门店的网络店铺下单购买，然后线下体验服务，而在这个过程中，品牌商提供在线客服服务，该模式的好处在于可以线上和线下店铺互相对应；缺点是投入大，推广力度需要很大。

（2）借助全国布局的第三方平台，实现加盟企业和分站系统完美结合，并且借助第三方平台的巨大流量，能迅速推广带来客户。

（3）建设网上商城，开展各种促销和预付款的形式，线上销售线下服务，这种形式适合本地化服务企业。

2. O2O 电子商务模式的盈利模式

一般来讲，O2O 电子商务模式的盈利模式主要有以下几种：

（1）商品直销。以“团购”的名义直接在网站上录入商品信息进行直接销售，这里的货源可以是自己进货、或跟商家合作代销，直接获得商品销售利润。商品直销是在网站运作中实现基本盈利的传统方式。

（2）活动回扣。网站作为商家与买家的中间桥梁，组织有共同需求的买家向商家集体采购，事后商家向网站支付利润回报，即大家生活中常见的“回扣”形式。千万不要小看这个“回扣”，他是最有可能成为你最大收益的方式之一。

（3）商家展会。可以不定期举办商家展览交流会，商家可以借此机会进行新产品的推广、试用，可以面对面与客户交流、接受咨询与订单并借此了解客户的需求与建议。网站向商家收取展位费获得收益。

（4）广告服务。团购类网站除了具有区域性特征外、他的受众一般都是具备消费、购买能力、欲购买的人群，对于商家来说定位精准、目标明确、成本低廉，故必将成为商家广告宣传的最佳平台。

（5）分站加盟。当网站发展到一定影响力，无形中已经在为你做项目招商。此时可以提供授权给加盟者成立分站，为加盟者提供网络平台、运作经验、共享网站品牌等。在获得加盟费的同时也扩大了自身规模的影响力。

（五）B2G 电子商务模式

B2G（Business – to – Government）模式是指企业与政府在线上进行交易的模式。电子政务与电子商务相互促进，集中体现是 B2G，它既是电子政务，又是电子商务，已经开始走向前台。尽管我国目前的政府集中采购还处于起步阶段，这依然是一块炙手可热的大蛋糕！政府集中采购被称为“阳光工程”，它的公开、透明、公正，反而对于防止腐败有特殊意义。积极发展 B2G，不仅是降低采购成本，节省财政支出，同时可以有效地促进企业信息化和企业电子商务的发展。

对于传统的电子商务发展模式，开展 B2G 的模式主要有以下两种方式：

1. 政府通过网上服务，为企业创造良好的电子商务空间。

2. 政府上网采购，为企业提供大量的商机。

二、各方交易主体商业角色的法律鉴别

了解了商业模式的具体原理，首先，考虑的因素是该种模式是否存在市场准入，包括许可牌照、标准与认证以及政府禁令三类准入要求；其次，考虑电商主体的法律身份要求的法定义务；最后，在前两者的基础上需考量相应的法律风险。

（一）市场准入制度的法律要求

1. 许可牌照

要了解商业模式的基本原理就要首先考量该种市场模式是否存在法律规定的特定法律门槛，即许可牌照。目前，我国现行法律及行政法规中普遍存在的许可牌照有：

（1）互联网信息服务业务经营许可证（ICP 证），其可能对应的现实情况为有偿提供特定信息内容、电子商务及其他网上应用服务；

（2）支付业务许可证，其可能对应的现实情况为：网络支付、预付卡的发行与受理、银行卡收单；

（3）网络文化经营许可证，其可能对应的现实情况为网络音乐、网络游戏、网络表演、网络艺术品、网络动漫等；

（4）信息网络传播视听节目许可证，其可能对应的现实情况为通过信息网络从事开办、播放（含点播、转播、直播）、集成传输、下载视听节目服务等活动；

（5）互联网新闻信息服务许可证，其可能对应的现场情况为通过互联网登载新闻、提供时政类电子公告服务和向公众发送时政类通信信息；

（6）互联网出版许可证，其可能对应的现实情况为互联网和移动网上上线运营电子阅读、电子出版物等网络出版物；

（7）征信业务经营许可证，其可能对应的现实情况为对企业、事业单位等组织的信用信息和个人的信用信息进行采集、整理、保存、加工，并向信息使用者提供；

（8）电子认证服务许可证，其可能对应的现实情况为电子签名相关各方提供真实性、可靠性验证的活动。

2. 标准认证

某些电子商务业态和模式下，其提供的产品需取得特定的认证，如：

（1）计算机安全类的产品需按照《计算机信息系统安全保护条例》（国务院令第147号）取得“计算机信息系统安全专用产品销售许可”；

（2）视听节目集成类的商业模式中的核心产品：ott盒子必须自带WiFi连接功能，必须将产品送交WiFi联盟测试并取得该联盟组织的标志认证及商标许可；

（3）3C认证：根据《强制性产品认证管理规定》（俗称3C认证）的规定，对列入3C认证目录范围内的所有产品，包括家用电器、汽车、安全玻璃、电线电缆、玩具等产品均需经过产品质量验证。

3. 政策禁令

市场准入门槛还经常以政府政策的方式出现，如2017年4月26日杭州市发布了《促进互联网租赁自行车规范发展的指导意见（试行）》，其中最后一条附则明确指出：“综合考虑骑行安全、停放秩序和充换电配套设施安全等因素，本市暂时禁止发展互联网电动自行车”，类似的文件规定在上海和北京也曾经出现，这使共享电动自行车的商业模式恐怕很难推进，因为电动自行车与普通自行车的区别在于必须取得牌照后才能合法上路，然而交警部门给予这样的政策文件是不可能给车辆配发牌照的，因此，相当于关闭了市场准入的大门。

此外，互联网金融专项整治工作领导小组办公室2017年下发的《关于网络“一元购”业务的定性和处置意见》，意见对“网络一元购”的经营模式（将一件商品分成若干1元金额的等份通过互联网平台出售）给出了定性意见，即部分“一元购”属于变相赌博行为，因为其本质上销售的不是实物商品，而是中奖机会；部分“一元购”涉嫌诈骗，采取抽奖造假、以次充好、不寄送奖品甚至卷款潜逃的方式，是典型的以非法占有为目的实施的诈骗行为。这些都属于通过政策文件的方式对某种商业模式设置准入或者禁入门槛。

（二）电商主体的法律身份要求的法定义务

特定法律主体的法律义务是权利义务对等原则的重要体现，通过初步判断电子商务主体的法律身份，从其书面或实际中享有的权利和履行的义务中可进一步判断。本文列举以下几种典型电商法律主体所面临的法定义务：

1. 电子商务交易平台的法定义务

（1）自身主体登记及平台经营者的主体审查：企业资质、许可、自然人身份及核实；

（2）依法纳税及申报；

（3）自营产品需满足安全保障、环境保护、非法律规定禁止性产品的法定要求；

（4）出具发票；

（5）公示主体信息；

（6）终止业务后的提前三十日公示；

（7）保障消费者知情权；

（8）不针对消费者个人特征的选择性搜索结果显示；

（9）推送广告可关闭并提示广告；

（10）搭售商品不作为默认选项；

（11）如约提供商品并承担在途风险；

（12）押金应及时退还；

（13）不得滥用市场支配地位；

（14）收集用户个人信息合法；

（15）用户个人信息可查询、更正、删除及注销，平台不得设置障碍；

（16）用户个人信息的提供义务；

（17）跨境电商经营者应遵守进出口监督管理法律、法规和国家有关规定。

2. 互联网金融平台的法定义务

（1）依法向电信主管部门履行备案手续；

（2）客户资金第三方存管，选择符合条件的银行业金融机构作为资金存管机构，实现客户资金与从业机构自身资金分账管理；

（3）对客户进行充分的信息披露，及时向投资者公布其经营活动和财务状况的相关信息；

（4）消费者权益保护，严禁网络销售金融产品过程中的不实宣传、强制捆绑销售；

（5）网络与信息安全，妥善保管客户资料和交易信息；

（6）反洗钱和防范金融犯罪，采取有效措施识别客户身份，主动监测并报告可疑交易，妥善保存客户资料和交易记录。

针对网络借贷信息平台（P2P）另外的法定义务要求：

A. 对出借人与借款人的资格条件、信息的真实性、融资项目的真实性、合法性进行必要审核；

B. 采取措施防范欺诈行为，发现欺诈行为或其他损害出借人利益的情形，及时公告并终止相关网络借贷活动。

3. 各网络运营者等相关主体的网络安全法定义务

（1）网络运营者的法定义务有：网络安全等级保护、应急预案、用户信息严格保密、收集使用个人信息三原则等、个人信息安全保护及风险处置与对外提供同意、违规违约行为纠正和错误更正、违法信息处置与报告、建立投诉举报制度等；

（2）一般组织和个人的法定义务有：危害网络安全活动禁止、非法获取和出售提供行为禁止、网络违法犯罪活动禁止、依法提供信息与应用等；

（3）个人的另外法定义务有：违规违约行为纠正、错误更正等；

（4）关键信息基础设施运营者的法定义务有：安全技术措施同步、安保义务、采购网络产品和服务的安全审查、采购安全保密、信息与数据境内存储及跨境数据传输安全评估、安全风险评估等；

（5）网络产品、服务提供者的法定义务：遵守国标和安全维护、手机信息应明示且经同意等；

（6）网络关键设备、网络安全专用产品应当经安全认证或检测后方可销售；

（7）网络接入、域名注册和电话入网手续、信息发布、即时通信等服务的网络运营者须采用实名制；

（8）电子信息发送服务提供者和应用软件下载服务提供者须对违法提供信息与应用采取相应处置。

4. 网络广告发布者、经营者的法定义务

（1）付费搜索广告应当与自然搜索结果明显区分；

（2）互联网广告应当具有可识别性，显著标明“广告”，使消费者能够辨明其为广告；

（3）不得在用户发送的电子邮件中附加广告内容；

（4）不得以欺骗方式诱使用户点击广告内容；

（5）媒介方平台经营者及平台成员、广告信息交换平台经营者以及为互联网广告信息服务提供者，对其明知或者应知的违法广告行为，应当予以制止；

（6）审核查验并登记广告主的名称、地址和有效联系方式等主体身份信息，建立登记档案并定期核实更新。

（三）法律责任风险

在以上两项区分的基础上，最后通过分析各方主体的法律风险，完成最终电子商务业态、模式的鉴别。

1. 民事法律风险

（1）违约风险

设计和审查协议从形式有效性和内容有效性方面进行安排，形式上需要做到合同重要条款的合理提示、合同版本的存证和调取、条款更新后的发布等；内容上尤其需要注意仅约定己方与合同向对方之间的纠纷管辖，排除合同向对方与其他第三方在商业模式中产生纠纷后将己方一并关联起诉的情况。

（2）侵权风险

脱离连带侵权责任及本身的行为造成侵权行为，需要识别是否存在其他相关方带来的高发侵权风险，如果有，如何对该相关方进行现实控制，如协议风险转移、规则管理等。同时，从自身角度，考虑建立电子商务平台适用避风港原则的详细、具体制度以有效控制可能出现的侵权风险。

2. 行政法律风险

（1）违法广告风险，如绝对化用语、保健品的治疗用语等；

（2）价格违法风险，如价格虚标等；

（3）网络安全风险，如未按规定履行网络安全等级测评义务、未依法留存用户登录网络日志等。

3. 刑事风险

（1）非法经营罪

无相应证照而销售专卖物品进行网络销售而产生的非法经营罪，如烟草、药品、保健品、化妆品、书籍等。

（2）偷税罪

电子商务经营者无论采取何种途径，在产生纳税事项时未进行申报纳税将产生极大法律隐患，重者直接入刑。

（3）非法获取公民个人信息罪

个人信息可以发送广告、进行各项数据分析、信用评估等，电子商务经营者如未取得公民个人同意而利用非公共数据信息将受到本罪的追诉。

（4）为他人利用信息电子商务犯罪提供帮助罪

电子商务经营者为其犯罪提供互联网接入、服务器托管、网络存储、通信传输等技术支持，或者提供广告推广、支付结算等帮助，将受到本罪的追诉。

第三节　网络资产的法律保护

随着网络越来越发达，企业和个人不断研究创新，纷纷生产网络产品，这些凝聚人类劳动和智力的产品成为劳动产品，并进行交换，具有商品的价值，应该受法律保护。

一、域名

域名一度被誉为“互联网上的商标”，我国法律对域名有明确的保护规定，域名相关的争议也有明确的解决机构，包括：（1）专门域名争议解决机构（指经由中国互联网络信息中心 CNNIC 认可与授权，负责解决中国互联网络域名争议的机构）；（2）仲裁机构（依照仲裁法成立的仲裁委员会）；（3）人民法院。

对于域名的法律保护和培育而言，应该注意以下几个方面：

1. 域名的选定应该尽量具有显著性和区别性，避免跟他人已有的权利构成相似或混淆；

2. 尽早注册，对于重要的域名最好将类似的域名一并进行防御性注册，有条件的情况下还包括将不同的后缀也注册，如 . com、. cn 以及 . net 等；

3. 鉴于域名与商标的共同性特点以及商标的法律保护上的稳定性，应及早将域名申请商标保护；

4. 一旦发现需要启用的域名已经被注册，应尽早考虑通过转让等形式进行获取，避免事先围绕该域名投入大量资源和商业运作，之后只能接受域名持有人的苛刻转让条件。

二、信息网络传播权

在网络作为核心传播渠道的时代，著作权里面的复制权、发行权等适用于传统纸质媒体时代的权利已经不再具有多高的商业价值了，只要拿到信息网络传播权，就等于拿到了畅行网络世界的“通行证”。信息网络传播权的不同运作方式而产生的不同电子商务业态、模式有：

1. 分开授权。把信息网络传播权授权给不同的网络平台，在不同的平台上获得授权费用。

2. 分时段授权。不采用一次性授权，内容要在一段时间后才能被用户接受的情形按照预定时间段授权，获取授权费用。

3. 二次创作授权。书面内容需要进行二次创作，需原作者授权并实际付费。

4. 用户付费分成。无法预计授权效果，平台上有偿授权，按照实际付费双方分成。

5. 广告收益。让渡信息网络传播权给社会公众，提供免费网络文字作品，获取广告收益。

三、网络商业方法专利

新修改的《专利审查指南》已于2017年4月1日起施行，指南中明确了既含有商业特征又含有技术特征的权利要求不属于智力活动的规则，具有可专利性。[①] 自此，商业方法专利将以更加通畅的方式获得专利保护，显然有创新的商业方法几乎就集中在互联网领域。2017年最引人关注的专利大战发生在搜狗和百度之间，双方各用自己的输入法专利互相起诉，各自索赔一亿元以上，号称“互联网专利诉讼第一案”。

专利某种程度上等同于市场份额，从事互联网创新的企业，在商业模式上破旧立新的同时，一定要考虑有无获得专利保护的可能性，一旦有则意味着拿到了法定的垄断许可。

四、GUI专利

GUI是在产品显示装置上以图形方式显示的界面，应用的是计算机图形技术，GUI涉及用户体验和用户对于产品的识别和认知，影响着用户对于软件和硬件产品的选择使用和购买，因而成为企业之间相互竞争的重要工具。

2014年5月1日开始，图形界面专利化保护得到法律认可，最典型的应用场景就是手机APP或其他程序界面的外观保护，典型案例即是奇虎360手机安全APP（应用软件）在第一时间申请并获得了外观专利，此后的2016年4月，360公司向法院提起GUI外观设计专利侵权诉讼，5月，该案被告江民公司针对涉案专利向专利复审委员会提出专利权无效宣告请求。

GUI专利的出现有效地弥补了著作权在保护应用界面设计方面的不足，但需要注意的是，GUI专利并非应用界面就可以保护，这些界面除了设计上

---

① 利用计算机和/或网络技术实现的、涉及商业内容的发明专利申请，如果其权利要求含有技术特征，不认为其属于我国《专利法》第二十五条第一款第二项所述的“智力活动的规则和方法”而予以排除。

具有新颖性以外，还需要有人机交互性，最终实现一定的产品功能，否则纯粹的美术设计无法取得专利保护。

五、声音商标

随着2014年5月1日，修订后的《商标法》的正式实施，一种全新的商标组成元素得到了法律认可——声音。所为声音商标，顾名思义，就是以声音为载体形成的商标标识。跟传统商标相比，声音商标最大的特点在于消费者是用听觉来辨识声音商标的。典型案例如狮吼声音商标已经成了米高梅电影公司的声音商标，该声音商标在业界即是影片质量的标志和保证。

在网络上海量的可视化商品标识已经很难再从视觉上渗透进消费者的心智当中，声音商标的出现无疑成了“及时雨”，它为品牌开辟了一个全新的展示维度，将消费者尚未开发的“听觉处女地”利用起来，从而把品牌变得更加立体和生动，这就是声音商标的价值。声音商标的价值在虚拟现实技术逐步成熟并且应用到互联网经济领域之后，将成为更加重要的品牌资源。

六、用户数据

《网络安全法》规定网络运营者未经被收集者同意，不得向他人提供个人信息，但是经过处理无法识别特定个人且不能复原的除外，说明经过脱敏的数据可以投入商业使用。除个人身份信息和个人隐私信息以外的数据信息，基本上可以看作商用大数据，互联网公司有权基于对此等数据的收集、整理和分析享有商业收益，前提是做好数据脱敏，不得使之指向个人身份和隐私信息。

根据现行法律规定以及判例，对属于个人信息以及隐私的具体类型主要有：姓名、籍贯、有效证件号码（包括身份证号码）、出生日期、住址、指纹、基因信息、电话号码、账号密码、种族、政治观点、宗教信仰、婚姻状况、履历（包括工作单位、工作职位、学历）、征信报告、财产状况（包括银行账户、车辆型号、车牌号、车险到期日）、行踪轨迹（包括开房记录、视频监控、行程安排）、健康信息（包括病历资料、健康检查资料、私密身体健康）、犯罪记录等。总体上剥离这些类型的数据后，其他的都属于可以投入使用的商业数据。

商用大数据目前尚未有明确的立法将其作为单独的权利进行保护，但遇到恶意劫持数据等情形，依然可以通过《反不正当竞争法》等获得保护，典型案例是爱帮网曾因为抓取大众点评的点评数据被法院判定为侵权。

七、流量

关于手机上网流量的法律定性，目前存在两种不同的意见：一种观点认为，消费者与移动运营商签订相关“手机上网业务服务协议”，消费者在移动运营商处出具了业务登记单后，双方形成了合法有效的电信服务合同关系，即手机上网流量为一种量化的服务；另一种观点认为，手机流量具有财产属性，属于商品，有物权法上的排他支配性和管理性，属于“物”的范畴。

正因为对手机上网流量的法律定性有上述不同的意见，而在实际中产生了众多纠纷。近年来，屡见不鲜的“流量清零”侵犯财产权案件、“流量清零”格式条款属于“霸王条款”而要求确认无效的案件、手机上网套餐服务未经开通即计费而要求赔偿的案件、手机上网流量提醒不当而要求退赔的案件等。其根本原因就在于我国未出台相应的法律法规、司法解释对手机上网流量做一明确的法律定性，按照现行法院判决来看，一般将手机上网流量定性为移动运营商的服务。

（一）流量清零

2013 年 6 月，长沙市民刘某在长沙移动营业厅办理了“20 元包 150M 流量”的手机流量套餐，7 月结束后，套餐内还有 92M 流量没有用完，但全部被清零。刘某认为移动公司的做法侵犯了自己的权益，一纸诉状将其诉至法庭，要求返还或补偿被清零的流量，并停止未来的清零行为。[①] 目前该案正在二审审理中。法院认为，原、被告签订了手机流量业务服务协议，被告向原告出具了业务登记单后，原、被告即形成了合法有效的电信服务合同关系。本案的争议焦点是“包月套餐月底剩余流量能否清零”，流量是运营商经由自己的网络，消耗一定的成本，所产生的信息服务。通信行业全程全网的服务特性决定了它即使不消费、不生产也会损耗成本，流量的计费、网络的维护、

---

① 载 http：//court. gmw. cn/html/article/201410/09/165199. shtml，访问日期：2014 年 10 月 20 日。

客户的服务等工作都消耗成本，只要消费者选择了流量服务，这些成本就会存在。包月制实际上是一种考虑了成本和收益的营销方式，在包月制的营销方式中，出售服务的一方以月为单位计算成本，接受服务的一方也是以月为单位支付服务费。“月底清零”是当今人们的普遍认知和交易习惯，除非特别约定，否则不能简单地认为本个服务周期里没有用完的流量就可以当然地留给下一个服务周期使用。同时，被告有多种套餐为消费者提供服务，客观上尊重了消费者的选择权和满足了消费者的不同需求，同时，被告在签订合同前履行了相应的告知义务，不存在对消费者构成欺诈。① 但是基于类似诉讼越来越多，国内一些地方的运营商已经推出了当月未用完流量可转入次月使用或赠送给朋友使用的服务，当然这也是越来越有利于消费者。

（二）手机上网套餐服务未经开通即计费

大多数手机上网套餐服务必须由用户本人在通信公司的营业厅办理（实体营业厅、电话客服或手机 APP 营业厅），由于现在大多数消费者的手机均已升级至3G、4G手机，在其未主动关闭网络连接服务时，日常使用时也将自动连接到网络并产生上网流量。如果移动运营商未能提供其开通该上网套餐的业务受理单，或者向其告知此项功能的收费标准，根据相关法律规定，消费者事先难以预见的收费项目，经营者未经明示不得对消费者进行收费。因而，此种情况导致的后果将是侵犯消费者的知情权、选择权，最终导致未受理业务所产生的法律后果由移动运营商自己承担。

（三）手机上网流量提醒不当

目前，移动运营商在接受消费者办理有关手机上网套餐的业务时，一般均需消费者申请，并出具《业务登记单》，并在该登记单背面《客户须知》中注明使用限时类宽带资费的客户关注时长的方式有三种：（1）开通免费手机短信提醒服务；（2）拨打客服热线查询；（3）至本公司营业厅前台查询。现阶段，消费者因移动运营商未提醒手机上网流量不足而超出使用的情况较多，消费者认为移动运营商提醒不当或不提醒手机上网流量导致其遭受损失，且未被告知其获得手机剩余上网流量的方法，因而移动运营商侵犯其知情权

---

① 载 http：//epaper. oeeee. com/A/html/2014 -07/24/content_ 2133851. htm，访问日期：2014 年 10 月 20 日。

和公平交易权。法院对此的判决结果，一般认为消费者在上述《业务登记单》上已经签字确认，并且按照合同约定移动运营商没有在上述三种方式之外向消费者进行提醒和告知的义务，且该义务也非法定义务，消费者的诉请往往不能得到支持。

消费者对此的维权途径只能是在使用通信公司的上网流量业务时，应提前明确所约定服务的内容，知晓自己所能享受的服务种类、服务期限、服务到期之后是否自动继续订制；在开通流量提醒的功能后，应及时保存通信公司进行流量提醒的服务内容，如有异常情况可以申请通信公司出示消费详单，确定通信公司的服务是否存在瑕疵，警惕运营商无明示的收费项目，做到知晓服务内容，增强维权意识，远离手机上网"天价流量"。①

八、虚拟货币

当今全球影响力最大的虚拟货币，非比特币莫属。2009 年一个号称叫中本聪的人提出了比特币（BitCoin）的概念，并最后付诸"发行实践"。比特币是一种 P2P 形式的数字货币，点对点的传输意味着去中心化的支付系统。比特币不同于 Q 币等网络货币，Q 币实为现实货币的网络延伸，而比特币则不依靠特定货币机构发行，她依据特定算法产生。比特币使用整个 P2P 网络中众多节点构成的分布式数据库确认并记录所有的交易行为，并使用密码学的设计确保货币流通各个环节的安全性。P2P 的去中心化特性与算法本身可以确保无法通过大量制造比特币为人为操控币值。据称比特币另一重要特点就是其总量有限，具有稀缺性。该货币系统曾在 4 年内只有不超过 1050 万个，之后的总量被永久限制在 2100 万个。自 2009 年以来，每枚比特币从价值 1 美元到最高值超过 1300 美元（折合人民币 8000 元左右）。比特币主要通过比特币交易平台实现买卖或兑现。正因为互联网监管的差异化，导致了虚拟货币存在有如下的法律风险：

（一）洗钱

比特币等虚拟货币具有匿名、跨境流通便利等特征，不易追溯其交易过

① 载 http：//www. dyzxw. org/html/article/201211/09/109027. shtml，访问日期：2014 年 10 月 20 日。

程，政府间难以对其实施管制，因此其演化成为洗钱工具，成为各国严令禁止的对象。根据《反洗钱法》第三条的规定，在中华人民共和国境内设立的金融机构和按照规定应当履行反洗钱义务的特定非金融机构，应当依法采取预防、监控措施、建立健全客户身份识别制度、客户身份资料和交易记录保存制度、大额交易和可疑交易报告制度，履行反洗钱义务。因此，各虚拟货币交易机构为避免洗钱的风险，应该对用户身份进行识别，要求用户使用实名注册，登记姓名、身份证号码等信息。各个比特币交易关联方一旦发现可疑交易，应当立即向中国反洗钱监测分析中心报告，以避免交易者引发的法律风险。

（二）破坏金融秩序

比特币已逐渐被多国人认可并且在全球范围内迅速流通，其已被人们认为可以持有保值、增值的“国际货币”。若当一国金融秩序动荡不安时（如战争时期、金融危机时期），本国货币往往发生贬值，此时该国人民会选择一种货值稳定、流通方便而国际社会认可的货币，那么比特币无疑是首选。在互联网环境下，比特币可以随意买卖、流通、兑换。这种情况一旦发生，本国人民将购买、兑换比特币，抛售本国货币，这将使本国货币进一步贬值，本国金融秩序将不受本国政府的控制，甚至比特币大国还可从金融上挟持该国。

（三）虚拟货币非法定货币

央行发布的《关于防范比特币风险的通知》，指出比特币不是由货币当局发行，不具有法定性与强制性等货币属性，并不是真正意义上的货币，不得视比特币为货币。从性质上看，比特币是一种特定的虚拟货币，不具有与货币等同的法律地位，不能且不应作为货币在市场上流通使用。但是，比特币交易自由，且交易者要自担风险。央行要求国内各金融机构和支付机构不得以比特币为产品或服务定价，不得买卖或作为中央对手买卖比特币，不得承保与比特币相关的保险业务或将比特币纳入保险责任范畴，不得直接或间接为客户提供其他与比特币相关的服务，包括为客户提供比特币登记、交易、清算、结算等服务。同时，央行禁止：比特币或以比特币作为结算支付；开展比特币的储存、托管、抵押等业务；发行与比特币相关的金融产品；将比特币作为信托、基金等投资的投资标的等。从央行的以上态度可以看出，比特币有行市，但却无法具有财产属性，且比特币的流通只能在专门的平台上进行。在当前中国法律政策下，比特币等虚拟货币难以受到法律的严格保护。

（四）网络游戏中的虚拟货币

网络游戏中的虚拟货币是指由网络游戏运营企业发行，游戏用户使用法定货币按一定比例直接或间接购买，存在于游戏程序之外，以电磁记录方式存储于网络游戏运营企业提供的服务器内，并以特定数字单位表现的一种虚拟兑换工具。网络游戏虚拟货币用于兑换发行企业所提供的指定范围、指定时间内的网络游戏服务，表现为网络游戏的预付充值卡、预付金额或点数等形式，但不包括游戏活动中获得的游戏道具。《文化部、商务部关于加强网络游戏虚拟货币管理工作的通知》对该种货币从严控市场准入、规范交易行为、打击违法犯罪、加大执法力度四个方面进行了全方位的管理。网络游戏如要以人民币销售其内部的虚拟货币，必须经过申请，并提交除依法应当提交的相关材料外，还须在业务发展报告中提交虚拟货币表现形式、发行范围、单位购买价格、终止服务时的退还方式、用户购买方式（含现金、银行卡、网上支付等购买方式）、用户权益保障措施、技术安全保障措施等内容。并且规定该种货币不能无限量发行，并需备案的制度。同时，对其性质限定为虚拟货币，不能用于支付、购买实物产品或兑换其他企业的任何产品和服务。为了保护未成年人，虚拟货币还不能向未成年人销售等。

九、虚拟财产

网络中虚拟财产不同民法上的财产，其价值属性、法律定位有待法律确认。我们研究的虚拟财产仅仅指在网络游戏中能让玩家支配的游戏资源，包括游戏角色、游戏货币、游戏装备和道具等。[①]

（一）虚拟财产的价值与特性

目前，关于虚拟财产的含义及其范围如何，在认识上存在很大的分歧。一般认为，所谓虚拟财产，应该是指在视觉上以“物”的形态存在于网络环境中的但在现实环境中没有与之对应的真实存在形态的存在形式。简言之，法律上的虚拟财产，是指在现实环境中没有被影射对象的网络“存在形态”。

---

① 杨立新、王中合：《论网络虚拟财产的物权属性及其基本规则》，载《国家检察官学院学报》2004 年第 6 期。

因而，作为虚拟物品必须满足两个条件：一是从视觉效果上看，它表现为与现实环境中“物”的形态存在相似的“网络存在形态”；二是这种“网络存在”或“网络物”在视觉上看起来就像现实世界中“真实存在”一样。

虚拟财产在法律上的定性存在两种截然不同的观点：非财产说和财产说。非财产说认为，虚拟财产不属于法律上的财产。有的人认为，网络游戏者通过进行网络游戏而取得的虚拟财产并非财产，在法律定性为一种具有相对独立性、通过电子数据表现出来、在特定条件下游戏者依法可以享有某些权利但不具备财产属性的劳动成果①；甚至也有人认为，这些虚拟财产形态上只能是电子数据，在现实生活中不具有使用价值，按照马克思主义的观点，使用价值同时又是交换价值的物质承担者，交换价值首先表现为一种使用价值同另一种使用价值相交换的量的关系或比例，即使用价值是交换价值存在的基础，没有使用价值的物自然也就没有交换价值。既然虚拟物品不具有使用价值，当然它的所谓的交换价值也就只能是空想。所以，作为既无使用价值，又无交换价值的虚拟物品根本就不是什么财产②。财产说认为，虚拟财产属于法律上的财产，不过理由不尽相同。有人认为，由于这些财产具有使用价值，是玩家的“劳动所得”，也就是说具有交换价值，故而应属于财产③；也有人认为，这些财产既然可以交易，那也就是说它既有市场价值，也有交换价值，这种属性就可以非常肯定地说明虚拟财产具有财产性质；还有人认为，这些财产既可以从游戏开发商处直接购买，也可以从虚拟的货币交易市场上获得，因而虚拟财产已经具有了一般商品的属性，其真实价值不言而喻。从法律对财产的定义来看，虚拟财产也应得到保护，其获得过程也往往经过持有者的个人劳动（练级）、真实财物付出（购买游戏卡）、市场交易（买卖装备），网络虚拟财产已经具备了真实财产的基本特征。

（二）虚拟财产法律定性的实践处理

2003 年，我国发生了首例因虚拟财产问题而引发的纠纷，网络游戏玩家

---

① 黄龙：《“虚拟财产”并非财产——析我国首例“虚拟财产失窃”纠纷案》，载《互联网天地》2004 年第 2 期。

② 罗大钧：《对“网络虚拟财产法律保护”的思考》，2004 年中国（福州）国际电子商务学术交流大会论文集。

③ 赵福军：《虚拟财产论》，2004 年中国（福州）国际电子商务学术交流大会论文集。

李宏晨因虚拟财产无端丢失而将上海盛大网络公司告上法庭，媒体称为“国内首例虚拟财产案”。从 2003 年至今，互联网游戏已经铺天盖地，全国各地法院、检察院、公安局接受立案的关于网络虚拟财产的刑事案件、民事案件的数量也增长较快。而因我国法律法规、司法解释对网络虚拟财产均未作出定性，并未将网络虚拟财产明确为民法和刑法上的“财产”，其研究也只停留在学术讨论阶段，因而各地法院、检察院、公安局对于网络虚拟财产的定性千差万别，从而导致其处理结果也是各不相同。从众多法律案件可以看出，虚拟财产法律保护已成共识，部分案件已成判例。

在“虚拟财产第一案”——李宏晨案中，法院判决游戏运营商回复消费者的虚拟财产，确定了中国虚拟财产的保护制度。2003 年，李宏晨诉北极冰案又称“中国网络游戏第一案”。2003 年 2 月，网络游戏《红月》的一位玩家李宏晨发现自己在游戏中的所有装备被盗，于是将运营商北京北极冰公司告上了法庭。北京市朝阳区法院受理了此案，于 12 月 18 日作出一审判决，认定被告侵犯虚拟财产的事实成立，但因虚拟财产的价值在现实中没有统一标准，故判定被告在判决生效之日起七日内恢复原告丢失的武器装备，并返还其购买 105 张爆吉卡的价款 420 元，以及交通费等其他经济损失共计 1140 元。该案对于网络平台保护虚拟财产的责任作出了界定。

但是，实践中也存在另外一种折中的做法，并不通过认定虚拟财物的法律属性来适用相关法律，通过其他竞合的法律保护方式进行保护。

目前，法律上虽未认定虚拟财产的法律属性，但对虚拟财产被侵权也有了相应的保护机制。因而，从司法实践来看，虚拟财产的保护已进入一个新的阶段，距离从立法层面认可虚拟财产的法律属性已不远。

第五章　电 子 支 付

第一节　电子支付的概念及类型

《电子商务法》第五十三条规定："电子商务当事人可以约定采用电子支付方式支付价款。电子支付服务提供者为电子商务提供电子支付服务，应当遵守国家规定……"电子支付已成为电子商务中常见的支付方式，并且已经延伸出了多种类型，此次在《电子商务法》中得到了再次的肯定。电子支付服务的提供者也有多种类型，包括银行、第三方支付机构以及网联等。

一、电子支付的概念

就电子支付的概念而言，有一个逐步发展丰富的过程，在电子支付兴起初期，电子支付指单位、个人直接或授权他人通过电子终端发出支付指令，实现货币支付与资金转移的行为①。发展到现今，中国支付清算协会对电子支付概念进行了细化，即指客户通过网上银行、电话银行、手机银行、ATM、POS 机和其他电子渠道，从结算类账户发起的账务变动类业务笔数和金额②。

随着电子商务行业的蓬勃发展，电子支付环节在电子商务流程中占据了越来越重要的地位。也正是因为电子商务行业业务的丰富，延伸出了多个概念，如"互联网支付、网上支付、网络支付、第三方支付、非银行支付"等，在探讨进一步问题之前，需要厘清概念之间的关系。可以以提供支付服务的主体和业务类型的不同作为划分主线。

---

① 中国人民银行〔2005〕第 23 号文《电子支付指引（第一号）》第二条第一款。

② 《2018 第二季度支付体系运行总体情况》，中国支付清算协会 2018 年 8 月 21 日发布。

第一，从提供支付服务的主体来划分。目前有银行和有许可证的非银行支付机构等类型的支付机构，总体来看，就是银行支付业务的拓展化和非银行机构电子支付业务的建设。银行从 20 世纪 70 年代 visa 和万事通开始使用银行卡逐步进入电子支付时代，随着电子商务的发展，延伸出了非银行支付机构作为支付中介提供资金转移服务。根据《非金融机构支付服务管理办法》对非金融机构服务范围的划分，即包含了“网络支付、预付卡的发行与受理、银行卡收单、中国人民银行确定的其他支付服务”。而“网络支付”项下包含了“货币汇兑、互联网支付、移动电话支付、固定电话支付、数字电视支付”等业务方式。

第二，以不同的电子支付指令终端来划分，可以分为网上支付、电话支付、移动支付、ATM 业务、POS 业务和其他电子支付六种方式。该种划分方式是《电子支付指引（第一号）》所设定银行电子支付服务的类型。

综上，关于“支付”的多个概念之间的关系如图 1 所示：

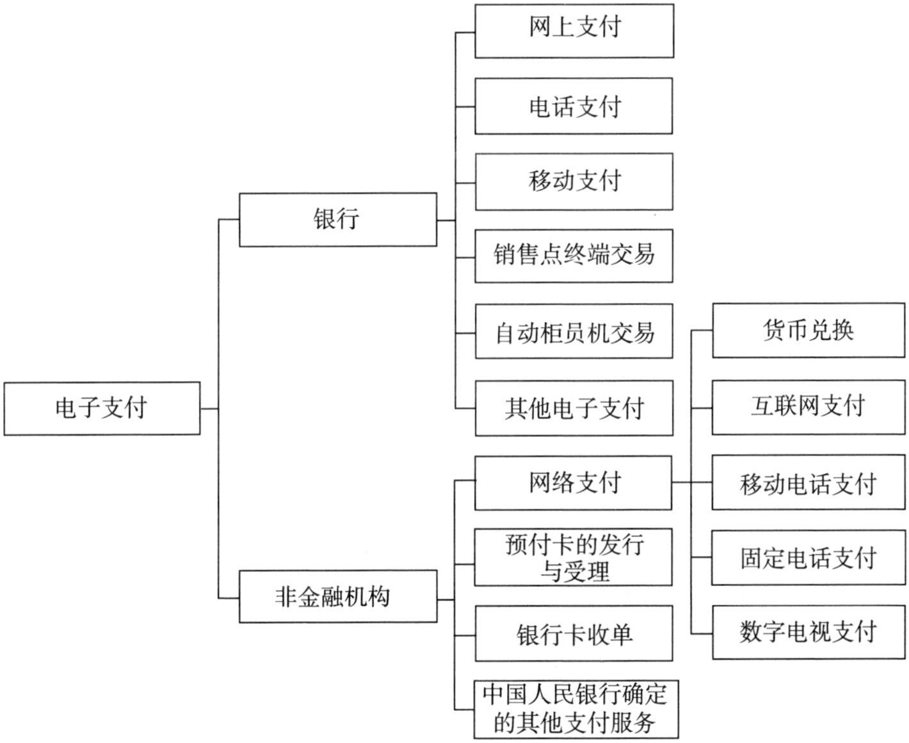

图 1　电子支付概念关系

二、电子支付的类型与方式

电子支付的类型按电子支付指令发起方式分为网上支付、电话支付、移动支付、销售点终端交易、自动柜员机交易和其他电子支付①。

2015 年后电子支付业务统计指标修订为包括网上支付、电话支付、移动支付、ATM 业务、POS 业务和其他电子支付等六种业务类型②。

《非金融机构支付服务管理办法》对“非金融机构在收付款人之间作为中介机构提供下列部分或全部货币资金转移”的行为划分为以下几种类型：(1) 网络支付；(2) 预付卡的发行与受理；(3) 银行卡收单；(4) 中国人民银行确定的其他支付服务。

分类的法律依据主要是《非金融机构支付业务服务管理办法》第二条。根据该规定，第三方支付机构的经营范围主要包括网络支付、预付卡的发行与受理、银行卡收单三种。网络支付是指依托公共网络或专用网络在收付款人之间转移货币资金的行为，包括货币汇兑、互联网支付、移动电话支付、固定电话支付、数字电视支付等。预付卡是指以营利为目的发行的、在发行机构之外购买商品或服务的预付价值，包括采取磁条、芯片等技术以卡片、密码等形式发行的预付卡。银行卡收单是指通过销售点（POS）终端等为银行卡特约商户代收货币资金的行为。

《非银行支付机构网络支付业务管理办法》在对支付机构的定义中认为网络支付业务包括互联网支付、移动电话支付、固定电话支付和数字电视支付业务，不含红包类等娱乐性产品的业务量。

目前，其他电子支付中还出现了虚拟货币支付。

虚拟货币指在互联网环境中，通过电子信息技术以二进制数据形式存储在计算系统中并通过电子信息技术以数据传递形式实现支付与流通功能的一般等价物。

虚拟货币分为传统虚拟货币和新型虚拟货币，传统虚拟货币一般是发行方与虚拟产品、服务提供方主体身份重合的虚拟货币，只能在单一平台使用，

---

① 中国人民银行〔2005〕第 23 号文《电子支付指引（第一号）》第二条第二款。

② 数据源自中国人民银行。

具有封闭性。常见的有各类游戏币和论坛币等。

新型虚拟货币是以比特币为代表的新型“电子货币 ”。比特币被定义为一种完全通过点对点技术实现的电子现金系统，它使得在线支付能够直接由一方发起并支付给另外一方，中间不需要通过任何的金融机构。

2017 年 9 月 4 日，中国人民银行等七部委发布《关于防范代币发行融资风险的公告》。公告提出：代币发行融资是指融资主体通过代币的违规发售、流通，向投资者筹集。比特币、以太币等所谓“虚拟货币”，本质上是一种未经批准非法公开融资的行为，涉嫌非法发售代币票券、非法发行证券以及非法集资、金融诈骗、传销等违法犯罪活动。代币发行融资中使用的代币或“虚拟货币”不由货币当局发行，不具有法偿性与强制性等货币属性，不具有与货币等同的法律地位，不能也不应作为货币在市场上流通使用。

但实践中，在部分国家和国外企业中，已经允许使用数字货币支付。

三、第三方支付机构的发展

第三方支付机构的性能并不是一成不变的，大致经历了三个阶段：

第一阶段（1999～2002 年），第三方支付机构整合各家银行网银接口，成为资金的搬运工，是一个纯粹的中介机构；

第二阶段（2003～2013 年），以淘宝网上支付宝作为交易担保成交第一台数码产品由日本卖到西安为起点，第三方支付机构逐步转型为信用中介，这一时期的模式是买家支付的货款先进入第三方支付机构的个人账户，待交易完成后，资金才会进入卖家账户。这使第三方支付机构成为前置于银行的电子商务交易账户。

第三阶段（2014 年至今），在信用中介性质培育成熟后，第三方支付机构将触手伸到了更多金融和支付服务，从而引发了一系列风险。2014 年后，面对爆发的风险，监管机构对第三方支付机构的相关行为和业务的开展设置了诸多限制，引导其健康有序发展。

2014 年至今，第三方支付机构规范体系不断加固，其性能变化较小，但网联的出现将第三方支付的监管推向了一个新的阶段：网联模式阶段。当各银行和支付机构完成接入网联平台和业务迁移工作后，意味着网络支付均无法绕过监管，每笔交易的细节都能够位于监管之下。

四、网联

网联，又称网联清算有限公司（NetsUnion Clearing Corporation，NUCC）是经中国人民银行批准成立的非银行支付机构网络支付清算平台的运营机构。主要是为第三方支付机构提供一个统一的独立清算平台。也就是说，之前的第三方支付机构（微信、支付宝等）线上支付是直接对接各大银行的，而现在只需要对接网联，再由网联作为中间平台实现与银行对接。

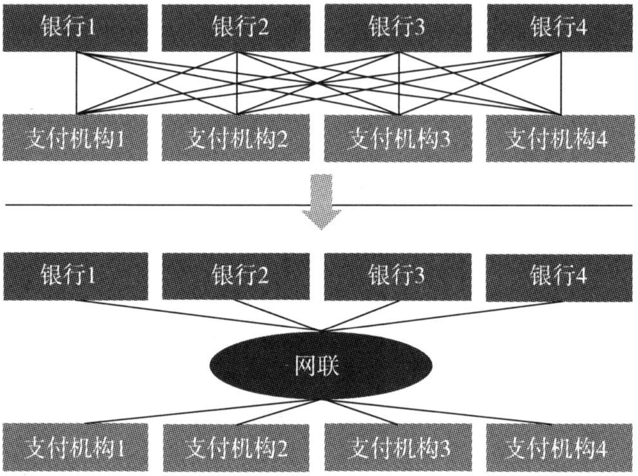

图 2　网联结构

从定位和功能上看，网联作为全国统一的清算系统，主要处理非银行支付机构发起的涉及银行账户的网络支付业务，实现非银行支付机构及商业银行一点接入，提供公共、安全、高效、经济的交易信息转接和资金清算服务，组织制定并推行平台系统及网络支付市场相关的统一标准规范，协调和仲裁业务纠纷，并将提供风险防控等专业化的配套及延展服务。

（一）模型

通过这种方式，网联可以获取所有的交易数据。利用获得的数据，网联可以有效地实施监管。

（二）主要功能

1. 协议支付

协议支付是指客户需要先进行身份认证及签约，然后再根据签约协议进行支付，银行需要校验协议信息，和现有的快捷支付类似。其中，协议支付业务与现有市场的快捷支付业务相比主要增加了银行端解约的功能。在支付宝卡通业务改造为快捷支付之后，快捷支付的解约支付机构不再通知到银行，银行本身也没有发起解约的功能，所以银行系统中保留的签约信息不是完全正确的——目前网联切量数据的迁移方案就需要解决这个问题。网联建立后，根据中国人民银行发文要求，快捷支付业务的协议信息支付机构必须和银行保持一直，并且可以从银行发起解约交易。

2. 认证支付

认证支付是指客户无须事先或首笔交易时与支付机构及银行签约，每笔交易时均输入身份信息、银行账户及动态验证信息，并由客户账户所属银行负责对上述信息校验后进行扣款的交易。认证支付业务主要为无支付账户体系或者支付账户体系应用较少的支付机构开展网络支付业务时使用。

3. 网关支付

网关支付是指客户通过支付机构发起，跳转至银行网关验证客户身份信息和银行账户信息后，向客户银行账户发起支付指令扣划资金的交易。网关支付限定为客户跳转至银行网关进行支付的场景，需要根据银行要求下载安全控件或插入 U 盾等安全设备进行支付，可分为个人网银、企业网银。

4. 商业委托代扣

网联针对代收、代扣业务提出了商业委托支付的功能，商业委托支付业务是指支付机构经网联建立商业委托支付协议，并依据协议约定发起的客户银行账户资金扣划业务。

有观点认为，网联的设立，对于中小银行和中小第三方支付机构来讲是利好。

在没有网联的情况下，中小银行要连接两百多家支付机构，其中商务和技术投入成本是巨大的。因为之前是银行直联模式，所以每一家第三方支付公司对于银行接口费用的谈判能力差别很大。交易体量越大银行给的成本越低。银行为了拉储蓄，很多接口都是包年甚至免费的。网联成立，使得中小银行只要对接网联，即可开展支付业务。

对于中小支付机构来说，网联简化了第三方支付公司的银行端对接能力。使得第三方支付机构与银行的谈判、商务、技术成本降低。从目前的定价机制来看，将实现费率水平在不同支付机构间的无差别化。大型支付机构所建成本较低的银行“直连”体系迁移至网联平台后，之前的优势基本归零；对于小型支付机构而言，迁移至网联平台后，节约了新增直连银行的成本，基本消除了与巨头的支付体验差异。这对中小第三方支付公司也是利好。

第二节　电子支付的准入和条件

在经历了一段时间的野蛮发展后，出现了信息泄密、偷盗、诈骗、洗钱、逃税漏税等金融风险和社会混乱，2010 年开始，中国人民银行针对非金融机构开展支付服务进行了规定，设置了提供支付服务的准入门槛。

一、准入要件

（一）程序要件

1. 审核主体

申请《支付业务许可证》的，需经所在地中国人民银行分支机构审查后，报中国人民银行总行批准。

2. 报审材料

申请人应当向所在地中国人民银行分支机构提交文件和资料。材料包括：（1）书面申请，载明申请人的名称、住所、注册资本、组织机构设置、拟申请支付业务等；（2）公司营业执照（副本）复印件；（3）公司章程；（4）验资证明；（5）经会计师事务所审计的财务会计报告；（6）支付业务可行性研究报告；（7）反洗钱措施验收材料；（8）技术安全检测认证证明；（9）高级管理人员的履历材料；（10）申请人及其高级管理人员的无犯罪记录证明材料；（11）主要出资人的相关材料；（12）申请资料真实性声明。

（二）实体要件

1. 申请人应当具有的条件

（1）在中华人民共和国境内依法设立的有限责任公司或股份有限公司，且为非金融机构法人；

（2）有符合本办法规定的注册资本最低限额；

（3）有符合本办法规定的出资人；

（4）有五名以上熟悉支付业务的高级管理人员；

（5）有符合要求的反洗钱措施；

（6）有符合要求的支付业务设施；

（7）有健全的组织机构、内部控制制度和风险管理措施；

（8）有符合要求的营业场所和安全保障措施；

（9）申请人及其高级管理人员最近三年内未因利用支付业务实施违法犯罪活动或为违法犯罪活动办理支付业务等受过处罚。

2. 申请人的主要出资人的条件

（1）为依法设立的有限责任公司或股份有限公司；

（2）截至申请日，连续为金融机构提供信息处理支持服务两年以上，或连续为电子商务活动提供信息处理支持服务两年以上；

（3）截至申请日，连续盈利两年以上；

（4）最近三年内未因利用支付业务实施违法犯罪活动或为违法犯罪活动办理支付业务等受过处罚。

主要出资人，包括拥有申请人实际控制权的出资人和持有申请人 10% 以上股权的出资人。

二、《支付业务许可证》的有效期限及续展

《支付业务许可证》自颁发之日起，有效期为五年。

支付机构拟于《支付业务许可证》期满后继续从事支付业务的，应当在期满前六个月内向所在地中国人民银行分支机构提出续展申请。中国人民银行准予续展的，每次续展的有效期为五年。

三、支付机构变更登记

支付机构变更以下事项之一的，应当在向公司登记机关申请变更登记前报中国人民银行同意：（1）变更公司名称、注册资本或组织形式；（2）变更主要出资人；（3）合并或分立；（4）调整业务类型或改变业务覆盖范围。

四、支付机构终止业务

支付机构申请终止支付业务的，应当向所在地中国人民银行分支机构提交下列文件、资料：（1）公司法定代表人签署的书面申请，载明公司名称、支付业务开展情况、拟终止支付业务及终止原因等；（2）公司营业执照（副本）复印件；（3）《支付业务许可证》复印件；（4）客户合法权益保障方案；（5）支付业务信息处理方案。

准予终止的，支付机构应当按照中国人民银行的批复完成终止工作，交回《支付业务许可证》。

五、非金融机构支付禁止外资介入

金融体系事关国家安全与稳定，并属于国家战略探讨范围，非金融机构支付机构与金融安全密切相关，不允许轻易对外资开放。根据《非金融机构支付服务管理办法》的规定，对申请非金融机构支付服务的股东甚至是隐名股东（实际控制人）均要严格地审查，因此，不会出现对外资开放的情形。例如，由于雅虎、软银持有大量阿里巴巴股权，为避免“外资”嫌疑以便获得第三方支付牌照，阿里巴巴集团在2011 年把支付宝的所有权转移到与阿里巴巴集团无直接股权关系的公司——浙江阿里巴巴，该公司由马云控股，清除了主要外资股东。

第三节　电子支付的资金和信息安全

电子商务的蓬勃发展与电子支付技术成熟密不可分，电子支付在给企业带来营收、给消费者带来便利的同时，也产生了诸多安全问题。归纳起来，主要是资金损失、个人信息被侵犯两大类型。下文结合《电子商务法》对电子支付相关问题的规定，分析在资金、个人信息安全等问题中每个主体的法律责任。

一、安全支付问题

电子支付突破了支付的物理形态，且电子支付的技术并不能为多数人所获得，但却涉及绝大多数人的经济利益。因而也产生了诸多与电子支付资金安全相关的纠纷。诸如由于支付机构技术漏洞引发错误支付从而导致商家或消费者经济损失；或者由于支付信息保管不善被盗用从而导致消费者经济损失等。以下从电子支付安全保障机制、错误支付、非授权支付、用户知情权保障等几个部分剖析《电子商务法》对电子支付的规定。

（一）安全支付的保障机制

1. 国家有关支付安全管理要求

《电子商务法》第五十三条规定，电子支付服务提供者为电子商务提供电子支付服务，应当遵守国家规定。结合《电子支付指引》《非金融机构支付业务服务管理办法》《关于促进互联网金融健康发展的指导意见》《非银行支付机构网络支付业务管理办法》等规范文件规定，国家有关支付安全的管理要求一般包括如下客观指标[①]：第一，取得相应业务牌照；第二，有一定数量熟悉业务的高级管理人员；第三，有符合要求的支付业务设施；第四，有健全的组织结构、风控管理措施；第五，有符合要求的营业场所和安全保障措施；第六，支付业务可行性研究报告；第七，技术安全检测认证证明等。

2. 第三方支付机构与银行的合作

第三方支付机构的业务开展还是需要银行作为基础。银行为第三方支付机构提供了资金转移和结算服务，为第三方支付机构的备付金提供监管，为资金保管提供安全保障，防止挪用滥用。

第三方支付机构与银行之间签订的相关协议，是双方法律关系的主要载体。在建立合作关系后，第三方支付机构与银行之间就形成了委托代理关系，

---

① 全国人大财经委员会电子商务法起草组编：《中华人民共和国电子商务法条文释义》，法律出版社 2018 年版，第 172 页。

第三方支付机构作为银行依约向买卖双方提供服务的代理人。双方依据合同约定进行数据交换和相关信息确认。第三方支付机构就能够完成在持卡人或消费者（买方）与各个银行，以及最终的收款人或者是商家（卖方）之间的支付。

3. 政府机关的监督

有关监管机关根据现行的法律法规对第三方支付机构的经营进行监管时，与第三方支付机构产生行政法律关系。监管机关的依法监管，能够确保市场的长效运营，保障客户的合法权益。

根据《非金融机构支付业务服务管理办法》第三条的规定，非金融机构开展支付业务的监管机构为中国人民银行。其主要的监管职责有：市场准入、经营范围、备付金管理、市场退出等方面。

（二）错误支付

所谓错误支付，是指支付指令本身或是在履行支付指令中发生错误。包括付款人信息、付款账户信息、收款人信息、收款账户信息、金额、时间等发生错误。从成因来看，一是由于用户（付款人）在付款时未仔细核对付款信息；二是收款人提供虚假信息；三是电子支付机构出现技术漏洞致使支付指令被篡改等。

1. 用户确保支付信息正确义务

《电子商务法》第五十五条对用户支付时所应履行的义务进行了规定，即“用户在发出支付指令前，应当核对支付指令所包含的金额、收款人等完整信息”。从支付合约中双方义务的角度来看，用户（付款人）有准确发出支付指令的义务，而电子支付服务提供者有义务保障支付指令的真实性、不被篡改。这既是对用户支付安全的保障，也是用户作为付款人履行交易合同中的付款义务。如果付款人未按合同规定发出电子支付指令，违反《合同法》的规定，应当承担违约责任。

2. 付款人指令错误造成侵权

付款人发出错误指令，造成其他相关人侵权，给其他相关当事人带来损失的，付款人应当承担相应的民事责任；如果故意为之，就超出民事活动范围，形成网络诈骗或者网络盗窃行为，应当视情节轻重，承担相应的刑事责任。

3. 收款人提供虚假信息

收款人提供虚假信息，骗取电子银行账户或者电子证书的，其电子银行账户或者电子证书应当予以撤销，骗取的相应款项予以收回。涉嫌诈骗的，应当依法追究刑事责任；对拒不申请电子银行账户或不能提供指定收款者，银行有权拒绝为其提供电子支付收款服务。

除了上述收款人提供虚假信息的情况，黑客攻击、盗号等情况都将导致支付错误，从而成为错误支付的受害者。因此，《电子商务法》第五十六条还规定了收款方提供回执的义务。电子支付收款方，收到款项后，应当及时提供相应回执。对于未能及时提供相关回执的，银行可按向收款方发放贷款处理。

4. 电子支付银行错误支付场景下的法律责任

根据中国人民银行制定了《电子支付指引（第一号）》的规定，银行对电子支付业务的差错按照差错时间、差错内容等承担相应的责任：因银行自身系统、内控制度或为其提供服务的第三方服务机构的原因，造成电子支付指令无法按约定时间传递、传递不完整或被篡改，并造成客户损失的，银行应按约定予以赔偿。因第三方服务机构的原因造成客户损失的，银行应予赔偿，再根据与第三方服务机构的协议进行追偿。

相较之下，在第三方支付机构发展的初级阶段，技术上不能保障支付指令的完整性、一致性、可跟踪稽核以及不可篡改性，不能履行支付服务合约的义务。从企业发展目标来看，部分企业并非真正想做电子支付服务业务，走上诈骗等犯罪道路。

5. 电子支付服务提供者纠错与赔偿责任

在错误支付场景下，《电子商务法》将查明错误支付原因和及时纠错的义务分配给了电子支付服务提供者。这也是从《电子支付指引》等规范中吸纳的规则逻辑。《电子支付指引》规定，由于银行保管、使用不当，导致客户资料信息被泄露或篡改的，银行应采取有效措施防止因此造成客户损失，并及时通知和协助客户补救。银行发现因客户原因造成电子支付指令未执行、未适当执行、延迟执行的，应主动通知客户改正或配合客户采取补救措施。

延续这一规定逻辑，《电子商务法》第五十五条第二款规定了电子支付服务者查找原因之义务。此外，还进一步规定了过错推定原则，即除非电子支付提供者能够证明支付错误并非自身原因，否则将承担赔偿责任。随着技术的发展，用户对于数据、技术的掌握远远不及电子支付服务提供者，用户取证难度相较于电子支付服务提供者来说，大大增强。但从实践来看，电子支付服务者证明非自身原因造成损害的举证责任，除应当达到证明自己支付系统、公司制度、风控系统等的完善，特定某一宗交易支付指令的完整性、一致性等程度，是否还需达到证明错误支付的原因由付款人或收款人造成的程度，这一疑问还需在司法实践中获得答案。

（三）非授权支付

非授权支付意指在非经用户本人按约定方式发出指令授权支付机构支付，导致用户账户资金减少，造成损失的情形。在具体场景中，错误支付与非授权支付有类似的表现形式。从成因上来说，一是用户交易密码等安全工具保管不善导致盗刷，二是支付机构安全系统漏洞导致用户信息泄露等。

1. 用户妥善保管交易密码等安全工具义务

《电子商务法》第五十七条规定，用户应当妥善保管交易密码、电子签名数据等安全工具。用户发现安全工具遗失、被盗用或者未经授权的支付的，应当及时通知电子支付服务提供者。电子支付经过多年的发展，安全支付手段也有了多轮更新。用户可以通过短信验证码认证、手机认证、身份证认证等多重保密方式确定支付指令，授权支付机构支付。即便如此，仍有用户大意丢失安全工具的案例。由此，《电子商务法》同样也对用户行为作出了要求。

2. 用户知情权保障及数据保存义务

《电子商务法》第五十六条规定了支付机构向用户提供确认支付信息的义务，一方面保障用户完整、及时知晓自己的支付信息；另一方面也是对用户安全支付的保障，为用户及时申请支付机构履行止损义务提供了基础信息。

此外，《电子商务法》第五十三条第三款规定了支付机构免费对账服务和保存三年交易记录的义务，同样是保障用户知情权，及时维护用户利益的手段。

3. 支付机构的止损义务

用户发现损害发生后，唯一止损的方式是通过向支付机构申请停止支付。《电子支付指引》规定，非资金所有人盗取他人存取工具发出电子支付指令，并且其身份认证和交易授权通过发起行的安全程序的，发起行应积极配合客户查找原因，尽量减少客户损失；因不可抗力造成电子支付指令未执行、未适当执行、延迟执行的，银行应当采取积极措施防止损失扩大。

止损义务的履行并不意味着确定由支付机构承担赔偿责任，但如果支付机构在接到止损申请后未采取任何措施的，《电子商务法》针对损害扩大的部分规定由支付机构承担责任。

4. 举证责任分配

《电子商务法》在非授权支付场景下，将举证责任分配给了电子支付服务者。与错误支付场景下相同的是，用户信息由用户自己和电子支付服务提供者共同掌握，即使用户能够保障安全工具不被泄露，但难以保障支付机构的数据储存不被安全攻击。有关非授权支付场景下举证责任的分配将在电子证据章节中详细阐述，此处便不赘述。

二、用户个人信息保护

电子商务进行的过程中，个人信息被获取已是交易的一个环节。在电子商务平台注册成为用户需要提供姓名、手机号，部分平台应国家要求或业务需要还采集身份证号码；浏览 UI 界面，留下痕迹，平台获取痕迹加以分析形成数据产品；通过平台购买商品涉及物流，因此需要提供住址信息；而为了履行合同义务，用户需要提供自己的支付信息。通过层层授权，平台掌握了用户绝大多数信息，而支付信息的提供无疑是将用户推到了时刻可能暴露自己信息、隐私的边缘。虽然《电子商务法》在电子支付相关章节并未明确用户个人信息保护责任与罚则，但从举证责任的分配来看，《电子商务法》对于支付服务提供者的合规性提出了较高的要求。

第四节　电子支付的相关法律问题

一、合规与法律服务

互联网支付起步于支付中介，在功能逐步丰富完善的同时，监管规则体系也逐步建立。对于获得牌照的机构面临更加严格的监管和更加严厉的行政处罚。

截至2017年6月，已有3家支付机构因业务违规而被注销牌照，2017年7月，第四批支付机构业务续展中共有93家机构提交申请，其中9家机构因存在重大违法违规行为而不予续展[①]。

2018年7月，有24家机构提交续展申请，其中3家不符合相关监管制度规定，不予续展。包括北京中汇金支付服务有限公司、北京国华汇银科技有限公司、永超源支付科技有限公司。不予续展名单中，安徽长润支付商务有限公司未提交续展申请。

（一）KYC合规[②]

第三方支付机构为客户开立支付账户的，应当对客户实行实名制管理、登记并采取有效措施验证客户身份基本信息。

就自然人而言，个人用户申请开立支付账户时，支付机构应登记其姓名、性别、国籍、职业、住址、联系方式以及有效身份证件的种类、号码和有效期限等身份信息，并对用户姓名、性别、身份证件号码等基本身份信息的真实性进行有效审核。

对于法人或其他机构用户而言，单位用户申请开立支付账户时，支付机构应登记单位名称、地址、经营范围、税务登记证号码、组织机构代码等（或社会信用代码证）；法定代表人（负责人）和授权办理业务人员的姓名、有效身份证件的种类、号码和有效期限。从事特殊审批业务的，还需提供相应的证照。

（二）账户管理合规

根据《非银行支付机构网络支付业务管理办法》的规定，支付机构应根据客户身份对同一客户在本机构开立的所有支付账户进行关联管理，并按照下列要求对个人支付账户进行分类管理。

1. 对于以非面对面方式通过至少一个合法安全的外部渠道进行身份基本信息验证，且为首次在本机构开立支付账户的个人客户，支付机构可以为其

① 数据来源于中国支付清算协会官网：http：//www. pcac. org. cn/index. php/focus/list_ details/ids/546/id/48/topicid/3. html，访问日期：2018年12月28日。

② KYC原则，即know you customer，了解你的客户，建立客户身份识别机制。

开立Ⅰ类支付账户，账户余额仅可用于消费和转账，余额付款交易自账户开立起累计不超过1000元（包括支付账户向客户本人同名银行账户转账）；

2. 对于支付机构自主或委托合作机构以面对面方式核实身份的个人客户，或以非面对面方式通过至少三个合法安全的外部渠道进行身份基本信息多重交叉验证的个人客户，支付机构可以为其开立Ⅱ类支付账户，账户余额仅可用于消费和转账，其所有支付账户的余额付款交易年累计不超过10万元（不包括支付账户向客户本人同名银行账户转账）；

3. 对于支付机构自主或委托合作机构以面对面方式核实身份的个人客户，或以非面对面方式通过至少五个合法安全的外部渠道进行身份基本信息多重交叉验证的个人客户，支付机构可以为其开立Ⅲ类支付账户，账户余额可以用于消费、转账以及购买投资理财等金融类产品，其所有支付账户的余额付款交易年累计不超过20万元（不包括支付账户向客户本人同名银行账户转账）。

客户身份基本信息外部验证渠道包括但不限于政府部门数据库、商业银行信息系统、商业化数据库等。其中，通过商业银行验证个人客户身份基本信息的，应为Ⅰ类银行账户或信用卡。

（三）开户合规

根据《非银行支付机构网络支付业务管理办法》的规定，获得互联网支付业务许可的支付机构，经客户主动提出申请，可为其开立支付账户；仅获得移动电话支付、固定电话支付、数字电视支付业务许可的支付机构，不得为客户开立支付账户。

支付机构不得为金融机构，以及从事信贷、融资、理财、担保、信托、货币兑换等金融业务的其他机构开立支付账户。虽然第三方支付机构不得为金融机构等开设支付账户，但可以为金融机构提供支付服务。

（四）契约合规

第三方支付大部分是通过线上电子签约的。需要注意的是，较多出现的格式条款无效或未尽合理方式提示注意问题。免责条款包括造成对方人身伤害的，或因故意或者重大过失造成对方财产损失的；提供格式条款一方免除其责任、加重对方责任、排除对方主要权利的等都容易被宣告无效。而未尽合理方式提醒仅有加粗和下划线等，已经基本不再认定为提示到位了。其他电子合同合规问题，详见电子合同章节，不再赘述。

二、电子支付的法律风险

电子支付以其丰富的形式、便捷的结算方式等优势，在互联网技术快速发展的支持下，以燎原之势占领了支付市场。电子支付在给企业、用户带来便利的同时，因其蕴含的巨大利益诱惑滋生了多种法律风险。

（一）挪用备付金和是否计息

就备付金的管理而言，主要法律依据是《非金融机构支付业务服务管理办法》第二十六条至第三十条。就备付金的定性而言，备付金不属于支付机构的财产，支付机构只能依据客户指令转移备付金，禁止挪用。就存管银行而言，遵循“一行一户”原则，即支付机构只能选择一家商业银行作为备付金存管银行，且在该商业银行的一个分支机构只能开立一个备付金专用存款账户。支付机构调整不同备付金专用存款账户头寸的，由备付金存管银行的法人机构对支付机构拟调整的备付金专用存款账户的余额情况进行复核，并将复核意见告知支付机构及有关备付金存管银行。支付机构的实缴货币资本与客户备付金日均余额的比例，不得低于10%。

所谓备付金挪用，是指支付企业擅自将属于客户的备付资金挪作他用。更极端地，还有将备付金卷走跑路的。但目前主要还是发生在二清或者三清机构中，导致第三方支付机构担责。

在原先的第三方支付业务中，备付金的利息理论上应归客户所有。客户与第三方支付机构构成保管合同，由第三方支付机构保管客户资金。根据《民法》的相关规定，原物所有权人有权收取孳息的所有权。另根据《合同法》的规定，“保管期间届满或者寄存人提前领取保管物的，保管人应将原物及其孳息归还寄存人”。而在此前的实务中，几乎没有机构返还备付金的孳息，导致较大的法律风险。

2017年1月13日，中国人民银行办公厅《关于实施支付机构客户备付金集中存管有关事项的通知》（银办发〔2017〕10号），规定自2017年4月17日起，支付机构应将客户备付金按照一定比例交存至指定机构专用存款账户，该账户资金暂不计付利息。目前备付金的孳息归属问题，已经基本得到解决。

（二）银行直连

银行直连是相对于银联通道连接模式而言的。目前，支付机构往往将客户备付金以自身名义在多家银行开立账户分散存放，借此获得较低的银行通道费率，并实现跨行资金流动和清算。这种清算模式绕开了银联，支付资金的流向和交易信息都游离于央行监管之外，资金和信息的安全风险较高。同时，庞大且高涨的备付金也对支付机构形成了巨大诱惑。

“直连”模式的初衷是为了省去银联对利润的分成，节约支付成本。后来“直连”模式逐渐成为支付机构的竞争壁垒。第三方支付机构尤其是支付宝、财付通这样的支付巨头，在掌握了巨量备付金的同时，也掌握了大量客户信息。因为手握海量用户和备付金，在与银行的合作中往往掌握话语权。同时，它们也因为自建支付结算体系本身在系统搭建、对接技术和用户体验上的高门槛而占据行业优势。这些因素使支付巨头建立了强大的“护城河”。

而根据网联的要求，所有备付金将最终实现统一交存，将原本不透明的支付资金流和信息流纳入监管视野。

（三）二清业务

二清指支付机构与商户之间的第三方代理商，本来交易资金是直接清算给商户的，在这种模式下，交易资金先清算给代理商（二清），然后再清算给这个商户。很多情况下，二清还会向下发展出三清、四清甚至五清，使得交易环节一环套一环，交易资金层层转递，交易背景错综复杂。

二清的主要好处是支付机构可以实现 T+0 等便捷，快速做大特约商户规模，占领市场份额。但也有很大的法律风险。一是危及商户资金安全。一旦二清机构（或三清、四清）出现资金周转困难、债务纠纷，甚至卷款跑路等，商户资金很难保障。近年来，已经发生了多起二清机构卷款跑路事件，引发商户对支付机构的集体投诉和纠纷。二是若外包管理不到位，很容易违反反洗钱规定，涉嫌洗钱犯罪。

（四）套码和切机

套码，即违规套用低费率行业的商户类别码（MCC），基于不同商户对应不同的收单费率，人为将高费率商户类别调整为低费率类别，是收单业务一度极为普遍的违规行为之一。

切机，即一些收单机构以升级 POS 机的名义强行把其他收单机构的商户变更为自己的商户，在切机的过程中实施套码行为，降低商户费率取得商户的配合。

套码和切机是常见的组合拳，目的都是违规降费率。

2016 年 3 月 14 日，国家发展改革委、中国人民银行《关于完善银行卡刷卡手续费定价机制的通知》（发改价格〔2016〕557 号）文件规定，对发卡行服务费、网络服务费等均不再区分商户类别，实行政府指导价和上限管理。监管开始统一商户类别，渐次取消差异费率定价机制，套码的空间也越来越小，切机同样也就难以生存了。

（五）非法经营罪风险

主要是指非法套现，即持卡人通过虚拟交易等方法，把信用卡的信用额转为现金持有。从收益上看，通过银行或 ATM 的取现需要支付手续费和利息，且取现额度一般不高于信用卡透支额的 50%。但通过虚拟交易，就相当于持卡人获得了一次免息的短期贷款，极具吸引力。

《刑法》第二百二十五条、《关于办理妨害信用卡管理刑事案件具体应用法律若干问题的解释》第七条虽然未明确包含利用第三方支付机构，但根据要件描述，利用第三方支付机构属于方法之一，涉嫌构成犯罪。

（六）洗钱犯罪风险

由于第三方支付中，交易存在较隐蔽，无法准确获知资金来源和去向，使得被不法分子利用作为洗钱工具成为可能。

根据《刑法》第一百九十一条关于洗钱罪的规定，需要第三方支付机构加强对洗钱的审查。到目前为止，虽然第三方支付机构均有反洗钱声明和制度，但部分机构反洗钱技术能力还比较薄弱，制度落实也存在缺陷。

第六章　电子商务信息的管理

第一节　电子商务信息概述

一、电子商务信息的概念

电子商务信息，是指在电子商务运行过程中产生的信息。电子商务信息包括电子商务经营者的信息，电子商务当事人的信息，商品、服务的展示信息，电子商务交易信息，电子商务的评价信息等，总之，所有电子商务运行过程中产生的以文字、图像、声音、动画等多种形式体现的信息均是电子商务信息。

二、电子商务信息的分类

（一）电子商务经营者信息

电子商务经营者包括电子商务平台经营者、平台内的经营者以及自营经营者。但这些经营者均应具备以下信息：

1. 经营者登记信息和经营信息

按照《电子商务法》第十条的规定，电子商务经营者应当依法办理市场主体登记。《电子商务法》第十五条规定，电子商务经营者应当在其首页显著位置，持续公示营业执照信息、与其经营业务有关的行政许可信息、属于依照本法第十条规定的不需要办理市场主体登记情形等信息，或者上述信息的链接标识。

一般来说，行政许可信息主要有：增值电信业务经营许可证、网络文化经营许可证、食品经营许可证、互联网药品交易服务资格证、医疗器械经营许可证、互联网药品信息服务资格证、互联网药品信息服务资质证。据此，市场主体登记信息诸如营业执照、行政许可、行政审批等信息，属于依法应当公示的经营者登记信息、特许经营资质信息。另外，经营变更信息应当及时、如实公示。

2. 个人经营者的身份信息

《电子商务法》第二十七条规定，电子商务平台经营者应当要求申请进入平台销售商品或者提供服务的经营者提交其身份、地址、联系方式、行政许可等真实信息。

目前，主流电子商务平台要求个人卖家提供的信息主要有身份证信息、银行卡信息、手机号码、联系地址、邮政编码、人像照片、店铺名称、店铺类目、店铺介绍等。

3. 纳税信息

按照《电子商务法》第二十八条的规定，电子商务平台经营者应当依照税收征收管理法律、行政法规的规定，向税务部门报送平台内经营者的身份信息和与纳税有关的信息。

此前，我国电子商务快速增长过程中，一部分人对电子商务纳税存在误解，认为电子商务可以规避纳税。但纳税是每个公民和企业应尽的义务。电子商务领域纳税之前的监管并没有那么严格。而在跨境电商领域，在全球化商业模式运营的视角下，发达国家对于跨境电商纳税的征缴比较严格，像英国等国家，B2C 的纳税非常严格。在瑞士等国家，设定营业额超过一定数额才需要纳税，在德国等国家则与目前我国《电子商务法》规定类似，以向平台施压的方式，促进卖家纳税。此次《电子商务法》将纳税信息报送义务赋予平台经营者，一定程度上利用了平台能够检测交易数据、成交金额等便利，促进税务监管的便利。

4. 备案信息

备案信息通常包括出版物网络交易平台服务经营备案证、公安备案、ICP 备案、医疗器械网络销售备案。

（二）电子商务用户信息

电子商务用户信息是指通过电子商务购买商品或者服务的用户通过电子商务平台、小程序、电商经营者等电子商务形式以注册用户账号形式取得账号，及以该账号在电子商务交易过程中产生的信息。具体包括用户个人身份信息、银行账号、电子支付信息、收货地址信息、联系方式、IP 地址、用户名、密码、电子邮件地址、Cookies、个人网上订阅信息、个人的位置信息等。

（三）商品信息、服务信息

1. 商品、服务展示信息

商品、服务展示信息是指电子商务过程中，经营者以获利为目的向客户提供的信息。包括以下内容：

（1）以销售商品为目的的合同要约信息

诸如淘宝网、京东商城等购物平台上商家以销售商品为目的而发布的商品信息，包括文字、图片、视频等。目前新型的直播销售是一种新的商品展示模式。

（2）具有知识产权性质的有偿信息

体现知识产权主体、客体、法律、经济及技术特征的知识产权信息，如专利技术信息、商标权权利信息、著作权权利信息等。

（3）信息平台发布的中介信息

通过互联网信息平台发布的中介信息，在中介的介绍下完成电子商务交易的居间模式下产生的信息。

2. 广告信息

经营者发布的广告，主要包括直接的广告内容、电商平台的链接、搜索引擎营销广告、论坛软文营销、分类信息、知识问答、新闻软文。

3. 信用评价信息

《电子商务法》第三十九条规定，电子商务平台经营者应当建立健全信用评价制度，公示信用评价规则，为消费者提供对平台内销售的商品或者提供的服务进行评价的途径。电子商务平台经营者不得删除消费者对其平台内销售的商品或者提供的服务的评价。据此，电子商务用户在交易后对交易的商品或服务的评价组成了电子商务经营者的产品评价、信用评价内容。

（四）电子商务数据信息

电子商务成交后形成大数据信息，通过分拣电子商务大数据，对不同客户群体、不同地域范围的不同消费习惯和消费逻辑进行提炼，在线下营销竞争越来越激烈的情况下应用精准营销具有重要的意义。

（五）交易信息

交易信息是指电子商务经营者与用户之间形成的交易信息和履行情况的信息，具体包括：（1）订单信息；（2）支付信息；（3）物流信息；（4）交付信息。

（六）服务协议和交易规则信息

《电子商务法》第三十二条规定，电子商务平台经营者应当遵循公开、公平、公正的原则，制定平台服务协议和交易规则，明确进入和退出平台、商品和服务质量保障、消费者权益保护、个人信息保护等方面的权利和义务。

服务协议和交易规则与商品、服务信息一起组成了邀约的内容。用户通过接受相关服务协议和交易规则达成电子订单的合同内容。

第二节　电子商务信息的管理

一、电子商务信息的收集

（一）个人用户信息的采集规则

《民法总则》第一百一十一条规定了个人信息受法律保护。2017 年 6 月 1 日实施的《网络安全法》第四十一条规定网络运营者对个人信息的收集和使用规则。信息收集过程中应当保障用户的知情权、尊重用户的选择权，遵守用户的授权三大原则。具体来说一般包括：（1）经用户同意后才能收集、使用用户个人信息。（2）所收集的用户个人信息只能用于其提供服务目的范围之内。（3）对所收集的用户个人信息应当严格保密。

大数据的热潮导致各行各业纷纷布局个人信息的获取领域，目前出现了一些电子商务平台及经营者过度收集个人用户信息的不良现象。用户个人的位置信息、手机号、上网记录、电子邮箱、通信录、身份信息等被一些平台过度收集，既存在与用户使用平台无关目的的信息收集，又存在在收集过程中未明确告知收集个人信息类型、用途、保存期限、使用方式等侵犯个人隐私的情形。

（二）经营者信息的采集规则

根据《电子商务法》第二十八条的规定，电子商务平台经营者应当按照规定向市场监督管理部门报送平台内经营者的身份信息，提示未办理市场主体登记的经营者依法办理登记，并配合市场监督管理部门，针对电子商务的特点，为应当办理市场主体登记的经营者办理登记提供便利。电子商务平台经营者应当依照税收征收管理法律、行政法规的规定，向税务部门报送平台内经营者的身份信息和与纳税有关的信息，并应当提示依照本法第十条规定不需要办理市场主体登记的电子商务经营者依照本法第十一条第二款的规定办理税务登记。

据此，经营者信息的采集义务主体为电子商务平台经营者，平台经营者对电子商务经营者主体的信息采集包括经营者身份信息、纳税有关信息。当然，对于经营者信息的采集，以不侵犯企业商业机密、商业秘密为原则开展。

（三）政府对电子商务信息的采集规则

在电子商务运营过程中，政府出于监管目的收集的信息主要有：（1）依照法律、法规规定采集有关信息。（2）政府部门出于行政管理目的收集的信息，如税务部门要求平台收集的交易金额、经营者信息等。政府信息收集过程中应当注意：（1）遵循合法、必要、适度原则，按照法定范围和程序，采集公民、法人和其他组织的数据信息。（2）需要采集法律、法规未作规定的信息的，应当取得被采集对象的同意；被采集对象拒绝的，公共管理和服务机构不得采集，并不得因此拒绝履行有关公共管理和服务职责。（3）通过共享方式获得公共信息的，不得违反规定通过其他方式重复采集。（4）应当遵守保护国家秘密、商业秘密和个人隐私的相关规定。（5）政府信息收集过程中应当注意时效性、有效性。

二、电子商务信息的监管

（一）平台经营者的信息监管

1. 经营性信息是否取得行政许可

并非所有种类的商品都可以随意在网上进行销售，法律规定的专营、专卖物品等都需要取得相应的许可资质，国家相关法律法规针对某些特定产品有其严格的资质要求，客户发布此类产品必须上传相关的有效证明。如食用盐需提供《食盐批发许可证》，出版物需提供《出版物经营许可证》，非处方药品需提供药准字号及《药品生产许可证》或《药品经营许可证》，保健食品需提供国家食品药品监督管理局颁发的保健食品批准文号等。例如，烟草、药品、保健品、化妆品、书籍等。如果不具备经营资质而经营上述产品，且对经济秩序造成严重影响的，涉嫌非法经营罪。

2. 经营性信息是否属于法律、行政法规禁止交易的商品或者服务

根据《治安管理处罚法》《枪支管理法》《国家安全法》《民用爆炸物品安全管理条例》《危险化学品安全管理条例》《易制毒化学品管理条例》《音像制品管理条例》《出版管理条例》等法律、法规的规定，交易的商品或者服务应当符合法律、法规的规定，禁止交易毒品、淫秽物品、非法出版物等法律、法规规定禁止交易的物品；禁止交易枪支、弹药、管制刀具、民用爆炸物品、窃听窃照专用器材、剧毒化学品、易制毒化学品等法律、法规规定禁止擅自交易的物品。

（二）电子商务经营者的信息监管

1. 是否违反《合同法》审查。包括：（1）格式合同、格式条款是否合法；（2）经营性信息反映出的合同条款是否明确；（3）是否有排除消费者退货权的内容；（4）是否存在虚假宣传信息。

2. 是否违反《侵权责任法》审查。包括经营性信息是否侵犯姓名权、名誉权。

3. 是否违反《消费者权益保护法》审查。

4. 是否违反《产品质量法》审查。

5. 是否违反《反不正当竞争法》审查。主要是指是否存在侵犯商业秘密的经营性信息。

6. 是否违反《商标法》审查。

7. 是否违反《广告法》审查。

8. 是否违反《食品安全法》审查。网络食品交易第三方平台提供者和通过自建网站交易食品的生产经营者应当记录、保存食品交易信息，保存时间不得少于产品保质期满后六个月；没有明确保质期的，保存时间不得少于两年。

9. 是否违反《价格法》审查。

10. 经营性信息是否违反特许经营。

11. 经营性信息是否存在传销嫌疑。注意审查社交电商平台是否存在以“交入门费”、“拉人头”和“组成层级团队计酬”方式开展网络传销。是否需要认购商品或交纳费用、是否需要发展他人成为自己的下线、是否以发展人员的销售业绩计算报酬，是认定是否涉嫌传销的三个主要方面。

（三）用户信息审查

1. 真实性审查

（1）自己发布信息的真实性

主要是用户注册信息真实性的审查和评价信息真实性的审查。

（2）转发、共享信息的真实性

转发商品和服务信息前，用户应对信息的真实性进行查实。

2. 合法性审查

用户信息的合法性审查主要包括以下方面：（1）该信息是否危害国家安全，泄露国家秘密，颠覆国家政权，破坏国家统一。（2）煽动民族仇恨、民族歧视。（3）宣扬邪教和封建迷信的。（4）散布谣言，扰乱社会秩序，破坏社会稳定的。（5）教唆犯罪的。

3. 侵权性审查

侵权性审查包括：（1）是否存在名誉权侵权审查。（2）是否存在隐私权侵权审查。（3）是否存在肖像权侵权审查。（4）是否存在著作权侵权审查。

三、电子商务信息的公示

（一）交易规则的公示

对于电子商务经营平台而言，平台内的交易规则构成了电子商务合同的要约和承诺规则，据此，《电子商务法》第三十二条规定，电子商务平台经营者应当遵循公开、公平、公正的原则，制定平台服务协议和交易规则，明确进入和退出平台、商品和服务质量保障、消费者权益保护、个人信息保护等方面的权利和义务。第三十三条规定，电子商务平台经营者应当在其首页显著位置持续公示平台服务协议和交易规则信息或者上述信息的链接标识，并保证经营者和消费者能够便利、完整地阅览和下载。第三十四条规定，电子商务平台经营者修改平台服务协议和交易规则，应当在其首页显著位置公开征求意见，采取合理措施确保有关各方能够及时充分表达意见。修改内容应当至少在实施前七日予以公示。平台内经营者不接受修改内容，要求退出平台的，电子商务平台经营者不得阻止，并按照修改前的服务协议和交易规则承担相关责任。

（二）经营者信息的公示

《电子商务法》第十五条规定，电子商务经营者应当在其首页显著位置，持续公示营业执照信息、与其经营业务有关的行政许可信息、属于依照本法第十条规定的不需要办理市场主体登记情形等信息，或者上述信息的链接标识。第十六条规定，电子商务经营者自行终止从事电子商务的，应当提前三十日在首页显著位置持续公示有关信息。

经营者信息公示的意义不仅在于消费者的知情权、国家机关的管理，更在于《合同法》上的意义，在合同订立过程中，了解交易对象的信息、获知交易合法与否，都是交易双方应当享有的权利，故此，经营者关于主体资格、身份信息的内容，对于合同的订立和实现也具有重要的公示意义。

（三）交易商品、服务的完整信息公示

《电子商务法》第十七条规定，电子商务经营者应当全面、真实、准确、及时地披露商品或者服务信息，保障消费者的知情权和选择权。电子商务经营者不得以虚构交易、编造用户评价等方式进行虚假或者引人误解的商业宣传，欺骗、误导消费者。

对于交易商品、服务的信息完整地展示，既具有保障《消费者权益保护法》规定的消费者知情权、选择权的意义，又具有《合同法》中交易双方对于交易的标的物清楚明知的保护意义。

（四）评价信息的公示

《电子商务法》第三十九条规定，电子商务平台经营者应当建立健全信用评价制度，公示信用评价规则，为消费者提供对平台内销售的商品或者提供的服务进行评价的途径。电子商务平台经营者不得删除消费者对其平台内销售的商品或者提供的服务的评价。

据此，一些平台售卖商品不好的评价不可以随意删除，消费者能够更直观地了解到商品实际情况，避免出现不好的评价被删除的情况。也促使消费者能够更直观和全面地了解商品和服务的内容。

四、电子商务信息的保存

根据《电子商务法》第三十一条的规定，电子商务平台经营者应当记录、保存平台上发布的商品和服务信息、交易信息，并确保信息的完整性、保密性、可用性。商品和服务信息、交易信息保存时间自交易完成之日起不少于三年。

保存信息主要出于交易安全考虑，信息安全问题主要包括：

1. 意外的损失：包括人为错误、软件和硬件引起的损坏等。

2. 盗窃和欺诈：主要是通过计算机系统侵入而实施的人为犯罪。

3. 机密性受损：是指关键的组织数据受损，可能会导致遭遇敲诈勒索、行贿受贿、民事纠纷或用户密码失窃等后果。

电子商务信息安全要求制度安全、技术安全、运算安全、存储安全、传输安全、产品和服务安全等。

第三节　区块链信息管理

一、区块链信息的概念和特征

区块链信息是指基于区块链技术或者系统，通过互联网站、应用程序等形式展示的信息。区块链信息包括并不限于区块链交易管理规则、平台公约、服务协议、用户身份信息、产品应用功能信息、备案信息、发布内容和日志信息等一切与区块链交易有关的信息。

区块链信息具有透明性、开发性、不可篡改性、去中心化的特征。

（一）透明性

在区块链中每个参与主体都可以拥有一个完整的账本副本，区块链技术通过即时结算的模式，保证每个主体之间完整账本数据的一致性，使区块链信息具有透明性特征。

（二）开放性

除了区块链交易方的私钥被特殊加密外，区块链中的其他交易内容的数据都是对每个主体公开的，所以区块链交易具有开放性的特征。

（三）不可篡改性

区块链本质上是一种以数字签名方式来验证，带时间戳的密码学算法的数据库，所以具有对数据真实、有效、不可伪造、难以篡改的特征要求。这也使区块链交易不需要建立相互之间的信任，而由数据库和系统的运作来确保交易安全。

（四）去中心化

相较于传统交易模式，区块链交易并不依赖于传统交易中心化管理机构的运营，而是使用分布式核算和存储技术，任何参与的主体节点的权利义务都是均等的，任何参与的主体节点共同维护整个交易的运转，任一参与主体节点停止工作都不会影响交易的运转，所以称为去中心化特征。

二、区块链信息的管理

（一）区块链信息服务提供者的管理责任

1. 区块链信息服务主体自身的信息管理

（1）管理规则和平台公约的制定和公开；

（2）区块链信息服务协议的拟定和签订；

（3）履行备案手续、变更手续、注销手续。

通过国家互联网信息办公室区块链信息服务备案管理系统填报服务提供者的名称、服务类别、服务形式、应用领域、服务器地址等信息，履行备案手续。在变更服务项目、平台网址等情形下履行变更手续。在终止服务时履行注销手续。这些手续都应当在网站上、应用程序中标明相关信息。

2. 区块链信息服务提供者对用户注册信息管理

对区块链信息服务使用者进行基于组织机构代码、身份证件号码或者移动电话号码等方式的真实身份信息认证。

3. 区块链信息服务提供者的信息审核义务

主要审查区块链信息使用者是否存在利用区块链信息服务制作、复制、发布、传播法律、行政法规禁止的信息内容的情况。

4. 区块链信息服务提供者的应急处置责任

根据《区块链信息服务管理规定》第六条的规定，区块链信息服务提供者应当具备与其服务相适应的技术条件，对于法律、行政法规禁止的信息内容，应当具备对其发布、记录、存储、传播的即时和应急处置能力，技术方案应当符合国家相关标准规范。

5. 安全防护

（1）对于新上线的新产品、新应用、新功能进行安全评估。

（2）对于违反法律、行政法规规定和服务协议的区块链信息服务使用者，依法依约采取警示、限制功能、关闭账号等处置措施，对违法信息内容及时采取相应的处理措施，防止信息扩散，保存有关记录，并向有关主管部门报告。

6. 信息备份

区块链信息服务提供者应当记录区块链信息服务使用者发布内容和日志等信息，记录备份应当保存不少于六个月，并在相关执法部门依法查询时予以提供。

（二）区块链信息服务使用者的信息管理义务

1. 提供真实身份信息如实注册的义务，主要包括提供真实的组织机构代码、身份证件号码或者移动电话号码等方式来进行真实身份信息认证。

2. 遵守法律规定好平台公约的义务，不得利用区块链信息服务制作、复制、发布、传播法律、行政法规禁止的信息内容。

第四节　电子商务信息的安全保障

一、用户查询、更正、删除权保障

（一）网络参与者享有的权利

1. 请求删除权

请求删除权是指在法定或约定的事由出现时，本人得以请求信息处理主体删除其个人信息的权利。

2. 请求修改权

请求修改权是指本人得以请求信息处理主体对不正确、不全面、不时新的个人信息进行更正与补充的权利。修改权具体包括：个人信息错误更正权，即对于错误的个人信息本人有更正的权利。个人信息补充权，即对于遗漏或新发生的个人信息，本人有补充的权利。个人信息更新权是本人要求对于过时的个人信息及时更新的权利。

3. 查询权

查询权是指本人得以查询其个人信息及其有关的处理情况，并要求答复的权利。对信息的控制与支配，必须首先了解哪些个人信息被收集、处理与利用的情况，特别是在此过程中信息是否被保持完整、正确与适时。信息查询权是重要的当事人权利，除非因公益或保密之需要，任何机关不得任意剥夺。

4. 信息保密权

信息保密权是指本人得以请求信息处理主体保持信息隐秘性的权利。

（二）网络服务提供者实名注册制度、信息审查制度、特定审查处罚制度

1. 事前监管——网络实名制

网络生活其实就是真实世界在网络状态下的展现。我们说自由是有限度的自由，就与我们社会人在日常生活中要为自己的言行负责一样，网络世界中，网络人也应当对自己在网络中的言行负责。所以，《网络安全法》规定了网络实名制。在用户注册时，要求提供真实的身份信息，达到事前监管的作用。

2. 事中审查——网络系统自动审查

网络服务者对网站上信息采用以关键词、特定词汇为目标设定相应计算机筛查程序，实现网络违法信息、侵权信息被限制、被屏蔽的作用。

3. 事后特定审查——删除、警示、限制发布、暂停更新直至关闭账号

在接到网络使用者的投诉时，网络服务提供者启动特定审查制度，经审核可能或者已经构成侵权或违法时，采用删除方式将违法、侵权信息删除。情节严重的，由网络服务提供者采用警示、限制发布、暂停更新直至关闭账号等措施。

二、电子商务信息完整性、保密性、可用性保障

《电子商务法》第三十一条规定，电子商务平台经营者应当记录、保存平台上发布的商品和服务信息、交易信息，并确保信息的完整性、保密性、可用性。商品和服务信息、交易信息保存时间自交易完成之日起不少于三年；

法律、行政法规另有规定的，依照其规定。

此条法律规定与《民法总则》规定的诉讼时效有一定的关联。按照《民法总则》第一百八十八条的规定，向人民法院请求保护民事权利的诉讼时效期间为三年。法律另有规定的，依照其规定。诉讼时效期间自权利人知道或者应当知道权利受到损害以及义务人之日起计算。法律另有规定的，依照其规定。但是自权利受到损害之日起超过二十年的，人民法院不予保护；有特殊情况的，人民法院可以根据权利人的申请决定延长。故此，电子商务领域出现的交易纠纷、侵权纠纷等也适用诉讼时效的调整，所以，《电子商务法》中明确电子商务平台运营商负有保管相关交易信息的义务，此义务的时间与诉讼时效挂钩以不少于三年为限。

就电子商务信息完整性而言，是指电子商务信息未经授权不能进行改变的特性。在实际环境中，数据完整性的保护措施包括：设置服务器，只允许管理员进入；保护传送媒体（如缆线和连接器）不被窃用；保护硬件和储存媒体不受电压不稳定、漏静电和磁力等影响。网络管理系统为维护数据完整性采取的措施包括：维持所有用户的现有认证级别、文件系统管理程序、参数和维护活动，增加对诸如电源损耗、服务器出错和病毒攻击等一些意外情况的发现方法。

就电子商务信息的保密性而言，主要是指只有授权用户才可以存取访问自己的交易信息。为了控制数据的完整性，经常采取的措施包括：控制网络终端和服务器的实际环境、限制数据获取途径、强化身份验证程序等。

就电子商务信息的可用性而言，是指保证信息确实能为授权使用者所用，即保证合法用户在需要时可以使用所需信息。主要的保障措施是要确保信息被完整保存，还要确保网络的安全和稳定。

三、电子商务交易信息安全性保障

《电子商务法》第三十条规定，电子商务平台经营者应当采取技术措施和其他必要措施保证其网络安全、稳定运行，防范网络违法犯罪活动，有效应对网络安全事件，保障电子商务交易安全。电子商务平台经营者应当制定网络安全事件应急预案，发生网络安全事件时，应当立即启动应急预案，采取相应的补救措施，并向有关主管部门报告。主要的保障措施是由电子商务平台方加强平台的加密技术、电子签名技术、数字时间戳技术、数字证书技术、防火墙技术。

《网络安全法》第二十五条规定，网络运营者应当制定网络安全事件应急预案，及时处置系统漏洞、计算机病毒、网络攻击、网络侵入等安全风险；在发生危害网络安全的事件时，立即启动应急预案，采取相应的补救措施，并按照规定向有关主管部门报告。根据该法规定，电子商务平台经营者应当：(1) 设置专门安全管理机构和安全管理负责人，并对该负责人和关键岗位的人员进行安全背景审查；(2) 定期对从业人员进行网络安全教育、技术培训和技能考核；(3) 对重要系统和数据库进行容灾备份；(4) 制定网络安全事件应急预案，并定期进行演练。

其实，电子商务交易信息的安全性保障措施也不仅仅在于电子商务平台方，每一个参与电子商务交易的当事方均应当将信息安全义务牢记在心。《网络安全法》第二十七条规定，任何个人和组织不得从事非法侵入他人网络、干扰他人网络正常功能、窃取网络数据等危害网络安全的活动；不得提供专门用于从事侵入网络、干扰网络正常功能及防护措施、窃取网络数据等危害网络安全活动的程序、工具；明知他人从事危害网络安全的活动的，不得为其提供技术支持、广告推广、支付结算等帮助。

四、刑事法律规制保障

《刑法》第二百五十三条规定了“侵犯公民个人信息罪”，根据最高人民法院、最高人民检察院《关于办理侵犯公民个人信息刑事案件适用法律若干问题的解释》，公民个人信息是指以电子或者其他方式记录的能够单独或者与其他信息结合识别特定自然人身份或者反映特定自然人活动情况的各种信息，包括姓名、身份证件号码、通信联系方式、住址、账号密码、财产状况、行踪轨迹等。根据该解释，未经被收集者同意，将合法收集的公民个人信息向他人提供的、违反国家有关规定，通过购买、收受、交换等方式获取公民个人信息，或者在履行职责、提供服务过程中收集公民个人信息的，非法获取、出售或者提供公民个人信息均属于违法行为，涉嫌侵犯公民个人信息罪。以刑法规制的方式规定侵犯公民个人信息罪，能够给电商从业者以刑法警示，也是安全保障的方式之一。

第七章　电子商务物流

《电子商务法》中关于物流相关条文设置散见于各个章节，下文将对电子商务物流从概念起进行逐步阐述，最终回归到法条对电子商务物流服务的要求。

第一节　电子商务物流的概念

一、概念的发端

“物流”一词最早出现在美国，1915 年阿奇·肖在《市场流通中的若干问题》一书中首先提出物流一词，他指出“物流是与创造需求不同的一个问题”[①]。根据我国国家标准《物流术语》中的解释，物流是指物品从供应地向接受地的实际流动过程，是一个控制原材料、半成品、产成品和流动信息的系统。根据百度百科的解释，“物流”也可以被称为其最终目的之“策略性物流运输”或“策运”。从这一解释也可以看出，物流实际上反映的是物质实体从供应者向需求者的一种物理移动过程，根据实际需要其将运输、保管、装卸、搬运、包装、配送、流通加工、信息处理等基本功能进行整合，以便创造出更高的时间价值和空间价值[②]。电子商务物流既是物流企业未来发展的趋势和方向，也是电子商务和物流相互作用的产物。

电子商务物流不同于物流电子化。物流电子化的侧重点在于通过电子信

---

① 赵丽：《电子商务环境下我国物流发展研究》，载《商业经济》2011 年第 19 期。

② 陈彬：《WTO 体制对我国物流法律制度发展的影响》，载《国际经贸探索》2008 年第 4 期。

息手段，将物流的流通效率进行整体提升，以便达到更高的效益。电子商务物流则是物流企业发展到一定阶段的必然产物，物流企业将电子手段作为一种核心竞争力应用到物流过程中以此服务电子商务，该一发展将信息流、商流、物流、资金流的优势进行融合，从而提升企业的竞争优势。故电子商务物流并非简单的物流运输加电子商务应用。

综上，电子商务物流主要是指物流企业在实现物流电子化的基础上，以物流业务为核心，整合信息流、商流、物流、资金流这“四流”的优势，开展电子商务相关应用服务，它集电子商务企业、物流企业、信息技术企业的优势于一体①。

二、电子商务物流的表现形式

电子商务物流的表现形式主要有：

（一）第三方物流

即以物流服务为主营业务的第三方物流方式。具体来说，是指由交易的供方、需方以外的第三方去完成物流服务的物流运作模式。其特点是第三方提供物流交易双方的部分或全部物流功能的外部服务，其不再是交易双方中的任何一方，在某种意义上说，它是物流专业化的一种表现形式。

（二）物流一体化

不同于第三方物流，其撇除了交易双方，以物流系统作为企业的核心，是从生产企业、物流企业、销售企业，直到消费者供应链为一个整体的系统化物流表现形式。其特点是能够为整个社会提供全方位、系统化的物流服务。

第二节　电子商务物流的模式

一、电子商务物流系统

如前文所述，物流是指物质实体从供应者向需求者的一种物理移动过程，

---

① 张赢盈：《电子商务物流概述》，载《商业经济》2012年第18期。

故其包括物质生产、运输、保管、装卸、搬运、包装、配送、流通加工等流程，可以称为是物流的各个子系统①。而电子商务物流是物流企业在实现物流电子化的基础上，以物流业务为核心，整合信息流、商流、物流、资金流这“四流”的优势，开展电子商务相关应用服务，它集电子商务企业、物流企业、信息技术企业的优势于一体②。而电子商务物流系统是在物流系统的基础上借助电子信息网络的概念。由此可见，电子商务物流是网络信息经济大背景下的产物，也是高度发展的工业社会的产物。根据物流运作过程中的各个环节，可以区分出几种主要的电子物流模式。下面就重点介绍几种典型的电子商务物流模式。

二、电子商务物流模式

（一）企业自营物流模式

自营物流的产生是在电子商务刚刚萌芽的阶段。如前文所提到的，电子商务物流与传统物流的一大区分就是物流在商品流通中的作用不同。在传统物流的背景下，物流仅仅被视为一种辅助环节，并不受到企业的重视，其更多地被描述为一种体力、苦力、无须智力支撑的简单劳动，并且作为一种企业安置闲散人员的岗位③。而随着电子商务的产生、发展，为客户提供优质、高效的服务成为企业竞争的一个重要指标。物流作为电子商务的重要组成部分，成为电子商务兴衰成败的关键因素之一。如果企业对其自身有比较强的顾客服务需求标准，那么其物流的成本在企业经营成本中肯定占有较大比重。特别是在部分企业自身资金实力雄厚，又具有较强的企业物流管理能力，那么一般不会采用其他外购的物流服务，而是会采用自营物流的模式。

企业自营物流模式是指企业自身经营物流，采用条码技术（Bar Code）、电子数据交换（EDI）、数据库技术（Database）、电子订货系统（EOLG）、快速反应（QR）及有效的客户反应（ECR）等信息技术和先进的自动化设施来构建一个现代化物流管理中心④作为电子商务企业自行组件物流配送系统，

① 陈彬：《WTO 体制对我国物流法律制度发展的影响》，载《国际经贸探索》2008 年第 4 期。
② 张嬴盈：《电子商务物流概述》，载《商业经济》2012 年第 9 期。
③ 李爱民：《电子商务物流模式比较研究》，河北工业大学 2008 年硕士学位论文。
④ 高茜：《电子商务物流模式研究——以 LG 公司为例》，内蒙古大学 2012 年硕士学位论文。

经营管理整个企业的物流运作过程的企业自营物流模式要求企业将物流作为企业一种战略重点。

（二）物流企业联盟模式

物流企业联盟模式的产生是时代发展的要求。基于单个企业的竞争能力在市场经济环境下不再具备绝对优势，为了达到比单独从事物流活动取得更好的效益，企业之间必须要进行合作。这种合作要求企业放弃寻求自身利益的最大化，也要求各方企业放弃共同利益的最大化，而要求在其中获得一个平衡点。在物流合作状态时，各方企业进行优势互补；在物流不合作状态，企业又变成追求利益最大化的单独个体。换言之，物流联盟其实是一种动态的合作，随时可能调整企业在联盟中的地位和利益追求。由此可见，利益是物流企业联盟模式产生的根本原因。

综上，物流企业联盟是制造企业、销售企业、物流企业在物流领域的战略性合作，通过达成正式的合作协议进行有组织的市场交易，形成共担风险、共享利益、资源优势互补、长期协同的物流合作伙伴关系；同时，各方企业之间仍然是独立的企业，只是受到协议的约束。

（三）其他物流模式

1. 第四方物流模式

第四方物流模式主要是指由咨询公司提供物流咨询服务。在网络上虽然能够搜索出许多关于第四方物流的资料，但其实第四方物流并未成为一种独立的物流模式，甚至其可以说还只是一种“概念”。据网上的资料显示，南方一些物流公司、咨询公司将其企业定位为从事“第四方物流”的服务公司，但实际上其并未有相应的物流咨询能力，不能根据物流公司的要求为其建立完善的物流操作系统，或提供物流系统优化和设计的具体方案。当然，这也不能否认今后市场会出现能够提供一整套的物流咨询服务的第四方物流公司。事实上，已经有学者提出由中国邮政作为第四方物流公司，为其他物流公司提供一个注册平台，并将相关的注册信息发布给 B2C 电子商务企业[①]。

---

① 曹欢欢：《基于中国邮政的 OR 第四方电子商务物流体系研究》，载《电子商务》2009 年第 9 期。

2. 物流一体化模式

物流一体化模式跟物流联盟模式很类似。物流一体化是指以物流系统为核心，由生产企业、物流企业、销售企业、直至消费者的供应链整体化和系统化。物流一体化与物流联盟的区别在于物流一体化将货物或者产品从其生产到最后消费者获得都有一个完整的供应系统，而物流联盟并不具备该一完整的系统。相对于物流一体化模式，物流联盟模式对于企业的战略合作要求较为宽松。我国较为典型的是海尔集团，其物流配送模式可以称为是物流一体化模式，并且该模式也运用得非常成功。

三、电子商务物流模式比较及法律意义

（一）从电子商务物流模式经营角度比较

以企业自营物流模式、第三方物流模式、物流企业联盟模式三种物流模式为例进行比较分析：

1. 企业自营物流模式：物流成本投入较大、成本较高；因受限于资金专业化和规模化而言较困难；能够建立统一的服务标准；服务覆盖范围有区域性限制。

2. 第三方物流模式：物流成本相对较低；专业化和规模化一般；能够建立统一的服务标准；相较于自营服务范围较广。

3. 物流企业联盟模式：物流成本三种模式中最低；相对最容易实现专业化和规模化；因为利益冲突之故，服务标准难以统一；服务范围广阔，可以突破地区甚至国界限制。

（二）从电子商务物流模式优劣性角度比较

1. 企业自营物流模式的优点和劣势

优点：（1）加强企业自控力度。企业自行组建物流体系，对于企业内部的原料采购、产品加工、价格制定、销售等环节进行有效的控制，对原料和产品的性能、规格进行适当的调整，对供应商、销售商的经营能力进行及时的分析。这种模式适合于刚进入电子商务领域的企业。例如，前文所提到的京东企业，其物流中心的设立也是分阶段，目的也在于保障其自身的企业发展水平。

（2）在一定程度上盘活企业的资产结构，改善企业原先僵化的经营管理

类结构和机制，加快资金的流转运动，为企业在现有基础上找出新的利益空间。

（3）提高企业决策的灵活性。达到降低物流成本、缩短交易时间、提高顾客服务水平、增强企业核心竞争力的目的。

劣势：建立完整的物流体系需要大量的资本人力投入及专业化物流管理水平。

2. 第三方物流模式的优点和劣势

优点：（1）提高企业经营效率。企业将运输、仓储等相关业务环节交由更专业的物流企业进行操作，更大程度上拓宽物流企业的服务范围，提高各方企业的经验效率，以达到节约成本、提高企业效益的目的。

（2）实现专业化合作的目的。企业依托强大完备的物流网络、先进高效的物流设施设备和专业操作水平，第三方物流企业能为电子商务企业提供专业化物流服务。

劣势：许多物流企业都面临运营规模小、业务分散、服务对象范围狭窄的困窘境遇。

3. 物流企业联盟模式的优点和劣势

优点：（1）增强抗压能力，面对突如其来的风险时，企业之间能共同承担企业经营风险，加强抵御风险的能力。

（2）实现资源的优化配置，实现自身业务的专业化发展和资源的合理配置。

（3）拓展市场，可以适当地拓宽市场服务范围，甚至实现企业的全球化物流配送服务。

劣势：联盟利益冲突和合作模式下实现统一标准存在困难。

第三节　物流配送及其法律关系

一、配送的概念

配送是指在经济合理区域范围内，根据用户的订货要求和配送计算，在物流据点（仓库、商店、货运站、物流中心等）对物品进行拣选、加工、包装、分割、组配等作业[①]，并按时将配好的货物送达到指定地点的物流活动。电子商务物流配送是指物流配送企业采用网络化的计算机技术和现代化的硬件设备、软件系统及先进的管理手段，按用户的订货要求进行一系列理、配货工作，按时按量地送交没有范围限制的各类用户以满足其对商品的需求[②]。

配送有六个特点[③]：

1. 按用户要求进行资源配置的全过程。

2. 配送实质是送货。配送是一种送货，是一种有确定组织、确定渠道，有一套装备和管理力量、技术力量，有一套制度的体制形式。所以，配送是高水平送货形式。

3. 配送是一种“中转”形式。配送是从物流结点至用户的一种特殊送货形式。要做到需要什么送什么，就必须在一定中转环节筹集这种需要，配送必然以中转形式出现。

4. 配送是“配”和“送”有机结合的形式。配送利用有效的分拣、配货等理货工作，使送货达到一定的规模，以利用规模优势取得较低的送货成本。

5. 配送以用户要求为出发点。“按用户的订货要求”，明确了用户的主导地位。配送是从用户利益出发，按用户要求进行的一种送达，因此，在观念上必须明确“用户第一”“质量第一”。配送企业的地位是服务地位而不是主导地位。

6. “以最合理方式”是考虑对于配送者而言，既要以“用户要求”为根据，也要追求合理性，进而指导用户，实现共同受益的商业原则。

二、电子商务配送法律关系

电子商务物流配送活动主要涉及三方主体：电子商务交易卖方、买方、物流配送商（这里主要是指第三方物流企业）。由此产生三个法律关系：电子商务交易卖方与电子商务交易买方之间的商品买卖合同关系；电子商务交易

---

① 熊斌辉：《现代物流配送中心的理论与实务》，长安大学 2000 年硕士学位论文。

② 范冰：《基于电子商务环境的我国企业物流配送研究》，载《市场周刊：理论研究》2007 年第 5 期。

③ 秦成德：《电子商务法》，科学出版社 2007 年版，第 184 页。

卖方与物流配送服务商之间的物流配送委托—代理关系；物流配送服务商与电子商务交易买方之间的物流配送服务关系。

（一）电子商务买卖合同法律关系

电子商务买卖合同法律关系，是指在电子商务交易过程中，买方与卖方之间所形成的买卖合同法律关系。

虽然在买卖合同上赋予了电子商务的时代意义，但并没有改变其买卖合同的本质。网络成为电子商务交易活动的载体，在网络上进行的交易依然是买卖，电子交易双方的权利义务关系仍然可以适用合同法的基本规定进行调整。

1. 电子商务买卖合同关系的主体

电子交易活动中的卖方与买方，即电子商务企业、为与电子商务企业进行交易的当事人（企业、个人和政府）。通常采用 B2B、B2C、B2G 的缩写予以表示。

2. 电子商务买卖合同关系的客体

与一般买卖合同一样，客体是指标的。但是客体所指向的对象不一定是实物，有可能是电子信息。

3. 电子商务合同买卖关系的内容①

因为电子商务合同买卖的客体可能涉及实物、电子信息以及服务，所以对于客体的不同需要分别进行分析。

（1）以实物为标的的电子商务买卖合同法律关系。

第一，卖方所享有的权利以及应当承担的义务：

权利部分：①在买方收货并未发起售后或维权的情况下获得对价的权利。②在未有和买方明确约定由买方自行选择物流服务方的情况下，自行选择物流服务提供方的权利，并在规定时限内选择具体发货时间和方式的权利。③在未约定适用七天无理由之情形下，或明确实物为生鲜易腐、消耗品等无法适用七天无理由之情形下，对于买方不当的售后维权予以拒绝的权利。

义务部分：①按照电子商务买卖合同的约定提交标的物及电子单据。电子商务买卖合同中应当对标的物实物交付的时间、地点和方法进行明确的约

---

① 秦成德：《电子商务法》，科学出版社 2007 年版，第 188 页。

定。如未对上述的条款进行明确约定，应当按照一般合同一样适用合同法和国际公约的规定进行处理。②对标的物的权利承担担保义务。与传统合同一样，电子商务买卖合同的卖方仍然是标的物的所有人或经营管理人，应保障对其所出售的标的物享有合法的权利。在此基础上，卖方必须要保障其出售的标的物的权利不被第三人追索，能够不受阻碍的将标的物的所有权或经营权转移给买方，以保护买方的权益。如果第三人提出对标的物享有权利，并向买方主张权利时，卖方有义务证明第三人无追索权和卖方对标的物享有正当的权益，必要时应参加诉讼或出庭作证。③对标的物的质量承担担保义务。卖方交付的标的物的质量应符合国家规定的质量标准或双方约定的质量标准，不应存在不符合质量标准的瑕疵。特别是卖方在网络上出售有瑕疵的物品，应当以足以提醒买方的方式向买方进行明确说明。如果卖方隐瞒标的物的瑕疵，对此承担相应的责任。当然，买方明知标的物存在瑕疵仍然购买的，卖方对瑕疵不负责任。

第二，买方应享有的权利及应承担的义务：

权利部分：①获得符合买卖合同约定性状货物的权利。②自行选择物流服务提供方的权利，但需与卖方及时沟通告知。③按照七天无理由的规定进行退换货的权利。④对相关产品、服务、物流提出建议、批评、评价的权利。

义务部分：①按照电子商务买卖合同约定支付合同价款的义务。如前几章所提到的，电子商务活动本身就存在特殊性，交易活动一般在网上进行，往往没有时间、地点的限制。基于此，支付价款往往采用电子支付、信用卡、智能卡、电子钱包等方式。当然，电子商务买卖合同应当对采用哪种或哪几种方式进行付款作出约定。②按照合同约定的时间、地点和方式接受标的物的义务。主要有以下几种情况：买方自行领取标的物的，应在卖方通知的时间内到预定地点领取；卖方委托物流配送企业配送的，买方按照承运人通知的期限领取；卖方自行配送的，买方应及时领取标的物。在上述几种情况中，买方都应当按照合同的约定及时领取标的物，否则将承担迟延领取标的物的责任。③对标的物进行及时验收的义务。买方在领取标的物后应及时对标的物进行验收。特别是在有明确约定验收期限的情况下，发现标的物存在表面瑕疵的应在约定的期限内及时提出，否则将承担不及时验收的不利后果。如果存在隐蔽瑕疵或卖方故意隐瞒瑕疵的，买方发现后，也应立即通知卖方，追究卖方的责任。

（2）在以信息为标的的电子商务买卖合同法律关系。

首先，卖方所享有的权利和应当承担的义务：

权利部分：除与实物类相同之处外，信息为标的的卖方权利鉴于货物特殊性应当包括对于退换货的拒绝权利，但对于退款不一定得以豁免。

义务部分：①以有形媒介为载体的信息，其与实物为标的的义务相同。②以电子方式为载体的信息交付时，卖方应保证卖方能够有效支配合同约定项下的信息。这里需要特别注意，信息若是以电子方式为载体往往是虚拟形态，卖方必须要保证其所出售的信息达到“商业适用性”的标准。基于该特点，在实际交付过程中往往有一些附随义务。类似一些实物商品交付时随之交付的说明书，电子信息交付也应提供相应的使用说明（如何控制、访问信息）。卖方必须保证买方能对信息进行实际支配。③如果卖方所出售的信息附有相应的权利证书，卖方应当将权利证书交付给买方。除非交易双方特别约定卖方可以保留对信息交付后的控制权（如对使用范围、期限、次数等方面限制），否则卖方需要承担侵犯买方权利的法律责任。

其次，买方所享有的权利和应承担的义务：

权利部分：除七天无理由退换货之外与实物类相同。

义务部分：①及时支付信息的使用费用。②买方应服从于现存的保密义务。

（3）在以服务为标的的电子商务买卖合同法律关系。

第一，卖方所享有的权利和应当承担的义务：

权利部分：除与实物类相同之处外，服务为标的的卖方权利鉴于服务特殊性，除另有约定外，还有权对于买方要求更换服务的情形下进行替换服务供体后继续服务的权利。

义务部分：①对于服务供体提供必要的配送形式，如全程保卫类、维修上门类等；②提供符合合同约定的相应服务；③提供足以佐证服务与供体联系的相关凭证；④对于持续性、阶段性服务保持同等比例、合理周期的服务并充分信息披露；⑤在服务类与实物类并存交叉时明确服务的具体比重。

第二，买方所享有的权利和应承担的义务：

权利部分：①获得符合买卖合同约定性状服务的权利。②自行选择服务接受地点及形式的权利，但需与卖方及时沟通告知。③在有明显依据的情况下拒绝或更换服务的权利。④对相关产品、服务、物流提出建议、批评、评价的权利。

义务部分：①及时支付接受服务的费用。②依约结束或终止服务。

（二）物流配送的委托—代理关系

电子商务物流配送的委托—代理法律关系就是指物流企业基于物流服务合同，作为运输配送中介与电子交易卖方形成的权利义务关系。需要物流企业进行配送的往往是实物交易，故其与传统交易环境下进行的物流配送在适用法律方面并无不同。

1. 电子商务物流配送的委托代理法律关系的主体

一方为电子交易的卖方（一般也被称为物流需求方），另一方为物流企业（一般多为专业性、综合性的物流公司）。

2. 电子商务物流配送的委托代理法律关系的客体

物流配送民事法律关系的客体包括：物、行为和智力成果三个内容。

3. 电子商务物流配送的委托—代理法律关系的内容①

（1）物流企业的义务：①提供专业化、电子化的业务接口，及时准确接收运输指令，包括：货品位置、数量、送达时间地点等。②物流企业应为买方提供电子化业务接口，使买方能及时跟踪查询货物运输的途中情况。③提供必要的仓储，使产品的挑选、包装、检测、装配和运输一体化。④根据卖方的要求，选择适当的运输工作，保证货品迅速、准确、安全送达。⑤将货品送达信息及时通知卖方。⑥按照合同约定，为卖方提供维修、退货等递送服务。

（2）电子商务卖方的义务：①在货物运送前，卖方应向物流企业准确详细的提供收货人的相关信息，包括：收货人姓名或名称、联系方式、所托运的货物名称、性质、重量、数量、收货地点等有关货物配送的必要情况。如卖方申报不实或遗漏重要情况，造成物流企业损失的，卖方应承担损害赔偿责任。②部分货物配送需要经过审批检验程序的，卖方应及时将办理各种手续所需的文件交付给物流企业，以便相关手续能及时办理。③卖方应当按照

① 秦成德：《电子商务法》，科学出版社2007年版，第190页。

约定的方式包装货物。根据《合同法》的规定，对包装方式没有约定或约定不明确的，可以协议补充，未能达成补充协议的，应当按照通用的方式包装，没有通用方式的，应当采取足以保护标的物的包装方式。④卖方委托配送易燃、易爆、有毒、有腐蚀性、有放射性等危险品的，应按国家有关危险物品运输的规定对危险物品妥善包装，做出危险标志和标签，并将有关危险物品的名称、性质和防范措施的相关材料提交物流企业。卖方违反此项规定的，物流企业可拒绝配送，也可以采取相应措施避免损失发生，但由此产生的费用由卖方承担。

（三）物流配送服务法律关系

1. 电子商务物流配送服务法律关系的主体

一方为电子交易的买方，另一方为物流企业（一般多为专业性、综合性的物流公司）。这里所指的物流企业并不是单一的仓储或运输企业，而是集合仓储、运输、保管、配送等服务为一体的物流企业[①]。

2. 电子商务物流配送服务法律关系的客体

物流服务，仓储、运输、保管、配送等服务。

3. 电子商务物流配送服务法律关系的内容

（1）物流企业应承担的义务：①物流企业应当及时通知买方接收货物的时间。②物流企业应按照通知买方接收货物的时间准时将货物送达。③如买方对所送达的货物提出更换、维修等要求或者对货物有异议的，物流企业应根据与卖方签订的物流配送协议，负责将货物取回并按照双方约定采取相应的处理措施。④物流企业应妥善保管托运的货物，否则将承担由于自己的过失导致货物损灭或损毁的赔偿责任。⑤物流企业应为买方提供电子化业务接口，使买方能及时跟踪查询货物运输的途中情况。

（2）电子交易的买方应承担的义务：①按照电子商务买卖合同约定支付合同价款的义务。如前几章所提到的，电子商务活动本身就存在特殊性，交易活动一般在网上进行，往往没有时间、地点的限制。基于此，支付价款往往采用电子支付、信用卡、智能卡、电子钱包等方式。当然，电子商务买卖合同应当对采用哪种或哪几种方式进行付款作出约定。这里所提到的付款义

---

① 杨婵钰：《我国网购中第三方物流的法律问题研究》，沈阳师范大学2013年硕士学位论文。

务往往并不是支付给物流企业，而是支付给电子交易的卖方，再由卖方支付给物流企业。②按照合同约定的时间、地点和方式接受标的物的义务。主要有以下几种情况：买方自行领取标的物的，应在卖方通知的时间内到预定地点领取；卖方委托物流配送企业配送的，买方按照承运人通知的期限领取；卖方自行配送的，买方应及时领取标的物。在上述几种情况中，买方都应当按照合同的约定及时领取标的物，否则将承担迟延领取标的物的责任。③对标的物进行及时验收的义务。买方在领取标的物后应及时对标的物进行验收。特别是在有明确约定验收期限的情况下，发现标的物存在表面瑕疵的应在约定的期限内及时提出，否则将承担不及时验收的不利后果。如果存在隐蔽瑕疵或卖方故意隐瞒瑕疵的，买方发现后，也应立即通知物流配送方或卖方，追究卖方的责任。

第四节　物流服务法律要求

一、电子商务物流的法律规定

（一）风险承担原则

《电子商务法》第二十条规定：电子商务经营者应当按照承诺或者与消费者约定的方式、时限向消费者交付商品或者服务，并承担商品运输中的风险和责任。但是，消费者另行选择快递物流服务提供者的除外。

由此法条可见，电子商务经营者是商品运输的风险承担者，其不仅承担商品灭失、损毁风险，还将负担物流过程中的其他责任，如商品本身性质所导致的物流过程中对第三方的影响。但此情形也明确了例外前提，即消费者行使自主选择快递物流的权力时，电子商务经营者将获得相应的豁免。

（二）服务立场原则

《电子商务法》第四十六条规定：除本法第九条第二款规定的服务外，电子商务平台经营者可以按照平台服务协议和交易规则，为经营者之间的电子商务提供仓储、物流、支付结算、交收等服务。电子商务平台经营者为经营者之间的电子商务提供服务，应当遵守法律、行政法规和国家有关规定，不得采取集中竞价、做市商等集中交易方式进行交易，不得进行标准化合约交易。

由此法条可见，电子商务平台经营者在电子商务物流端也可以为电子商务经营者提供多方面的物流服务，但服务立场必须有所限制。电子商务法的要求以杜绝高频程式化交易和集中性交易的盈利模式为前提，故平台经营者在物流端的服务被强制要求隔绝于标准化合约交易。所谓标准化合约交易是指基础资产的交易价格、交易时间、资产特征、交易方式等都是事先标准化的，相关条款都是事先规定好的，具有普遍性和统一性。对此限制也意味着电子商务法充分保护电子商务经营者的选择权，也更明确平台经营者的服务平台之定位。

（三）交付时点规则

《电子商务法》第五十一条规定：合同标的为交付商品并采用快递物流方式交付的，收货人签收时间为交付时间。合同标的为提供服务的，生成的电子凭证或者实物凭证中载明的时间为交付时间；前述凭证没有载明时间或者载明时间与实际提供服务时间不一致的，以实际提供服务的时间为交付时间。

以合同标的为采用在线传输方式交付的，合同标的进入对方当事人指定的特定系统并且能够检索识别的时间为交付时间。

合同当事人对交付方式、交付时间另有约定的，从其约定。

由此法条可见，电子商务法对于电商产品不同进行了交付时点确定的分类规定，合同标的为实物的，交付时间等同于签收时间；合同标的为服务的，则以相关凭证为准；在线传输的数据类标的的则以系统识别为准。这就要求电子商务经营者对于交付时点有预判，谨慎选择物流服务，当然从合同自由性角度看，另有约定从其约定仍然适用于交付方式和时间。

（四）交付的限制

《电子商务法》第五十二条规定：电子商务当事人可以约定采用快递物流方式交付商品。

快递物流服务提供者为电子商务提供快递物流服务，应当遵守法律、行政法规，并应当符合承诺的服务规范和时限。快递物流服务提供者在交付商品时，应当提示收货人当面查验；交由他人代收的，应当经收货人同意。

快递物流服务提供者应当按照规定使用环保包装材料，实现包装材料的减量化和再利用。

快递物流服务提供者在提供快递物流服务的同时，可以接受电子商务经营者的委托提供代收货款服务。

由此法条可见，电子商务经营者在提供快递物流服务时，有必要采用前置协议明确约定消费者授权代收，因为在日常生活中，当面查验的比例微乎其微，绝大多数产品是采用留置送达、物业签收、货柜保存等非当面形式，在此情形下出现的买卖纠纷对于经营者就要举证所委托的物流服务提供者尽到提示查验的义务，之前以签收概不归还的说辞来解决纠纷的做法已然有所阻滞。另外，快递物流服务提供者就电子商务经营者可以接受委托代收货款的设定，产生了两个主体间往来结算、交付时间的新问题，同样具体约定仍是合同法自治范畴，电子商务法不加干预，故需要各主体预先设计，防患于未然。

二、物流企业运营中的法律风险

物流企业面临的法律风险主要表现为内外两个方面：内部，物流企业治理法律风险和企业劳资纠纷法律风险[①]。外部（业务风险），物流企业与客户之间以及与其他企业的物流业务运作过程中产生的风险。物流企业治理法律风险和企业劳资纠纷法律风险与一般企业的法律风险类似，不作分析，下文主要对电子商务物流企业的外部风险进行分析说明。

（一）合同引发的法律风险

事实上，物流企业在履行合同的过程中，货物一直处于其实际控制下，只要货物发生任何问题，电子商务物流企业都有面临被要求承担责任的风险[②]。

1. 电子商务物流企业不能按照约定履行义务需承担高额的违约赔偿金；

2. 电子商务物流企业对于货物毁损承担严格的赔偿责任，任何情况下不予免责。在整个物流运送过程中，物流企业的责任其实是最大的。在从卖方

---

① 王凤鸣：《物流企业在物流经营中的法律风险与防范措施》，载《法制与社会》2014 年第 25 期。

② 陈壮良：《第三方物流企业法律风险探析与防范》，华东政法大学 2013 年硕士学位论文。

处接受货物到货物交付给买方的过程中，无论货物是否在物流企业的实际控制之下或转交其他公司代为运输、保管，无论是否属于其自身责任，物流企业都必须承担全部的责任①；

3. 电子商务物流企业被要求出资办理巨额保险，将委托方作为共同被保险人或要求在保险合同中明确放弃对委托方的代位求偿权；

4. 物流委托方对于物流方案的确认并不免除电子商务物流企业的责任；

5. 在物流配送过程中可能会发生的意外事故，如仓储过程可能会发生的火灾，运输过程可能发生的交通事故、沉船，装卸过程中可能会发生的机械故障等；

6. 常见的物流格式合同中的霸王条款："第三方物流企业应对全程承担责任，不得要求任何超过法律规定的责任限制""第三方物流企业任何未按合同约定及时向委托方通报信息的行为，按违约处理"等。

（二）诉讼管辖引发的法律风险

当发生合同纠纷时，按照我国法律的规定一般采用被告住所地和合同履行地来确定诉讼管辖的法院。但实践操作过程中却存在很大的困难。第一，被告的主体往往具有不确定性。因为在订立合同中法律规制不健全，使责任主体不明确，最终导致被告住所地难以确定。第二，正如前几章所提到的，电子合同的签订是在虚拟环境下，合同双方当事人可能相距甚远。更多情况下，合同的一方主体并不知道对方是否是实体公司，是否具有履行合同的能力。物流企业如要准确选择管辖法院，必然要花费大量的金钱、时间和精力，这无疑大大增加了物流企业的救济成本。第三，履行地难以确定。物流公司接收单据，派送物流业务。但在实践中这是非常庞大的任务量，其履行地可能覆盖全国。第四，技术困境。现在网络技术的发达导致很多公司可以通过技术手段匿名甚至更改所在地以求得发生纠纷时的顺利脱身，这在很大程度上加大了诉讼管辖的难度，同时也侵害了网络交易规则遵守者们的合法权益。

（三）物流纠纷证据引发的风险

最高人民法院《关于民事诉讼证据的若干规定》中指出，原告向人民法院起诉或者被告提出反诉，应当附有符合起诉条件的相应的证据材料。当事

① 于国会：《物流经营人法律责任与风险防范研究》，大连海事大学2003年硕士学位论文。

人对自己提出的诉讼请求所依据的事实或者反驳对方诉讼请求所依据的事实有责任提供证据加以证明。没有证据或者证据不足以证明当事人的事实主张的，由负有举证责任的当事人承担不利后果。网络市场最主要的特点就是信息化和电子化，合同订立和履行过程通过网络交易进行并以数据的形式记载下来。在这种情况下，传统的合同、订单、保险单、发票等书面文件都在网络信息环境下存储在电脑等电子存储设备中，这些形式的合同及交易方式代替了传统有形可见的合同文件，这些证据也被称为电子证据。关于该部分内容在电子证据这一章进行具体分析。

三、电子商务物流法律纠纷的处理机制

为防范法律风险，电子商务物流企业首先应当建立企业内部的法务部门。对于有实力的企业，还应当同时外聘法律顾问，由企业内部法务部门和外聘法律顾问从内外两个角度，对企业法律风险的防范提出专业法律意见，供企业决策层综合参考。

（一）建立企业内部法务部门（法律顾问团队）

法务部门的职责至少应当包括以下几个方面：起草、审核物流企业对外签署的合同。这里的合同不仅包括物流服务合同、分包合同，还包括物流企业的一切合同。（1）在签订合同时，法务部门必须认真落实合同中的义务条款，确认公司能够依约履行，避免签署那些公司不具备履行能力的条款。（2）对委托方进行尽职调查。在公司即将与委托方签订物流服务合同之前，有必要考察委托方的资信状况，核实其有无固定资产，经营规模，资信情况等，尽量减少今后发生应收款无法收回的情形。（3）在公司签订物流分包合同前，对物流分包商的业务能力、资信状况、内部管理体制等进行调查，在可以选择的基础上尽量选择资信良好、管理科学的分包商。实践证明，与资信情况好的分包商合作，不仅可以降低物流经营的成本，还能降低物流企业的责任风险。

（二）对应收款进行管理

应收款的回收风险是物流企业面临的一个重大风险，它不仅增加了物流企业的资金压力，还使企业在物流合作中处于弱势地位。物流企业必须正确认识应收款带来的法律风险，摒弃只注重拓展业务不注重应收款的观念。应

收款的管理应当由财务部门、法务部门和具体业务部门共同跟进。对于逾期未结的运费，业务部门应当负责催收。逾期超过一定期限的，业务部门应当将运费确认单和委托人下单的相关资料一并移交给法务部门，由法务部门负责催收，如还未达到效果，应当运用诉讼等法律手段进行救济①。

（三）建立相应风险评估机制

在进行各项活动之前建立完善的风险评估机制，对物流运营过程中的各项风险进行具体评析，出具相关的风险评估报告。

（四）加强员工培训

任何好的制度都需要人来执行。加强员工的培训，增强员工的风险意识和遵章守纪的自觉性，使制定的制度得到贯彻执行，才能最大限度地减少风险。对员工的培训，就风险防范来说，主要是培训三个方面的内容：法律常识培训、风险管理培训和规范运作培训。这些培训也可以与某些特别技能的培训结合起来。

（五）诉讼维权机制建立

在面对不可调和的矛盾时，电子商务物流企业应当有切实可行、充分适当的诉讼方针来填补协商不能的争议解决真空区。诉讼维权机制的建立需要从诉讼本身的视角出发，由专业的法务或外聘律师牵头，来衔接无法解决争议的后续处理工作。

第五节　快递物流

一、快递与物流

快递是指由快递公司通过各种交通工具及运输渠道，对客户的货物进行精确迅速的投递，具有点对点、快捷便利的特点，简言之，就是快速投递。而物流的概念最早形成于美国，原意为“实物分配”或“货物配送”。进入日本后被转化为“物的流通”，进而精简为“物流”，并最终以舶来品形式登

① 彭建安：《第三方物流民事法律关系研究》，武汉大学 2013 年博士学位论文。

陆中国。中国的物流术语标准将物流定义为：物流是物品从供应地向接收地的实体流动过程中，根据实际需要，将运输、储存、装卸搬运、包装、流通加工、配送、信息处理等功能有机结合起来实现用户要求的过程。由此可见，作为一项系统性工作，物流是上位概念，快递是其中的一个分支，所以，《电子商务法》中提出了快递物流的概念，这有别于其他门类诸如仓储物流、综合物流、大宗物流等。

但是相较于物流的庞杂体系，快递有其精确、便利的特色：

（一）服务对象

快递公司以点对点为基准服务模式，终端受众多为具体的消费者。而其他门类物流服务对象以大体量物件运输需求的各色企业、公司等为主，也有着重于长时间仓储结合指令运输的服务。

（二）运输标的

快递物流对于货物的品类、体量均有特殊化要求。单体品类上基本以轻便、小体积货物为主，而大型货物则一般交由专门的物流公司处理。综合体量上单次快递是多个不同快递委托业务的聚合，而不存在多批量承运关系对应单次委托，一次性大体量的货物运输需求基本是其他专业物流公司的领域了。而一些服务型物流，如机械故障修理、系统安装、人工服务提供等，就完全不属于快递物流运营的范围了。

（三）运输方式

快递物流通常从分拣、运输到配送都是由专门人员一一处理，少有批量性，且最初及最终一站的配送方式多为电动车等登门收发。而其他大批量物流项目的运输方式为海运、航运等一链式交割，不存在聚合后另行分散并点对点投递的过程。

（四）运输成本

快递物流通常从前述的运输方式可见，运输费用相对低廉，根据距离长短、货物质量进行调整。而其他综合类物流公司存在仓储、筛选、专业包装等环节，形成的运输成本与快递物流不可同日而语。

（五）运输周期

快递物流着眼于“快”，从货物出库后，不存在仓储环节，以最优最便利的方式投递到消费者手中是其显著特点。而综合物流更凸显其定制化的特色。

二、快递物流的特殊法律规定

快递物流作为物流配送形式之一，其基础法律关系及通行相关权利义务可参照前文所述，与大体物流形式一致，但其特殊性决定了其在运营过程中存在一些特殊的法律限制，这也是在《电子商务法》出台前已经酝酿形成《快递暂行条例》的原因。以下对于快递物流的特殊规定梳理以下显著特点：

（一）主体附加

根据《快递暂行条例》要求，国家会加强快递物流末端网点布局以及常规交通行业的标准对接，支持各类交通枢纽的配套运输通道和接驳场所，这就决定了快递物流今后不会简单地局限于服务提供者和买卖双方的法律关系。末端网点和接驳场所的增加使快递物流与网点设定的主体发生直接法律关系，如企事业单位、农村集体、住宅小区管理单位等，会形成代管、运营、租赁等多种法律关系，参与主体亦会增加。

（二）行政许可

快递物流应当依法取得快递业务经营许可，其主管部门明确为邮政管理部门。快递公司可以经申请通过法定流程被核准相应许可经营的业务范围和地域范围。但末端网点的设立无须行政许可，采用备案制。另外，多家快递物流企业可以在统一商标、字号或者快递运单经营快业务，即在单次许可下可以设立多重主体，但必须承诺在服务质量、安全保障、业务流程上实行统一管理，并且对外相应法律责任由统一主体一并承担。

（三）提示及查验义务

快递物流公司对于承运事项的提示和校验不得流于形式，也不是一纸协议就可以直接略过，必须进行实质性提醒和查验。提示义务除了提示寄件人协议条款、告知报价规则和保险服务外，还有提示收件人当面验收的义务。查验义务则要求对寄件人的身份信息、收件人的身份信息以及寄递物品的相关信息的查验，同时，对收寄快件规定要验视内件并作出验视标识，相当于需要快递物流公司承担一定的安保责任。

（四）信息保密

因为快递物流的服务对象为终端消费群体，快递公司必然会接触到相当的个人信息，法规要求企业和从业人员禁止出售、泄露、非法提供用户信息，企业更应当建立运单和电子数据管理制度，从制度设计层面消弭信息泄露危机。

三、快递物流与电子商务的交互

快递物流作为电子商务物流，最终必须反馈于电子商务本身，是为其提供阶段性服务的，就政策层面而言，有以下几方面存在协同发展，交互影响的必要：

（一）制度层面

1. 经营许可的简化，优化备案、许可、监管等一体化

电子商务的快捷性和便利性突出，这对快递物流的服务也提出了同等要求。同样快递物流服务的发端，即主体设立、备案、许可以及监管流程上的门槛设置和实操要求，也会同步传导到物流服务中，所以，在行政许可及管理层面的统一规划给予快递物流服务快捷性打造的制度支撑，也是同步优化电子商务发展的需要。

2. 创新产业，引导电子商务平台对商品和快递服务定价进行分离

电子商务平台作为商业主体，其集团式的发展必然会触及电商的方方面面，商品价格与快递服务的价格也通常成为平台试图捆绑掌控的点，但长此以往容易形成平台垄断物流服务和定价，不利于物流业的实质提升，所以，需要包邮快递物流的自身状态，发展末端服务场所，即最后 100 米。同时，这亦是长久博弈的必然，即快递物流业自身发展及与多平台合作需求和电商平台对物流业掌控欲望的抗争。

3. 健全数据共享制度

快递物流业的效率和精准来自数据的精度和解放，所以，健全数据共享制度，在合法依规前提下使快递物流和电子商务开放共享和交换以提升配送效率，也不失为交互中的制度提升方面。

（二）基础建设层面

目前，电商产业的发展，多以电子商务产业园的形式出现。在电子商务基础设施建设时，可以提前优化配置，合并审批和设计，从综合、一体化、快捷便利等角度考虑快递物流的配套因素，加强基础设施网络建设和相关园区的建设升级。

（三）智能化发展层面

从智能化角度来看，优化电子商务企业供应链管理，发展一体化服务，促进商流、物流、信息流、资金流的对接和流动，是智能化的主要路径，但是在交互过程中智能化发展因为法律本身滞后性的特点，对于当下十分普遍的智能快递业务模式提出了挑战。

以终端代收服务为例，在电子商务法硬性要求下，智能化代收工具与电子商务法查验要求的矛盾就显然成为法律问题。如E邮柜等收储式预送达，解决了快递物流线性工作的延续性要求，使效率得以提升，但随之而来的是一系列法律问题：该业务本质是否属于单方变更合同？承诺的送达时间延误责任如何划分？该业务是否可以收费？先验货再签收实践中无法落实如何处理……

这一系列问题就目前技术“瓶颈”而言无法做到收储式送达与消费者进行同步互动，仅存有短信或微信提示等，更遑论与电商平台经营者乃至平台进行一站式交互。故在现阶段而言，需要电商平台或经营者通过预制协议来达到提前交互，通过经由消费者确认的协议形式解决收储式送达的系列问题，以下针对前述突出问题逐一阐述：

就法律效果而言，需判定之前是否有过协议约定物流服务提供者单方面变更送货模式的权利，如无则物流服务提供者使用智能产品送货当然构成了单方面变更合同，后续则需判断消费者对于物流服务提供者发起智能收货是否认可，如通过电话确认或事后取件，则视为消费者认可了合同变更。

如因智能产品导致的送货延误责任，则根据上一点判定，如形成协议变更则视情况，从智能产品硬件问题、消费者收货行为细节、物流服务提供者送货细节等综合考量，如仅为单方变更合同，则变更者构成违约。

关于费用需判断三个事项：其一，是否构成单方面变更合同；其二，收储设备的主体是否与快递物流服务提供者合一；其三，是否告知过收费。

当然，最关键的智能收货产品就目前的技术水平而言，先验货后签收难以实现，这需要智能收货产品具备监督及反馈消费者验货的功能。在目前无法妥善解决的情况下，发生矛盾往往寄希望于平台的裁决机制或经营者的商誉维护行为。这一点，于消费者而言还是需要完整、准确的证据固定手段，就交互机制角度而言，需要电商平台来认可、引导或制定相应的证据判定机制和渠道。

总体来说，对于智能化和电商物流的交互，现阶段需要通过预先设置条款，将可能产生的争议前置规则化。

第八章　电子商务促进

《电子商务法》第六十四条至第七十三条列为第五章“电子商务促进”，意味着国家对于电子商务产业的殷切期待，也预示着这一领域时代进程的方向和坐标，也表明国家对电子商务促进作为战略措施作了法律规定。

第一节　电子商务法律及政策促进

从《电子商务法》颁布前的现行相关规定及政策看，国家对电子商务的扶持和管制也早就形成较为全面的体系，正是因为有了这些文件的运行和探索，才有了《电子商务法》这一集大成者。

如确立电子商务基本方向的《关于加快电子商务发展的若干意见》《关于促进电子商务规范发展的意见》《关于促进电子商务应用的实施意见》等，构建电子商务金融端服务的《非金融机构支付服务管理办法》《关于支付机构客户备付金存管办法》等，规制电子商务相关运营事项的《关于全面推进企业电子营业执照工作的意见》《关于加强网络市场监管的意见》《关于全面推进企业电子营业执照工作的意见》，调整电子商务产品质量及宣传的《互联网广告管理暂行办法》等，正是如此多的法律法规和部门规章，在实践中慢慢构筑起电子商务法的雏形，而电子商务法的诞生也是相关政策再发展和再设计的序曲。

由此，随着电子商务产业的飞速发展，配套法律法规及政策的细化也将在宏观背景支持下逐渐成熟，从法律法规到部门规章都会有涉及。现从现行的法律对未来机制的导向进行说明。

电子商务虽然是新兴产业，但是其也历经多年发展，应运而生的法律也通过各个维度赋予电子商务促进以各个不同视角，电子商务经营者除了学习《电子商务法》之外，更需要对自身领域或自身地域的细化政策进行钻研学习。在《电子商务法》向各级政府、各个部门层面广泛开始运用的过程中，其促进性条文要求各级政府和有关部门层面都有相应的政策制度设计，电子商务经营者可从以下几个方面领会法律要求下未来机制的导向。

一、产业政策的高度

《电子商务法》第六十四条规定：国务院和省、自治区、直辖市人民政府应当将电子商务发展纳入国民经济和社会发展规划，制定科学合理的产业政策，促进电子商务创新发展。故而各级政府对电子商务的促进力度需要提到产业政策的高度。

二、绿色发展的要求

《电子商务法》第六十五条规定：国务院和县级以上地方人民政府及其有关部门应当采取措施，支持、推动绿色包装、仓储、运输，促进电子商务绿色发展。可见促进的一大方向是绿色环保，这也是电子商务大发展中必须持之以恒的一方面。

三、相关制度的建立

《电子商务法》第六十六条规定：国家推动电子商务基础设施和物流网络建设，完善电子商务统计制度，加强电子商务标准体系建设。

《电子商务法》第六十七条规定：国家推动电子商务在国民经济各个领域的应用，支持电子商务与各产业融合发展。

《电子商务法》第六十九条规定：国家维护电子商务交易安全，保护电子商务用户信息，鼓励电子商务数据开发应用，保障电子商务数据依法有序自由流动。

国家采取措施推动建立公共数据共享机制，促进电子商务经营者依法利用公共数据。

《电子商务法》第七十条规定：国家支持依法设立的信用评价机构开展电

子商务信用评价，向社会提供电子商务信用评价服务。

可见，《电子商务法》提出了从国家层面制定完善相应的电子商务统计制度、公共数据共享机制、电子商务评价体系，特别支持电子商务与各产业的融合，达成各产业本身的互联网化。从上述方方面面来看，相关政策、规则、机制的设计不仅包含产业本身的发展，还与国民经济健康发展、网络信息安全保障、社会信用体系建立和涉外电子商务相关问题息息相关，电子商务经营者需要动态、及时、准确的关注，有必要时可寻求专业人士的解读与分享。

第二节　电子商务对农业促进

《电子商务法》在促进章节中提出了电子商务在国民经济各个领域应用的重要性，电子商务已然变成了可与各类产业融合发展的工具式特殊产业，以其自由契合性为特点登上各类产业互动合作的舞台。但唯有农业作为正式提及的产业进入法条视野，作为着重促进与电子商务共生发展的重要产业。《电子商务法》第六十八条规定：国家促进农业生产、加工、流通等环节的互联网技术应用，鼓励各类社会资源加强合作，促进农村电子商务发展，发挥电子商务在精准扶贫中的作用。

一、农业发展与电子商务联动的必要性

（一）消息不对称导致的农业发展结构性问题

国内农产品供给结构性问题显著，随着人民日益提高的生活消费需要，农产品供给结构逐步分化，绿色优质农产品供需矛盾逐渐增加。旺盛的消费需求因为农业产业的局限性没法精准释放给生产侧，导致优质产品供不应求，普通低端产品供给溢出。电子商务与农业的结合可以精准地通过电商平台向生产侧反馈具体需求，进而正确引导生产计划，优化农业发展中的产品供给结构性问题。

（二）提高农业生产者收入的需要

长久以来，农业生产的采购机制导致农业基层生产者对于采购方的极度依赖，导致收入受限，广大农民群众的利益无法得到公平体现。无论是蔬果

生鲜，还是战略物资，农业本身的周期性限制就决定了生产者对于出货时间的严格把控，多一天就意味着生产成本的增加和固有产品的损耗。从另一方面讲，采购方对于价格磋商就有了极大的自由度，不利于农业基层生产的利益保障。电子商务正是可以解决采购渠道单一的问题，使不论单一劳作的小农经济抑或集团规模化的大型农业生产，都有了直联消费者或优选采购方的可能。

（三）辅助农业产业结构及品牌化的升级

传统农业模式下，我国农业产业结构较为原始，加工的比例偏低，在国际市场上亦趋于弱势。电子商务的长足发展可以从产业结构升级的角度带动农业发展，反哺农业再升级。通过电子商务为媒介，单纯的农产品可以应需求开发出多品类的需要，如果脯之于鲜果，鱼干之于鱼获，在多点交互式的需求释放下，加工和再制造的比例会逐步攀升来顺应市场需求。同时，产业结构升级使得农产品摆脱原始状态，经过再加工或深加工，形成更具有商业价值的加工类产品，也更容易开创品牌化路线，再辅以跨境电子商务的支持，也有可能在国际市场上打开局面。

（四）扩大再生产的融资支持

农业生产靠天吃饭，比其他产业更有随机性，现代农业技术的进步虽然在一定程度上消弭不确定因素，但是产业本身决定了扩大再生产的局限性。农业基层生产者往往依托于第一轮生产出售回笼资金才能开展生产，抗压、抗风险能力也明显不足。电子商务的支持必然随着互联网支付技术、新形态金融产品等新生事物与农业的交互，如“预订制生产”“供应链金融”等，均能给扩大再生产以融资方面的支持。

二、电子商务与农业联动的具体措施

（一）积极培育电子商务市场环境

市场环境的培养包含市场主体、优秀人才、优秀产品的培养。从市场角度看，需要培育多元化的农村电子商务主体，引入多行业、多类型的社会资源对市场环境提速加强，如电商、物流、金融、供销、邮政、快递等。从人才角度看，可以充分调动返乡高校毕业生、大学生村官、农村青年、退伍军人等参与农村电子商务的积极性，挖掘开发农业、科技、电商、计算机等专业人才的潜力，自政府层面发挥带动引领作用，甚至建立专门的培训基地和师资力量，打造懂理论、精业务的复合型人才。从产品角度看，要扩大电子商务在农业及农村的应用，通过深加工、精加工等手段，拓宽品牌市场，将产品与民俗文化、乡村旅游等紧密结合，为农产品进城拓展更大空间。

（二）加强农村电子商务软硬件建设

改善农村电子商务的发展环境从硬件建设看，可以从农村电子商务基础设施建设入手，提高农村宽带普及率，发展农村公路建设，优化农村物流配送能力，完善农村物流体系，加强农产品场地集配和冷链设施建设等角度出发予以全面提升。改善农村电子商务的发展环境从软件建设看，除了人才队伍建设外，可以鼓励传统农村商贸企业自我升级为乡镇商贸中心和配送中心，引入先进的电商管理经验和理念，大力发展第三方配送，提高流通效率。

（三）加大金融支持力度

金融支持离不开网点建设，鉴于现阶段广大农村对于互联网技术普及度的相对落后，可以鼓励建立村级电子商务服务点、助农取款服务点，并相互依托建设，实现优势互补、资源整合，提高利用效率。也可以鼓励银行业金融机构和支付机构研发适合农村特点的网上支付、手机支付、供应链贷款等金融产品，加强风险控制，保障客户信息和资金安全。同时，需要加大对电子商务创业农民的授信和贷款支持，摸索探究不同形式的融资渠道，谨防以简单的房产车辆抵押形式为融资担保，致使优秀的农村电商企业因为银行自身风险管控带来的流程化限制而错失良机。

（四）营造规范有序的市场环境

针对农村电子商务，同样适用良性市场环境打造的策略。需要加强网络市场监管，强化安全和质量要求，打击制售假冒伪劣商品、虚假宣传、不正当竞争和侵犯知识产权等违法行为，维护消费者合法权益，促进守法诚信经营。同时，通过大数据建立专有的农村电商征信体系，督促第三方平台加强内部管理，提升不诚信、不守法经营者的违规成本，维护公平竞争的市场秩序，推进农村电子商务诚信建设。

第三节　电子商务与大数据

一、电子商务统计制度

《电子商务法》第六十六条规定：国家推动电子商务基础设施和物流网络建设，完善电子商务统计制度，加强电子商务标准体系建设。

现行的电子商务统计制度是国家统计局制定的《企业电子商务交易情况》年度报表，表号：110，报表对象为辖区内所有入统“四上”企业，涉及三大类共20个指标。经过归纳总结，报表制度在实际执行中主要存在以下问题：一是对电商平台的漏报和认定的混乱。由于电商平台是个新生事物，企业报表人员对其认识和理解有偏差、模糊不清，较为混乱，表现在漏报的情况少见、错报问题多有发生。二是对主要指标的填报不准确。填报的平台交易额、销售额，B2B、B2C、销售商品和服务的金额、采购额等指标错填错报的问题存在。目前而言，主要问题在于因为归口管理职责不明确，不专业导致重复、错漏等统计乱象。

根据《电子商务法》第六条的规定：“国务院有关部门按照职责分工负责电子商务发展促进、监督管理等工作。县级以上地方各级人民政府可以根据本行政区域的实际情况，确定本行政区域内电子商务的部门职责划分。”

目前，没有明确的电商平台企业归口管理的政府部门，即使是《电子商务法》出台后，暂时仍处于九龙治水的局面。电子商务统计也没有可操作的具体实施方案。因此，现阶段无法取得全面、准确的电商平台企业信息，对于电商平台的核实入统缺少依据，难免出现漏填、错报问题。各种报表的报送期限和网报日期也不一致，各专业之间时间不统一、协调不一致、责任不明确的问题突出。

二、大数据应用

国家维护电子商务交易安全，保护电子商务用户信息，鼓励电子商务数据开发应用，保障电子商务数据依法有序自由流动。国家采取措施推动建立公共数据共享机制，促进电子商务经营者依法利用公共数据。

大数据[①]指不用随机分析法（抽样调查）这样捷径，而采用所有数据进行分析处理。

大数据的特征是 5V：四高一低，即海量的数据规模（Volume）、高速的数据流转和动态体系（Velocity）、高度多样的数据类型（Variety）、极高的真实性（Veracity）、单位数据较低的价值（Value）。

大数据的主要应用有四个方面：一是公司经营；二是政府管理；三是公益科研；四是个人生活。

公司经营是目前应用较为广泛的。金融行业中的信用评级、风险管理等，电子商务中的精准营销和实时营销，电信行业中的网络管理和优化，都是大数据在商业中的应用。

在政府管理中，主要是公共服务和信息共享。随着政府大数据的应用，加强电子政务的普及，引导公共部门的职能转变。提高政府决策效率，科学部署政府资源。在信息共享中，政府基于足量的信息来源，共享给社会主体，打破信息孤岛，方便社会各主体开发数据和应用，提高整体的社会福利。当然在这个过程中，数据的脱敏技术和制度也是必不可少的。

在公益科研中，主要是基于大数据对医疗、科研的突破。比如，对疾病风险的跟踪、DNA 的致病基因破译、人工智能的数据提供等。

在个人生活的运用中，主要是改善个人的生活水平。比如，通过收集个人的生物健康数据，判断个人的健康状态；通过对交通情况的分析规划导航路线等。

在这次《电子商务法》中提出：国家维护电子商务交易安全，保护电子商务用户信息，鼓励电子商务数据开发应用，保障电子商务数据依法有序自由流动。国家采取措施推动建立公共数据共享机制，促进电子商务经营者依法利用公共数据。可以看出，国家鼓励数据合法采集和挖掘应用，并且着眼于政府公开相关数据用于民用。这都是非常重要的导向。

2015 年 4 月 14 日，全国首家大数据交易所在贵阳成立，通过线上大数据

---

① ［奥地利］维克托·迈尔－舍恩伯格：《大数据时代》，盛扬燕、周涛译，浙江人民出版社 2013 年版，第 27 页。

交易系统，撮合客户进行大数据交易，定期评估数据供需双方，为大数据交易提供一个公平、可靠、诚信的数据交易环境。

2016 年 1 月 15 日，贵州省通过《贵州省大数据发展应用促进条例》，这是中国首部大数据地方法规。

2017 年 2 月，贵州省公共服务管理办公室更名为贵州省大数据发展管理局，为正厅级直属事业单位，这是目前中国唯一一家省政府直属的正厅级大数据行业管理部门。

2017 年 6 月 5 日，杭州市新任命 41 个市政府组成部门人员，其中出现一个特殊部门——杭州市数据资源管理局，这一部门为“正局级”单位。

这些都是政府层面为大数据行业发展所作的贡献。

三、行业评价体系

《电子商务法》第七十条规定：国家支持依法设立的信用评价机构开展电子商务信用评价，向社会提供电子商务信用评价服务。

目前，电子商务的评价主要来源于电商平台的自身评价和第三方咨询机构的评价。而根据《电子商务法》的规定，国家将鼓励社会第三方机构对电商信用进行评价，以解决信息不对称等问题。

目前来看，主要的做法有：

（一）利用第三方数据下的指标

主要来源是工商、质检、税务等政府职能部门、银行等金融机构以及电商所在的网络平台。这和之前提到的政府打破信息孤岛，提供大数据资源是一脉相承的。

影响企业信用的主要因素是涉及公司财务的资产规模、盈利水平、经营能力、偿债能力等，准确评估信用的前提是要具备完善、精确的财务数据，因此，应当在信用评价体系中提高财务指标的比重。电商企业在与银行或网络借贷公司进行借贷时产生的金融服务记录同样是衡量其信用的重要指标，包括企业在银行的信用等级、抵押担保情况、违约记录等。

此外，跨境电商和普通电商的重要区别在于商务活动是否涉及出关。依据跨境电商提供服务的特殊流程，应当添加一些有针对性的指标，比如，通关、报税记录等。

（二）利用电商平台交易数据下的指标

电商交易数据多是动态的、传统的数据，可运用大数据技术实时更新和监测。产品质量和服务质量是评价电商企业信用的常用指标，其中，与产品质量相关的指标包括：产品与描述是否相符、产品合格率、退货率等；与服务质量相关的指标包括：卖家态度、物流速度、保险服务情况等。

第九章　跨境电子商务

近年来，我国跨境电子商务发展形势迅猛，已形成一定的产业群和规模效应，成为对外贸易的重要驱动力和经济增长点，从创新发展、行业规模、对外贸易等方面都需要电子商务法作出专门的规定。《电子商务法》第七十一条到第七十三条规定了跨境电子商务的原则和具体监管措施，对跨境电子商务的发展起着重要作用，并为跨境电子商务的发展提供了法律基础。

第一节　跨境电商政策法规综述

跨境电商是近年来发展速度最快的贸易方式，国务院向来高度重视发展跨境电商，坚持“在发展中规范，在规范中发展”。2018 年，跨境电商经历了中美贸易站、关税变化、《电子商务法》颁布、我国 22 个城市新设跨境电商综合试验区等一系列重要事件，在机遇和挑战中不断前行。

《电子商务法》涉及跨境电商的内容集中在电子商务促进一章第七十一条至第七十三条，所占篇幅不多，主要内容为：

《电子商务法》第七十一条规定：国家促进跨境电子商务发展，建立健全适应跨境电子商务特点的海关、税收、进出境检验检疫、支付结算等管理制度，提高跨境电子商务各环节便利化水平，支持跨境电子商务平台经营者等为跨境电子商务提供仓储物流、报关、报检等服务。

国家支持小型微型企业从事跨境电子商务。

《电子商务法》第七十二条规定：国家进出口管理部门应当推进跨境电子商务海关申报、纳税、检验检疫等环节的综合服务和监管体系建设，优化监管流程，推动实现信息共享、监管互认、执法互助，提高跨境电子商务服务和监管效率。跨境电子商务经营者可以凭电子单证向国家进出口管理部门办理有关手续。

《电子商务法》第七十三条规定：国家推动建立与不同国家、地区之间跨境电子商务的交流合作，参与电子商务国际规则的制定，促进电子签名、电子身份等国际互认。

国家推动建立与不同国家、地区之间的跨境电子商务争议解决机制。

在《电子商务法》正式颁布之前，分属不同关境的交易主体，通过电子商务平台达成交易、进行支付结算，并通过跨境物流送达商品、完成交易的商业活动以《海关法》《电子签名法》等法律为基础，链接各类法规政策的监管体系。

自 2009 年以来，为鼓励跨境电商发展，除《中国（上海）跨境电子商务综合试验区实施方案》等地方性指导意见以外，国务院及其各部门也相继出台了一系列监管和服务措施，这些措施从进出境货物、物品监管到税收监管、从外汇管理到支付管理、从结算服务到融资管理、从商品清单到质量备案，构成一整套监管体系。主要包含：《关于实施支持跨境电子商务零售出口有关政策意见的通知》《关于促进跨境电子商务健康快速发展的指导意见》《关于跨境贸易电子商务进出境货物、物品有关监管事宜的公告》《关于公布跨境电子商务零售进口商品清单的公告》《关于跨境电子商务零售进口税收政策的通知》《关于跨境电子商务零售进出口商品有关监管事宜的公告》《关于跨境电子商务进口统一版信息化系统企业接入事宜的公告》《海关特殊监管区域外汇管理办法》《关于改进海关特殊监管区域经常项目外汇管理有关问题的通知》《跨境贸易人民币结算试点管理办法》《关于规范货物贸易外汇收支电子单证审核的通知》《营业税改征增值税跨境应税行为增值税免税管理办法（试行）》《跨境电子商务经营主体和商品备案管理工作规范》等。

从上述监管文件来看，基于“个人物品”和“一般货物”的差异，跨境电商的产业基石虽发端于 B2C（保税区），繁荣于 C2C 和海外官网直邮，但监管部门更希望将传统 B2B 的进出口贸易也囊括其中。由此出现了 2016 年 4 月 8 日新政前后有关行邮税改革方案的争议。跨境电商零售进口监管自 2016 年 5 月实行过渡期政策，2016 年 11 月起，过渡期延长至 2017 年年底，这一延长过渡期到期后，将于2018年1月1日起采取新的监管模式。商务部表示，《电子商务法》出台后，国家将结合《电子商务法》等立法及跨境电商零售进口发展情况，根据需要进一步完善监管模式。2018年11月21日，国务院总理李克强主持召开国务院常务会议，决定延续和完善跨境电子商务零售进口政策并扩大适用范围。2018年10月之后，国务院相关跨境电商建设及相应的政策文件将在下文中进行阐述。

第二节　跨境电商发展和建设

不同于《电子商务法》第七十一条非强制性、鼓励型的表述，第七十二条明确规定国家进出口管理部门应当推进跨境电子商务海关申报、纳税、检验检疫等环节的综合服务和监管体系建设，优化监管流程，推动实现信息共享、监管互认、执法互助，提高跨境电子商务服务和监管效率。这一条文使用了“应当”一词，即让“优化电子商务监管流程”从法律上成为国家进出口管理部门的法定义务。

国家对于跨境电商坚持的是“在发展中规范、在规范中发展”的原则，加强顶层设计，国务院、国务院办公厅出台了如前文所述的系列政策文件。此外，国家打造跨境电子商务综合试验区，为探索、实施跨境电子商务活动中政府各部门监管信息共享、相互协作制度打下了基础。2016年3月，国务院批复设立中国（杭州）跨境电子商务综合试验区，出台支持跨境电子商务健康快速发展的指导意见。截至2018年6月底，全国已有53个国家电子商务示范城市，截至2018年7月13日，新增北京、呼和浩特、沈阳、长春、哈尔滨等22个城市新设一批跨境电子商务综合试验区。

2017年3月1日，《杭州市跨境电子商务促进条例》（以下简称《条例》）生效，成为全国首部跨境电商的地方性法规。之后，天津、上海、重庆、合肥、郑州、广州、成都、大连、宁波、青岛、深圳、苏州等陆续出台创新性举措。从《条例》等地方文件可见，政策制定中对跨境电商产业提出了一系列创新服务措施，其中主要可以归纳为：信息共享、金融服务、智能物流、电子商务信用、统计监测和风险防控六大创新服务体系，以及线上“单一窗口”和线下“综合园区”两大平台等适合跨境电子商务发展的政策体系和管理制度，是在国家层面扩大跨境电商综试区范围基础上的进一步提炼。

一、信息共享体系

跨境电子商务大数据是“关”“税”“汇”“检”“商”“物”“融”一体化的基础。有利于单据比对信息不符的查处、通关清单的申报管理、质量追溯及信息备案管理、业务信息查询管理等，从而构成以产业园为服务载体的公共服务体系的核心要素。

二、金融服务体系

在线支付结算、在线融资、在线保险等一站式金融服务在传统电商平台已相对成熟，其威力在于和线下的物流、票流、合同信息流的一一对应关系、企业信用评级的多维度评价体系以及资金端和资产端全打通的连接体系。

三、智能物流体系

通过智能物流平台，嫁接传统货运代理、运输、第三方联运、物流辅助以及城市快运、分拣、仓储等，形成符合电商消费特点的供应链管理体系，以解决货物流转速度、清关优化能力、快消服务水平的若干“痛点”。

四、电商信用体系

相较于依赖行业许可、准入门槛以及政府宏观调控等手段而言，信用评价、信用监管、信用负面清单等方式释放的是制度红利、市场价值以及个体差异，是平衡政府和市场关系的调节器。电子商务经营者不得不更重视每一单业务背后的信用增值，这也成为电子商务消费者保护权益的重要砝码。

五、统计监测体系

在信息披露和共享、信用增值和利用的平台基础上，统计监测于国计民生、行业调研以及企业经营决策密切相关。唯一重要的将是信息采集、指标设置和信息安全。行政监管和咨询服务作用于管理执行和企业经营两个互动层面，其间又有对立又有交融，如何平衡好两者关系，如何在极大化运用监测体系的同时将信息这一新时代的秘宝贴合法律使用的界限，《电子商务法》已经提出了课题，而创新政策不仅前置注意到了这些问题，亦会在后续迭代更新中更加补完。

六、风险防控体系

风险防控体系作为国家行政体制改革背景下后续管理的再升级。需要市场监督、海关、质量监督、税务、外管等部门组成的工作协调机构密切配合。

另外，随着跨境电子商务产业的逐步发展，除杭州外，各地因地制宜找准目标定位，继杭州也相继出台了不少创新性举措，具体包括：天津、上海、重庆、合肥、郑州、广州、成都、大连、宁波、青岛、深圳、苏州。

自2018年以来，随着《电子商务法》的出台，国家监管部门结合现阶段跨境电子商务相关政策实施的效果，逐步细化促进跨境电子商务的细则。延续了2009年以来便利申报、简化审批、提高物流服务、提高智能化水平、税收优惠政策等基本工作原则，并在此基础上细化各部门工作。

2018年10月13日，国务院印发《优化口岸营商环境促进跨境贸易便利化工作方案的通知》（国发〔2018〕37号），明确其工作目标为“到2018年底，需在进出口环节验核的监管证件数量比2017年减少三分之一以上，除安全保密需要等特殊情况外，全部实现联网核查，整体通关时间压缩三分之一。到2020年底，相比2017年集装箱进出口环节合规成本降低一半。到2021年底，整体通关时间比2017年压缩一半，世界银行跨境贸易便利化指标排名提升30位，初步实现口岸治理体系和治理能力现代化，形成更有活力、更富效率、更加开放、更具便利的口岸营商环境”。该方案从减少审批监管事项、优化口岸通关流程和作业方式、提高口岸物流服务效能、提升口岸管理信息化智能化水平、促进口岸营商环境更加公开透明五个方面细化了国家进出口管理部门的工作。

自2016年5月以来，我国对跨境电商零售进口实行“暂按个人物品监管的”过渡期安排，2018年11月21日，国务院总理李克强主持召开国务院常务会议，决定延续和完善跨境电子商务零售进口政策并扩大适用范围，扩大开放更大激发消费潜力。

会议决定，一是从2019年1月1日起，延续实施跨境电商零售进口现行监管政策，对跨境电商零售进口商品不执行首次进口许可批件、注册或备案要求，而按个人自用进境物品监管。二是将政策适用范围从之前的杭州等 15 个城市，再扩大到北京、沈阳、南京、武汉、西安、厦门等 22 个新设跨境电商综合试验区的城市。非试点城市的直购进口业务可参照执行相关监管政策。三是在对跨境电商零售进口清单内商品实行限额内零关税、进口环节增值税和消费税按法定应纳税额 70% 征收基础上，进一步扩大享受优惠政策的商品范围，新增群众需求量大的 63 个税目商品。提高享受税收优惠政策的商品限额上限，将单次交易限值由目前的 2000 元提高至 5000 元，将年度交易限值由目前的每人每年 2 万元提高至 2.6 万元，今后随居民收入提高相应调增。四是按照国际通行做法，支持跨境电商出口，研究完善相关出口退税等政策。五是按照包容审慎监管原则，依法加强跨境电商企业、平台和支付、物流服务商等责任落实，强化商品质量安全监测和风险防控，维护公平竞争市场秩序，保障消费者权益。

2019 年 1 月 12 日，国务院发布了《关于促进综合保税区高水平开放高质量发展的若干意见》（国发〔2019〕3 号），要求统筹两个市场打造加工制造中心、推动创新创业打造研发设计中心、推进贸易便利化打造物流分拨中心、延伸产业链条打造检测维修中心、培育新动能新优势打造销售服务中心。

2019 年 4 月 9 日，国务院《关于落实〈政府工作报告〉重点工作部门分工的意见》（国发〔2019〕8 号）中指出，对于国际经济贸易需要促进外贸稳中提质。具体分工为：商务部牵头，推动出口市场多元化。扩大出口信用保险覆盖面。改革完善跨境电商等新业态扶持政策。推动服务贸易创新发展，引导加工贸易转型升级、向中西部转移。优化进口结构，积极扩大进口。办好第二届中国国际进口博览会。海关总署牵头发挥好综合保税区作用。加快提升通关便利化水平。

总的来说，国家对跨境电子商务的发展持肯定、支持、包容的态度，鼓励跨境电商的发展。作为近年发展速度最快的贸易方式，跨境电商将持续发挥光热。与此同时，随着《电子商务法》的出台，跨境电商中的部分法律问题也有了法律依据。

第三节　跨境电商法律责任

一、电子商务平台经营者及平台内经营者的法律责任

（一）跨境电商活动中的通关事务代理

《电子商务法》的出台，其中一大亮点在于规定了电子商务平台经营者的法律责任。大多数人注意到的是在第三十八条中，在商品、服务交易中，消费者权益受到侵害后，电子商务平台向消费者应当承担何种责任。但在跨境电商部分的条款中，可以说，一定程度上定位了部分“假自营，真代理”，提供办理报关手续服务的电子商务平台经营者在跨境电子商务活动中，面向国家进出口管理部门所应当承担的法律责任。

《电子商务法》第三十八条规定了电子商务平台经营者的法律责任，从《电子商务法》四次审议稿对电子商务平台经营者责任规定的变化中，不难看出电子商务行业、消费者等各方利益的冲突。

对关系消费者生命健康的商品或者服务，电子商务平台经营者对平台内经营者的资质资格未尽到审核义务，或者对消费者未尽到安全保障义务，造成消费者损害的，电子商务平台经营者的法律责任从第三次审议稿第三十七条的“连带责任”到“补充责任”再到最终通过审议的“相应的责任”，回避了前两种责任承担方式背后巨大的争议，给执法者留下了更大的自由裁量空间。此处的“相应的责任”，根据《电子商务法》第三十八条第二款规定是落实在了“关系消费者生命健康的商品或者服务”内容中，即“对关系消费者生命健康的商品或者服务，电子商务平台经营者对平台内经营者的资质资格未尽到审核义务，或者对消费者未尽到安全保障义务，造成消费者损害的，依法承担相应的责任”。该条在跨境电子商务活动中的运用将在下文第二部分阐述。

在《海关法》中，规定了收发货人的报关（海关注册登记）、交验进出口许可证和有关单证、缴纳税款、提供担保、办理退运或进口手续、提供商品归类资料、提交申报知识产权证明文件等法律义务，在《海关法》第八章，

第八十二条至第八十四条、第八十六条、第九十条规定了收发货人的法律责任，定义了“走私行为”的具体情形、列明了处以行政处罚的情形、规定了向海关工作人员行贿的法律责任等。根据《海关法》第十条第二款的规定，报关企业接受进出口货物收发货人的委托，以自己的名义办理报关手续的，应当承担与收发货人相同的法律责任。

《电子商务法》第七十一条第一款规定，国家……支持跨境电子商务平台经营者等为跨境电子商务提供仓储物流、报关、报检等服务。根据电子商务法起草组编著的《中华人民共和国电子商务法条文释义》一书对该条文的解释，认为该条规定“从法律上认可了跨境电子商务综合服务的概念……首次明确了跨境电子商务平台经营者提供服务的法律地位，使之获得了合法发展的空间，平台经营者作为服务提供者，为平台内经营者提供报关、报检等服务，不应承担与收发货人相同的法律责任。”

仓储物流、报关、报检等环节是通关的组成部分。《海关法》在认定责任主体时，认为接受收发货人委托，以自己名义办理报关手续的企业应当承担与收发货人相同的法律责任，也就是说，如果跨境电子商务的经营主体（收发货人）并未向受托报关企业提供真实的申报材料和数据信息，导致受托企业向海关提供了虚假的申报材料和数据，则依据对实际收发货人的处罚方式，对受托企业进行惩罚。而《电子商务法》则认为，跨境电子商务平台经营者以其平台整体实力，以自己的名义，帮助未办理进出口备案的中小微企业办理报关、报检等手续，因此，被认定为进出口商从而以真正进出口商的法律责任要求来要求跨境电子商务平台经营者将大大挫伤其为中小微企业提供服务的积极性，因此，应当穿透到实际的进出口商，区分进出口商和报关、报检服务提供者的法律责任。

如按电子商务法起草组给出的释义理解，则《海关法》的该项规定与《电子商务法》产生了冲突，为厘清法律适用，需按照《立法法》第四十五条第二款第二项的规定，法律制定后出现新的情况，需要明确适用法律依据的，应提交全国人大常委会解释。在全国人大常委会公布法律解释前，因《电子商务法》并未将跨境电子商务平台经营者提供代理报关等服务的法律责任及法律关系明确到主要条款中，在实践中遇到上述情形时，还应当依据《海关法》压实平台审核责任。

（二）跨境电商活动中产品责任问题

相比于在中国境内生产、在中国境内销售商品及服务的电子商务平台经营者，自营的跨境电子商务平台经营者增加的环节是报关、清关的环节，商家入驻类的跨境电商平台依照其平台规则分配报关、清关责任。当产品来到中国境内，无论是自营类平台或是接受商家入驻类平台均需遵守中国大陆法律对产品质量的要求，遵守包括《消费者权益保护法》《食品安全法》《产品质量法》等一系列法律。但平台、商家与消费者之间法律关系认定的不同，平台所承担的法律责任也不尽相同。

从国内市场监管部门的角度来看，市场监管部门侧重对不法商家的清理，而跨境电商平台作为境外商家能够在中国境内销售产品的渠道，有能力也有义务承担更大的责任。例如，如果一个海外直营的商家，在中国境内进行了虚假宣传，通过举报国内监管部门能够知晓，通常的做法是，通知平台查证，由平台依据其平台规则关闭该店。以天猫国际为例，天猫国际对入驻的商家有详细的行为规范，在《天猫国际服务条款规则》的“严重违规行为处理方式的规则与实施细则”部分，对于商家因出售假冒商品、提供虚假资质证明的，不仅将对商家作出清退处理，还将没收商家向天猫国际缴纳的保证金作为违约金。以此作为对商家的束缚。

从消费者个人维权的角度来看，消费者需要知晓应当向谁、以何种方式追讨损失。在实践中，会因平台、商家与消费者之间的关系的不同认定方式，导致消费者维权途径的不同。在实践中，平台、商家与消费者之间的关系有两种认定方式：一种认定为买卖关系，另一种认定为委托代理关系。由于跨境电商交易过程中，需要消费者提供个人身份证信息等个人信息，并以消费者个人名义向海关报关、纳税，以消费者个人行邮性质通关。在这一前提下，一些法院在认定时，认为电商公司并非销售者，为代理商，不应承担销售者责任。相同场景下，部分法院则认为“商家提交的报关单以及在保税区收件的记录，并不能证明消费者与商家之间约定从海外代购商品的相关事宜。从商家的网站上显示，商家将涉案商品放在麦乐购网店上明码标价予以销售，消费者选择购买并支付货款，双方成立买卖合同关系，而非委托合同关系”。因此，商家需要承担销售者责任。

从实际的案例中不难看出，在《电子商务法》出台前，司法对于跨境电子商务平台经营者、平台内经营者和消费者之间的法律关系存有不同的认定。笔者通过在中国裁判文书网梳理，《电子商务法》2019 年正式实施到本文截稿日，有一例审结认定平台内经营者经营责任的案例。该案二审法院认为平台内经营者需要承担产品责任，有义务证明其具有合法销售涉案产品的资格，同时需证明涉案产品不存在质量问题。

由于目前相关案件数量并不多，各地法院尚未形成统一的观点。相信当案件数量有所积累后，全国法院也将逐步统一处理方式。如认定为委托代理关系，平台及平台内经营者的法律风险无疑减少了很多；如认定为买卖关系，则平台和商家将有更重的法律责任。

（三）跨境电商活动中商标的审核与维权

在跨境电子商务活动中，由于商标权需根据不同国家、地区法律法规要求进行注册，国外品牌商为抢占中国市场，商标的注册显得尤为重要。而对于跨境电子商务平台经营者来说，审核、监督入驻商家是否真实持有注册商标是平台风险防控的重要手段，平台经营者保护消费者权益应尽的法律责任。

世界知识产权组织对“商标”的定义为“商标是将某商品或服务标明是某具体个人或企业所生产或提供的商品或服务的显著标志”。商标权既是一种民事权利，在我国也是促使生产、经营者保证商品和服务质量，以保障消费者和生产、经营者的利益的重要制度。根据《电子商务法》第二十七条的规定，电子商务平台经营者应当要求申请进入平台销售商品或者提供服务的经营者提交其身份、地址、联系方式、行政许可等真实信息，进行核验、登记，建立登记档案，并定期核验更新。该条款制定的初衷在于当纠纷发生时能够及时定位到相关当事人，《消费者权益保护法》第四十四条第一款规定了网络平台经营者如不能提供销售者或服务者真实的联系方式，则应承担不真正连带责任。《电子商务法》第二十九条规定，电子商务平台经营者发现平台内的商品或者服务信息存在违反本法第十二条、第十三条规定情形的，应当依法采取必要的处置措施，并向有关主管部门报告。在实践中，侵犯商标权的行为可能成为民事的商标侵权案件，但也可能存在假冒商标销售假货的情形。根据《电子商务法》第八十条的规定，电子商务平台未履行核验、登记义务、不按照本法第二十九条规定对违法情形采取必要措施或者未向有关主管部门报告的，由有关主管部门责令限期改正；逾期不改正的，处二万元以上十万元以下的罚款；情节严重的，责令停业整顿，并处十万元以上五十万元以下的罚款。在信息获取极不对称的跨境电子商务交易中，商家和平台所获取的交易信息量远超过普通消费者，当跨境电子商务交易中出现假冒商标销售假冒伪劣商品侵犯消费者人身、财产安全时，平台经营者不仅需要按照《电子商务法》第二十九条规定采取必要处置措施，并向主管部门报告，还应当按照《电子商务法》第三十八条承担相应的法律责任。由此，使对入驻商家的信息登记、资格审查成为电子商务平台维护消费者利益、把控平台内经营者法律风险的重要手段。对于跨境电子商务平台来说，其对注册商标应当进行审核，应制定严格的商标审核制度。对不符合法律规定的入驻商家，不得允许入驻，对于已经入驻但发现没有合法资质的，应当及时清理。

参考天猫国际《2019 年度天猫国际入驻资质细则》中对不同店铺类型人提出的商标权证明要求如下：

1. 品牌旗舰店：需提供品牌发源地商标注册证书，若开店主体公司非商标持有人，还需提供商标持有人出具的独占授权书。

2. 卖场旗舰店：需提供卖场品牌发源地的 35 类商标注册证书，若开店主体公司非 35 类服务类商标持有人，还需提供商标持有人出具的独占授权书。还需提供商品品牌发源地商标注册证书和商品品牌授权证明，商品品牌授权证明需提交商品品牌持有人—卖场 35 类商标持有人—开店主体公司的 4 级以内完整授权或进货链路凭证。

3. 行业卖场旗舰店：商标权证明要求同卖场旗舰店。

4. 品牌商：需提供品牌发源地商标注册证书和品牌授权证明（商标持有人出具给开店主体公司的开店授权书）。

5. 专营店：需提供品牌发源地商标注册证书和品牌授权证明（专营店需提交商标持有人为源头出发至开店主体公司的 4 级以内完整授权链路）。

商标对于跨境电子商务平台来说是法律风险防范的重要内容，而对于国外品牌商来说，商标不仅代表了民事权利，还是经济利益的增长点。实现商品或服务通过跨境电商的方式向中国境内销售的途径有两种：一种是持有域外商标注册证书，授权中国境内代理商入驻跨境电子商务平台；另一种则是到中国注册商标，由代理商在中国注册品牌商标或者品牌方自行注册后独占授权给中国国内代理商，代理商入驻跨境电子商务平台。以第一种方式进入中国市场的品牌方由于在中国市场并未注册商标，依照《商标法》，如另外的品牌方抢先在中国注册，则以第一种方式进入中国市场的品牌方无疑只能望而兴叹，退出中国市场。在司法实践中，已有案例证明了商标给跨境电商市场带来的影响。

综上，对于跨境电子商务平台来说，为避免平台法律风险，保障消费者利益，应该制定完备的商标审核制度和监督制度。对于境外品牌方来说，正确利用商标，才能保证已方民事权利和经济利益。

二、电子单证的法律效力

《电子商务法》第七十二条规定，“跨境电子商务经营者可以凭电子单证向国家进出口管理部门办理有关手续”。此前，在跨境电子商务活动中，《海关法》第二十五条规定，办理进出口货物的海关申报手续，应当采用纸质报关单和电子数据报关单的形式。《海关法》的规定尚未明确是否仅用电子单证，以及除报关单以外的其他手续是否可以使用电子数据形式。

跨境电子商务经营者办理进出口货物的海关申报需要交易凭证、可转移票据、检验检疫报告和证书、货物清单、税单等系列手续文件。虽然国家一直大力支持跨境电商的发展，在行政监管制度上不断简政放权，从实践操作上给予跨境电子商务企业诸多便利，但《电子商务法》的出台，正式肯定了前述手续材料电子数据形式的合法性。这对于跨境电商的进一步发展有着重要的意义。

第四节　跨境电商未来期待

对于跨境电子商务各地一系列文件本身作为较为原则性的指导意见而言，尚有一系列矛盾存有改革期待，而新法对于这些矛盾也无法直接从高屋建瓴的宏观位面予以调整，所以这五个方面有待相应细则进行补充促进。

一、传统大宗商品进出口模式背景下的监管政策和数字经济新常态背景下的监管政策的革新期待

传统模式和新常态模式的最大区别即在于“零存整取”和“化整为零”

的贸易特性。为此，数字经济背景下，有关跨境电商运营主体、运营模式、运营行为及其合规体系还有待进一步检验。首先，经销商、消费者、个人代购者、代运营的主体责任、质量监督追溯体系均面临考验。在实践中，同为跨境电商，需区分贸易商、经销商、代理商、行纪商，其在知识产权、产品质量监督、税务处理上存在较大区别。跨境电商是服务提供商还是贸易商取决于其提供跨境电子商务的模式。其次，因订单交易的碎片化所引发的监管审核问题，比如，适用电子审核单据企业范围、跨境电子商务形式进境禁止商品监管、小额服务贸易对外支付的外汇结汇和税务监管、跨境电子商务进口消费品质量安全事件应急处置等。再者还包括，数字经济新常态背景下，个人直邮与通关监管、精准营销与互联网在线广告监管、食品药品追溯与质量追责监管、数据集中与信息安全等，均亟待监管方明确规则体系等。总之，传统人盯人、抽检式监管方式正面临大数据背景下的革新，“事前备案＋风险监测＋应急处置”模式需要在改革中不断落实主体责任和监管责任。

二、后 WTO 时代有关国民待遇的规则审视和国际规则的话语期待

除了与国家电商产业发展对实体经济的影响和反哺关系相类似的作用以外，跨境电商经营中有关贸易（货物贸易、服务贸易）、知识产权、投资便利化、政府采购、税收及财政扶持措施与 WTO 规则所确立的国民待遇原则密切相关。一方面，应注重正确引导基于 2004 年《对外贸易法》所确立的传统进出口商相关政策协调，避免“超国民待遇”的制度温床、杜绝“循环统计”和“虚假指数”、协调产业政策和财政补贴的关系等；另一方面，鉴于有关信用评价、质量追溯、消费维权、司法仲裁的涉外因素，还有待国际规则的重新审视，在缺乏有约束力的条约和惯例前提下，需要在有关涉外合同中积极引入国内法适用的国际私法规则。监管部门可以制作《合同示范文本》，作为创新工作机制的落脚点。

三、海关特殊监管区域的转型期待

在各地试点跨境电商产业之前，全国半数以上省份逾百个海关特殊监管区域因其特殊政策制高点，在保税仓储、空海转运、吸引外资领域发挥重要作用。随着传统经开区、高新区、试点区的政策落幕，为进一步发挥海关特

殊监管区域的“增值保值”作用，传统出口加工区、保税区等进一步衍生仓储、研发、物流等现代化服务功能。值此跨境电商产业发展的时代机遇，各地不约而同（或复制杭州模式）赋予海关特殊监管区域以新的功能，但由此带来特殊监管区域内服务贸易种类、市区实体门店延伸、金融和财政政策等新问题。以第三方服务机构的合规问题为例，包括 IT 服务、物流服务、物流辅助服务、营销服务、金融服务、通关服务在内的（为主导的）跨境电子商务衍生服务平台以及有关第三方服务机构入驻等，都还缺乏促进海关特殊监管区域转型升级的配套政策，以跨境电商 B2C 业务为主要内容的原产地管理、估价管理、商品归类管理、退税资质管理、通关检查管理、征税票证管理等都亟待更为全面的执法依据。

四、跨境电商税会处理合规性的遵从期待

在各地创新服务政策的相关文件和本地化扶持措施资料中，财税政策通常被用作“杠杆”因素体现。除了房租、水电、网络“三包”标配以外，地方税收减免、地方留成部分的财政返还、高层次人才引进的配套税收政策等迭出。然而，对于跨境电商从业企业而言，除上述投资软环境以外，其更期待国家在跨境电商有关政策适用增强确定性服务。比如，跨境电商各运营主体的有关垫收垫付款项、备用金科目及其利息、在线红包的入账凭证等税会处理、跨境电商各运营主体有关会员费、交易佣金、网络推广费、商品进销差价、平台服务费以及其他类似于虚拟货币、机会等价物等相关税会处理、跨境电商生态圈内的平台、物流、第三方支付、从业机构等企业的涉税处理、跨境电商企业进出口商品适用商品、物品负面清单管理还是正列举方式的遵从模式问题、跨境电商企业是否适用高新技术企业认定标准问题、跨境电商企业与其境外特殊目的公司间的信息技术外包服务、技术性业务流程外包服务、技术性知识流程外包服务等是否属于“营改增”离岸外包服务零税率范围、该特殊目的公司会否受到受控外国企业或境外注册中资控股企业的认定问题、跨境电商企业在境外开设“海外仓”是否会受到境外税务机关基于《OECD 有关税基侵蚀和利润转移》的最新规定被认定为常设机构而承担纳税义务的问题、跨境电商离境退税业务发展趋势、出口未取得合法有效进货凭证的货物是否继续执行免税政策等。

五、有关互联网金融发展政策"瓶颈"的破解期待

跨境电商金融服务也存在一定的特殊性。一是因国际结算所沉淀资金在人民币兑换、外汇管制和金融信贷风险领域的政策亟待统一，比如，备用金管理、离岸账户管理、代收代缴税款管理、信用支付管理等；二是相较于传统金融服务，跨境电商相关金融服务常配套有咨询服务、通关服务、居间服务、会展服务、翻译服务等内容，旨在打造集结算、投融资、资金管理为一体的跨境、跨界综合性金融服务体系，这又往往是金融机构展业契机或是金融服务内容的增值空间；三是面对跨境电商授信难、融资难、资金回笼慢等问题，游走于互联网个人消费贷款边缘的授信服务、渠道服务和资管产品等还有待进一步明确监管界限。

第十章　电子商务刑事犯罪风险防范

第一节　电子商务刑事犯罪概述

一、电子商务刑事犯罪的概况

综观现有的关于电子商务犯罪的描述，从犯罪对象与工具及刑法保护角度出发，将电子商务犯罪大体分为三种类型：其一，以网络为工具进行各种犯罪活动；其二，攻击网络以其为目标进行的犯罪活动；其三，使用网络以其为获利来源的犯罪活动。

第一种以网络为犯罪手段，视其为工具，可以称为网络工具犯。由于网络已渗透到人们生活的方方面面，其被犯罪分子利用进行犯罪活动的表现形形色色，可以说刑法分则中除了杀人、抢劫、强奸等需要两相面对的罪行以外，绝大多数可以通过网络进行。

后两类型均以网络为行为对象，称其为网络对象犯，它包含着以网络为获利来源的犯罪行为和以网络为侵害对象的犯罪行为，分别称为网络用益犯和网络侵害犯。任何一种以网络为介质的违法犯罪活动，均构成对网络秩序之侵害，具有刑法上的危害性、违法性。

二、电子商务刑事犯罪的特点

（一）犯罪主体的专业性

作为新型的犯罪，电子商务领域的犯罪通常是团队化运作，大部分为专业性从事电子商务人员转化而来。

（二）成本低、传播迅速，传播范围广

电子商务领域的犯罪正是利用了电子商务开放性、自助性、便利性的特点，所以一旦被犯罪分子找到可供犯罪的漏洞、环节，其犯罪成本低、传播迅速、范围广的特征立现。

（三）犯罪隐蔽性高，时空跨越性、侦查取证较难

电子商务主要利用互联网完全开放的虚拟空间，不受地域限制，也打破了社会和空间界限，使多向性交流互动成为可能的特征。犯罪行为人只要拥有一台联网计算机，就可以不受时间、地点、方式的限制实施犯罪。

（四）危害后果的严重性

由于电子商务自助式交易，使犯罪分子实施违法犯罪行为极为容易，所以一旦案发，往往涉及金额巨大，后果非常严重。

三、电子商务刑事犯罪构成

电子商务犯罪的构成要件为：犯罪主体是一般主体，犯罪客体是复杂客体，主观方面表现为故意，客观方面表现为积极的作为行为。具体如下：

第一，犯罪主体是指实施危害社会的行为，依法应当负刑事责任的自然人和法人。电子商务犯罪的主体是一般主体，既可以是自然人，也可以是法人。

第二，犯罪主观方面是指犯罪主体对自己的危害行为及其危害的结果所抱的心理态度，它包括犯罪的故意或者犯罪的过失以及犯罪的目的和动机这些因素。电子商务犯罪在主观方面表现为故意。

第三，电子商务犯罪的客体是为刑法所保护的而为电子商务犯罪所侵犯的一切社会关系。但是应当看到赛博空间是靠电脑间的联接关系形成的一个虚拟空间，它实际并不存在。电子商务犯罪所侵犯的同类客体正是信息交流于共享得以正常进行的公共秩序。电子商务犯罪的直接客体是多种多样的，有的行为侵害计算机系统的管理秩序，有的危害计算机系统安全保护制度，有的则危害国家和公众的生命和财产安全、人身安全。所以，电子商务犯罪侵犯的是复杂客体。

第四，电子商务犯罪的客观方面表现为违反有关计算机网络管理法律、法规，侵入国家事务、国防建设、尖端科学技术领域的计算机系统，对计算

机信息系统功能、数据和应用程序进行删除、修改，或者破坏计算机系统软件、硬件设备等侵害计算机系统安全的行为，以及利用计算机实施偷窥、复制、更改或者删除计算机信息，诈骗、教唆犯罪，网络色情传播，以及网络侮辱、诽谤与恐吓等犯罪。

四、电子商务刑事犯罪类型

（一）电子商务诈骗类犯罪

电子商务中的诈骗犯罪，是以非法占有为目的，通过网络信息系统虚构事实或者隐瞒真相，骗取数额较大的财物的行为。

电子商务领域诈骗类犯罪主要有：

1. 骗取货物或者服务而不支付款项的骗取货物或服务的行为；

2. 伪造身份及认证密码、营造虚假交易网站以欺骗交易对方的情况。如犯罪分子通过交易信息泄露的方式获知退货的消费者订单信息，向消费者发送虚假退款申请钓鱼网站链接骗取钱款；

3. 通过窃听、截流数据交易信息，冒充其中一方，利用时间差和双向蒙骗的手法，骗取非法利益；

4. 以订立合同为手段，骗取物品或者服务的合同诈骗型犯罪；

5. 以虚构事实、隐瞒真相的方式骗取电子商务平台的补贴等；

6. 以虚假退货等方式骗取运费保险金。

（二）电子商务侵犯知识产权类犯罪

根据最高人民法院《关于办理侵犯知识产权刑事案件适用法律若干问题的意见》的规定：明知他人实施侵犯知识产权犯罪，而为其提供互联网接入、服务器托管、网络存储空间、通信传输通道、代收费、费用结算等服务的，以侵犯知识产权犯罪的共犯论处。

根据主客观相一致的原则，平台虽然在客观层面为侵犯知识产权的行为提供了帮助，但其在主观上没有帮助的故意，而且缺乏有效的规制机制或技术手段来防止侵权行为的发生，也不构成过失。因此，在此情况下，网络平台不构成侵犯知识产权犯罪的帮助犯。

涉知识产权犯罪中发生频率最高的是侵犯商标权类的犯罪，其中假冒注册商标罪、非法制造、销售非法制造的注册商标标识罪等皆发案较多。其次是侵犯著作权类犯罪。一些违法犯罪分子为了谋取非法利益未经著作权人许可，大肆在网上复制发行他人的文字作品、音乐、电影、电视、录像作品、计算机软件及其他作品，发行他人享有专有出版权的图书等。此外，还有一部分侵犯商业秘密构成犯罪的侵犯商业秘密罪行为，一些违法犯罪分子为了谋取不正当利益或为了排挤竞争对手，在电子商务网上以窃取等不正当手段获取权利人的商业秘密；在网上披露以前项手段获取的权利人的商业秘密；违反规定或者违反权利人有关保守商业秘密的要求披露其所掌握的商业秘密等。

（三）电子商务非法经营类犯罪

在我国，有些行业的经营、销售主体是要取得相应的特别行政许可的，否则可能构成非法经营罪。例如，微商在朋友圈销售卷烟行为，会因未经烟草专卖行政部门许可，无烟草专卖生产企业许可证、烟草专卖批发企业许可证、烟草专卖零售许可证等违反国家烟草专卖管理法律法规，涉嫌非法经营罪。国家限制经营或特许经营的商品除了烟草以外，还有药品、彩票等，商家需要经过特殊审批手续才能销售的，否则涉嫌非法经营罪。此外，对于国家禁止销售类物品进行售卖，如笑气等毒品，构成贩毒罪等。

（四）电子商务信息类犯罪

主要是对电子商务运行过程中的取得信息的安全性等规定的违反，以侵犯公民个人信息罪规制。网络平台中“公民个人信息”，是指以电子或者其他方式记录的能够单独或者与其他信息结合识别特定自然人身份或者反映特定自然人活动情况的各种信息，包括姓名、身份证件号码、通信联系方式、住址、账号密码、财产状况、行踪轨迹等。而网络交易平台通过个人注册账号和监控等方式，容易获得个人信息。交易平台因违反国家有关规定向他人出售或者提供公民个人信息且具备严重情节的，就会构成侵犯公民个人信息罪。具体的违法方式包括：违法提供公民个人信息、以其他方法非法获取公民个人信息。

（五）电子商务税务类犯罪

电子商务的虚拟化、无形化、随意化、隐匿化给税收征管带来了前所未有的困难。电子商务实行的是无纸化操作，各种销售依据都是以电子数据的形式存在，税收征管监控失去了最直接的实物对象。同时，电子商务的快捷性、直接性、隐匿性、保密性等会使税收的控管手段失灵。在有电子商务平台经营的情况下，由于《电子商务法》将报送平台内经营者的身份信息和纳税相关信息的义务明确在平台经营者，所以，这部分经营者的纳税监管较为容易。而对于通过自媒体方式经营、通过自行开发的APP方式经营的经营者的纳税监管，则属于监管真空地带。以信息流、商流、资金流，物流为特征的电子商务动作已经打破了传统的经营区域的概念，税收的管辖也变得复杂和模糊不清。以行政区域划分的税收管理机关还能不能适应对电子商务的管理。偷逃税案件是指纳税人使用非法手段逃避或减轻纳税义务的一种涉税违法行为。

（六）网络安全类犯罪

网络安全犯罪，是指行为人运用计算机技术，借助于网络对其系统或信息进行攻击，破坏或利用网络进行其他犯罪的总称。既包括行为人运用其编程、加密、解码技术或工具在网络上实施的犯罪，也包括行为人利用软件指令，网络系统或产品加密等技术及法律规定上的漏洞在网络内外交互实施的犯罪，还包括行为人借助于其居于网络服务提供者特定地位或其他方法在网络系统实施的犯罪。简言之，网络安全犯罪是针对和利用网络进行的犯罪，本质特征是危害网络及其信息的安全与秩序。网络交易平台要积极履行法律、行政法规规定的信息网络安全管理义务，如果经监管部门责令采取改正措施而拒不改正，并造成诸如致使违法信息大量传播，致使用户信息泄露，致使刑事案件证据灭失等严重后果的就会构成此罪。该罪的犯罪主体是网络交易平台即网络服务提供者，属于法人犯罪。如果网络交易平台可以证明自己的先前行为符合法律法规或监管部门责令的改正措施不合法或者自己因客观原因无法做到责令的改正措施或者在未采取措施后没有造成严重后果或这两者间没有因果关系都可以防范此罪。

（七）走私类犯罪

根据《关于跨境贸易电子商务进出境货物、物品有关监管事宜的公告》（2014年第56号公告）的规定：不管是个人到国外购物，还是电商企业做跨境电商进出口业务，都必须接受海关监管，提交相应的货物清单，办理报关手续。未以《货物清单》《物品清单》方式办理报关手续的跨境电商和海外代购等行为，将都涉嫌走私，可能面临走私普通货物物品罪。

（八）非法吸收公众存款类犯罪

非法吸收公众存款罪指违反国家金融管理法律规定，向社会公众（包括单位和个人）吸收资金的行为，构成要件是：非法性——未经批准吸收资金；公开性——向社会公开宣传；公众性——面向社会公众；获利性——承诺在一定期限内以货币、实物、股权等方式还本付息或者给付回报。而且网络交易平台涉及大量的资金交易通过公开面向公众的方式融资并且必然会承诺在一定期限内以货币、实物、股权等方式还本付息或者给付回报。

（九）传销类犯罪

以社交裂变、精准营销为特色的社交电商潮流开始蔓延。但社交电商裂变的法律边界不明确，与传销类犯罪的层级管理具有相类似性，均以发展新会员返利升级、晋升后“下线”销售商品也会给“上线”带来收益返利等多级分销设置，明显存在传销嫌疑。该类犯罪多见于一些自建销售类平台和社交电商，传统的传销活动是组织者或者经营者发展人员，通过被发展人员直接或间接发展的人员的数量或销售业绩为依据计算和给予报酬，或者要求被发展人员以交纳一定费用为条件取得加入资格等方式谋取非法利益。根据我国《刑法》规定，组织、领导传销罪是指组织、领导以推销商品、提供服务等经营活动为名，要求参加者以缴纳费用或者购买商品、服务等方式获得加入资格，并按照一定顺序组成层级，直接或者间接以发展人员的数量作为计酬或者返利依据，引诱、胁迫参加者继续发展他人参加，骗取财物，扰乱经济社会秩序的传销活动的，处五年以下有期徒刑或者拘役，并处罚金；情节严重的，处五年以上有期徒刑，并处罚金。这种传统的传销模式相对于如今新型的网络传销已经很落伍，在互联网高速发展的今天，类似网络传销、网上诈骗等犯罪行为已经十分常见。

第二节　电子商务平台刑事犯罪类型

电子商务平台经营者应当依法诚实信用，合法合规经营，为网络提供公平环境，如果经营中构成犯罪的，依法追究刑事责任。在司法实践中，电子商务平台涉及刑事案件主要有以下几类：

一、侵犯公民个人信息罪

网络平台中的“公民个人信息”，是指以电子或者其他方式记录的能够单独或者与其他信息结合识别特定自然人身份或者反映特定自然人活动情况的各种信息，包括：姓名、身份证件号码、通信联系方式、住址、账号密码、财产状况、行踪轨迹等。而网络交易平台通过个人注册账号和监控等方式，容易获得个人信息。交易平台因违反国家有关规定向他人出售或者提供公民个人信息且具备严重情节的，就会构成侵犯公民个人信息罪。

法条规定：最高人民法院、最高人民检察院《关于办理侵犯公民个人信息刑事案件适用法律若干问题》第二百五十三条之一【侵犯公民个人信息罪】

二、拒不履行信息网络安全管理义务罪

网络交易平台要积极履行法律、行政法规规定的信息网络安全管理义务，如果经监管部门责令采取改正措施而拒不改正的，并造成诸如致使违法信息大量传播的，致使用户信息泄露，致使刑事案件证据灭失等严重后果的就会构成此罪。该罪的犯罪主体是网络交易平台即网络服务提供者，属于法人犯罪。如果网络交易平台可以证明自己的先前行为符合法律法规或监管部门责令的改正措施不合法或者自己因客观原因无法做到责令的改正措施或者在未采取措施后没有造成严重后果或这两者间没有因果关系都可以防范此罪。

法条规定：最高人民法院、最高人民检察院《关于办理侵犯公民个人信息刑事案件适用法律若干问题》第二百八十六条之一【拒不履行信息网络安全管理义务罪】

三、侵犯知识产权犯罪共犯

根据最高人民法院《关于办理侵犯知识产权刑事案件适用法律若干问题的意见》规定：明知他人实施侵犯知识产权犯罪，而为其提供互联网接入、服务器托管、网络存储空间、通信传输通道、代收费、费用结算等服务的，以侵犯知识产权犯罪的共犯论处。

根据主客观相一致的原则，平台虽然在客观层面为侵犯知识产权的行为提供了帮助，但其在主观上是没有帮助的故意，而且缺乏有效的规制机制或

技术手段来防止侵权行为的发生，也不构成过失。因此，在此情况下，网络平台不构成侵犯知识产权犯罪的帮助犯。

四、非法吸收公众存款罪

非法吸收公众存款罪指违反国家金融管理法律规定，向社会公众（包括单位和个人）吸收资金的行为，构成要件是：（1）非法性：未经批准吸收资金；（2）公开性：向社会公开宣传；（3）公众性：面向社会公众；（4）获利性：承诺在一定期限内以货币、实物、股权等方式还本付息或者给付回报。而且网络交易平台涉及大量的资金交易通过公开面向公众的方式融资并且必然会承诺在一定期限内以货币、实物、股权等方式还本付息或者给付回报。因此，网络交易平台特别是P2P这类融资平台很容易被推定为非法吸收公众存款。

目前，刑法对与非法吸收公众存款的认定已经远远不能适用金融市场网络化的发展。由于行政法规没有对融资行为的合法与非法提供明确的界限，导致很多融资行为被认定为非法。

五、集资诈骗罪

集资诈骗罪是指以非法占有为目的，使用诈骗方法非法集资，数额较大的行为。由于网络交易平台涉及资金数量大，人数众多，并且以虚假空传手段将资金集中起来，支付宝高额回报，造成不良后果，构成集资诈骗犯罪。

如果网络交易平台为他人向社会公众非法吸收资金提供帮助，从中收取代理费、好处费、返点费、佣金、提成等费用，构成非法集资共同犯罪的，应当依法追究刑事责任。

六、非法经营罪

非法经营罪是违反国家规定，非法经营，扰乱市场秩序，理论上认为是指未经许可经营限制经营、买卖的物品、许可证或批文，以及其他如电信业、证券、期货业等的非法经营，扰乱市场秩序、情节严重的行为。如果采用国家禁止营销方式（如非法直销，传销等）进行经营的，也可认定为非法经营罪。

如自销型网络交易平台违反规定进行经营的，构成非法经营罪。

如平台明知他人非法经营而给予提互联网空间的，作为非法经营罪的共犯。

第三节　电子商务刑事犯罪风险预防

一、电子商务新模式创新的合法性审查

《电子商务法》第三条规定，国家鼓励发展电子商务新业态，创新商业模式。然而，诸如层级分销的传销模式、消费返利的诈骗风险、租房贷的暴雷等商业模式，虽然其商业模式上看似创新，但实际上圈钱后隐患重重，违法犯罪使得社会风险加大。所以，在电子商务模式创新时，应当注重对模式的合法性进行审查。

二、加强消费者权益保护、知识产权保护、网络安全保护意识

（一）消费者自身权益保护意识应提升

从消费者个人信息保护的角度来说，目前被侵犯的公民个人信息已经从简单的公民身份信息、电话号码、家庭地址等，发展到公民的手机通信录、购物记录、出行记录、物理位置信息等，涉及的公民信息更为私密；涉及领域更加广泛，遭泄露的公民个人信息涉及金融、电信、教育、医疗、工商、房产、快递等部门和行业共计几十类，第三方支付平台的账号及密码等也成为犯罪分子交易的对象。此类案件的泄露源头更加复杂，除黑客入侵窃取、行业内部人员泄露、设立钓鱼网站骗取之外，还出现了使用专门扫号软件扫取密码的不法团伙。

对于消费者而言，要选用系统自带的安全工具或者自己信任的第三方安全软件；为自己的各个账户设置一组难以破解的密码，对于不同的网络系统使用不同的密码，对于重要的系统使用更为安全的密码，所有系统绝对不要使用同一个密码；一些不法分子通过对社交媒体信息的收集和分析，容易获得人们的隐私、行踪等，晒孩子照片、行程、家庭状况时要多加小心；填写

个人信息资料能简单的尽量简单，遇到以免费或廉价推销产品等为由要求提供个人信息时，谨慎应对；做到“三不”，不要轻信来历不明的电话和手机短信，不要因贪小利而受不法分子或违法短信的诱惑，不明网址链接不要点击。

（二）加强全社会的知识产权保护意识

目前，电子商务领域侵犯知识产权犯罪呈现出产业化、网络化、跨区域趋势。电商假冒侵权手段隐秘，侵权主体范围广泛。随着电子商务打假手段的加强，电商知识产权侵权的方式呈现多样化，电商领域的商标侵权主体范围也在扩大，除了涉及传统意义的侵权商品的实际销售者及故意为他人注册商标专用权行为提供仓储、运输、邮寄、隐匿等便利条件者，还包括侵权信息传播者、网络服务提供商、APP 开发商、各类微商等，所涉第三方侵权主体范围广泛。电商网站应当加强平台管理，消费者也要提高鉴别意识和维权意识，让违法犯罪行为无所遁形。

（三）加强网络安全意识

电商参与者要增强网络安全意识，对网络钓鱼、虚假网站、伪 IP 提高警惕。司法部门应加强打击网络钓鱼、窃取、盗用和攻击等违法犯罪行为的力度和强度，增强网络安全防御能力和威慑能力，全力营造安全绿色的网络生态，切实维护电子商务的运营。

三、加强技术预防措施

电子商务本就是依靠互联网技术和算法而得到快速发展的，同样，对于电子商务领域刑事犯罪风险的预防，也可以通过互联网计算和算法。如针对一些骗取运费险等的违法犯罪，这类犯罪通常具有一定的共性，这类共性突破了消费者消费性、购买物品数量有限性等特征，完全可以通过大数据的算法和抓取，将一些刑事犯罪预防在犯罪实施过程中，使危害后果降低。

第十一章　电 子 证 据

根据《电子商务法》第二条规定，电子商务，是指“通过互联网等信息网络销售商品或者提供服务的经营活动”，由此电子商务活动中必然借助计算机、手机等互联网工具为载体从而形成各种电子数据并依据这些电子数据进行相应的经营活动。《电子商务法》就举证责任的分配、调取证据的程序等作出了部分规定。因此，本章所要阐述的电子证据仅涵盖我国《民事诉讼法》规定的证据形式中的电子数据。本章主要结合我国《电子商务法》《民事诉讼法》及其司法解释从电子证据的基本概念、类型出发，对《电子商务法》中有关电子证据的举证责任和程序等问题进行分析。

第一节　电子证据概述

一、电子证据的概念

电子数据即电子证据，是我国 2012 年《民事诉讼法》新增加的证据形式。联合国《电子商务示范法》第二条规定：“电子数据是指由电子手段、光学手段或类似手段生成的传送、接收或储存的信息。”《民事诉讼法司法解释》第一百一十六条第二项规定：“电子数据是指通过电子邮件、电子数据交换、网上聊天记录、博客、微博客、手机短信、电子签名、域名等形成或者存储在电子介质中的信息。”

由此可见，作为证据形式的电子数据可以归结为以电子、电磁、光学等形式或类似形式储存在电子计算机及其他电子设备中的信息作为证明案件事实的证据资料，既包括电子计算机或者其他电子设备程序及其所处理的信息，也包括其他应用专门技术设备检测得到的信息资料。具体可以有以下几种存在形式：电子邮件、网上聊天记录、手机短信、电子签名、域名、博客、微博客等。

二、电子证据的类型

在当前的司法实践中，从电子商务技术角度区分，电子证据主要表现为以下六种类型：

1. 现代通信技术产生的电子证据，如电话语音证据、电报证据、传真证据等。

2. 计算机技术产生的电子证据，如计算机文件、计算机日志及其终端设备输出物等。

3. 互联网技术产生的电子证据，如电子邮件、电子数。

4. 电子聊天记录（QQ、EMS、微信等）、电子公告牌记录、博客记录、电子报关单、电子签名、微博记录、域名、网页、IP 地址及电子浏览痕迹等。

5. 手机技术产生的电子证据，如手机录音证据、手机摄像证据、手机照片证据、手机短消息证据、手机微信记录、手机上网痕迹等。

6. 其他信息技术产生的电子证据，如雷达记录证据、GPS 痕迹、录音证据、摄影证据、监控录像证据等。

随着互联网技术与手机技术两者的逐渐融合，上述中的第三、第四类电子证据还会不断出现，还会进一步增加电子证据的种类。

第二节　举证责任分配

在电子商务活动中，有如下几个主体涉及举证问题：第一，平台经营者；第二，平台内经营者；第三，知识产权权利人；第四，电子支付服务提供者。

一、平台经营者及平台内经营者的举证责任

《电子商务法》第三十一条规定，“电子商务平台经营者应当记录、保存平台上发布的商品和服务信息、交易信息，并确保信息的完整性、保密性、

可用性。商品和服务信息、交易信息保存时间自交易完成之日起不少于三年；法律、行政法规另有规定的，依照其规定”。在电子商务活动中，平台经营者是技术、商务机会等的提供者，对电子商务活动中的行为痕迹能够最完整地记录。因此，此次《电子商务法》中也将保存交易全过程信息责任及部分举证责任分配到平台经营者。

《民事诉讼法》中举证责任的基本原则为“谁主张，谁举证”，同时，《关于民事诉讼证据的若干规定》第二条规定，当事人反驳对方诉讼请求所依据的事实，有责任提供证据加以证明。也就是说，民事诉讼法将举证责任分配给了双方当事人，被诉一方同样需要对反驳不利于自己主张的事实加以佐证。《电子商务法》第六十二条规定，“在电子商务争议处理中，电子商务经营者应当提供原始合同和交易记录。因电子商务经营者丢失、伪造、篡改、销毁、隐匿或者拒绝提供前述资料，致使人民法院、仲裁机构或者有关机关无法查明事实的，电子商务经营者应当承担相应的法律责任。”将举证责任分配到了平台经营者身上，甚至匹配了相应的法律责任。这是对平台经营者的合规性要求，但同样也是平台保护自己利益的一道防线。

二、知识产权权利人举证责任

在涉及知识产权权利时，《电子商务法》设定平台权利义务采民事诉讼法中“谁主张，谁举证”的基本原则，需知识产权权利人提供初步的侵权证据才能采取删除、断开链接等一系列必要措施。

三、电子支付服务提供者

类似于平台经营者，电子支付服务的提供者同样掌握着消费者用户大量信息，在交易过程中所获信息量远远大于支付服务的用户。因此，《电子商务法》需要电子支付服务提供者能够证明支付错误并非自身原因造成。在对《电子商务法》第五十五条的理解中，如何证明支付错误并非电子支付服务提供者造成？支付错误的常见原因有：用户账号被盗和支付系统出现 bug。从电子支付服务提供者收集证据的能力来说，检查支付系统是否存在漏洞是可行的，但用户账号被盗的事实举证对于电子支付服务提供者来说，无疑是很困难的。

第三节　证据的取证及举质证

一、电子证据的调取

《电子商务法》规定：电子商务平台经营者应该完整保存交易记录至少三年。一方面，平台经营者能够自己调取证据从而举证证明自己已履行了相应的法律义务；另一方面，当消费者用户与平台内经营者发生纠纷，消费者用户需要调取证据的，不宜直接向平台要求调取，而是需要通过向法院或主管机关申请发出调取证据的命令。

二、电子证据的认定

（一）电子证据认定的可采性标准

1. 关联性标准

关联性是证据的自然属性，是证据与案件事实之间客观存在的联系。在判断电子证据与案件的待证事实有无关联性时应考虑以下三个因素：第一，该电子证据能够对案件中待证事实中的哪一部分事实进行证明；第二，该电子证据证明的这部分事实对待证事实、争议问题的解决是否具有实质性意义；第三，法律对这种证据的关联性是否还有其他具体要求。

2. 真实性标准

真实性是指用于证明案件事实的证据必须是客观真实存在的，虚假或伪造的证据不得被采纳。电子证据实质上是数字化的信息，即按编码程序规则处理记录而成的信息。由于数字化的特性使得其不具有稳定性，极易被人为篡改、破坏、伪造。此外，计算机病毒、操作失误、软硬件问题等技术或黑客攻击情况都是电子证据失真的因素。在判断电子证据的真实性时应考虑以下三个因素：第一，该电子证据的产生及保存环境是否可靠；第二，该电子证据的传送、收集途径是否安全；第三，该电子证据是否被删改过。《电子签名法》第八条也规定："审查数据电文作为证据的真实性，应当考虑以下因素：（1）生成、储存或者传递数据电文方法的可靠性；（2）保持内容完整性方法的可靠性；（3）用以鉴别发件人方法的可靠性；（4）其他相关因素。”

3. 合法性标准

合法性是指证据的主体、要件必须以符合法律规定的特殊形式存在，并且证据的收集、调查、提供和保全符合法定程序，如其程序不合法势必会影响证据的真实性，则可考虑对其加以排除。对于电子证据符合合法性标准，必须满足以下几个条件：（1）证据具有合法的形式要件；（2）提取、收集证据的主体为法定人员；（3）证据的内容合法；（4）证据收集、提取和保存符合法定的方式和程序；（5）审查电子证据在以上各要件中有无出现不合法因素，以及这些不合法因素是否足以导致其适用证据排除规则。

我国目前明确确立了非法证据排除规则，以遏制刑讯逼供等非法证据，维护诉讼参与人的正当程序权利。如通过以下手段获取的证据应予以排除：（1）以侵犯他人合法权益的手段取得的电子证据；（2）以非法侵入其他计算机系统的手段取得的电子证据；（3）以私自拦截传输中的数据包的手段取得的电子证据；（4）以私自破解加密数据的手段取得的电子证据。但对于获取电子证据的合法性认定不宜过于宽泛地应用“侵犯他人合法权益”的标准，而应当以违反法律法规的禁止性规定作为认定电子证据合法性的标准。因此，实践中应严格限制非法电子证据认定的范围。

（二）电子证据的证明力标准

1. 电子证据可靠性认定

电子证据的可靠性是人们考量其证明力的主要因素。可靠性和真实性是决定电子证据证明力大小的关键要素。由于电子证据本身具有很高的技术性含量，电子证据被用于证明相关案件事实时，相应地与传统证据有着不同的要求，加之如今科学技术的不断发展，对于电子证据可靠性的保障及如何认定方面存在很大难度。因此，一方面，电子证据可被采纳为定案证据需从证据的收集、提取和保存到证据的出示再到证据的质证，判断全程保障证据的可靠性；另一方面，必须借助计算机有关专家的专业技术手段来认定电子证据的可靠性。具体从以下几个方面进行审查判断：

（1）电子证据的形成。即要考虑用作被证明案件事实的电子证据是如何形成的，如电子证据是否在正常的活动中按常规程度自动生成或人工录入的；生成或录入电子证据的系统是否被他人非法控制，系统的维护和调试是否处于正常控制下；自动生成电子证据的程序是否可靠。这些因素都会影响到生成的电子证据的真实、可靠性，应在认定时逐一审查和判断。

（2）电子证据的收集、传递、提取和存储。由人工录入收集电子证据时，录入者是否是按严格的操作规则、有无采用可靠的操作方法合理录入，以防电子证据在操作收集过程中被丢失或修改；在技术性较强的案件中，是否由通晓计算机知识的专业技术人员负责侦查工作，拆卸、搬运计算机系统；在证据被提取之后，还要看证据存储方法是否科学，存储介质是否可靠，操作人员是否公正等。

（3）电子证据的来源是否可靠。司法机关依职权取得的电子证据与当事人从本人利益出发自行收集或无意之中得到的电子证据，其可靠性是不同的。

2. 电子证据完整性认定

判断电子证据完整性主要看电子证据本身是否完整、电子证据所依赖的计算机系统是否完整。电子证据本身的完整，是指电子证据保持原状未予增加或删改。增加或删改的电子证据虽然仍具有可靠性，但已不具备完整性。只有具有完整性的电子证据才具有足够强的证明力。计算机系统的完整是指计算机系统必须处于正常的运行状态；在正常的运行状态下计算机系统对业务有完整的记录；该记录必须是在该项业务活动的当时或即后制作的。推断电子证据是否完整，主要从以下条件入手：计算机系统正常运行时产生的证据；电子证据的保存人不是对方当事人；电子证据由第三方保存，电子证据符合这些条件即可推定其完整。

三、电子证据的证明效力

《合同法》确立了电子合同作为合同书面形式的一种，电子合同的表现形式有：电报、电传、传真、电子数据交换和电子邮件。电子商务活动中使用较为频繁的电子合同形式为电子邮件。

电子邮件是以计算机网络为基础的一种通信交流方式，通过 Internet 等网络，从计算机终端输入文字、图片或者声音等内容，借助邮件服务器发送到另一端计算机终端上的信息。随着电子商务的蓬勃发展，电子邮件系统功能也更加丰富，已从传统的文本邮件逐渐发展为图像邮件、影像邮件、声音邮件、多媒体邮件等多种形式，并更加注重实用性和个性化设计。如今电子邮件被广泛运用，已从个人通信、学习和娱乐消息传递发展成为电子商务、电子物流与电子政务重要信息传播的枢纽。

每一封电子邮件信息从生成、传播、接收到被阅读、回复、存储，都会在电子邮件系统和网络服务器中留下痕迹。同普通的电子文件相比，电子邮件信息的抬头内容直接包含在文件内部，例如，于收件箱打开一封电子邮件，可以直接看到邮件的抬头信息，通常包含邮件标题、发件人邮箱地址、发件具体时间、收件人邮箱地址及附件信息，如通过第三方转发的，应当还包括第三方服务器的地址、邮箱地址和收发时间等信息。充足的背景信息是电子邮件凭证性的最有力保证。

《民事诉讼法》及其司法解释明确规定了电子数据作为诉讼证据独立存在。因此，在涉及电子邮件的诉讼中，负有举证义务的当事人都可将双方往来的电子邮件作为证据提交法院，以支持自己的主张。

（一）保证电子邮件证明效力的保存方式

1. 确保电子邮件来源的真实性

在将电子邮件作为证据时，最常遇到的情况是双方对电子邮件的收发件人、收发时间发生争议，或者否认曾经收发邮件。因此，要保证邮件来源的真实性，最重要的是保证电子邮件收发人和收发时间与内容是真实、无异议的。因此，要保管好自己邮箱的账号和密码，防止别人盗用自己的邮件发送和接收电子邮件。

2. 保障电子邮件的形成与管理系统的可靠性

若电子邮件产生、收发或保存在一个可信任的系统内，那么该系统内消息的真实性、完整性才能保障。首先，要保证硬件设备正常运行，保证电子邮件发送的准确性；其次，保证电子邮件运行的软件程序可靠，包括操作程序、邮件系统、加密技术、备份技术等，如数据加密技术应用到电子邮件系统中可以保证电子邮件的信息不被他人所修改，保证收发电子邮件双方身份更加真实可靠；最后，保证电子邮件消息的存储、存储介质和存储环境可靠，使保存的邮件如原始记录容易读取。

3. 保留足够的背景信息

在保存电子邮件时应保留充分的背景信息，以备日后查考和取证，为司法机关核实电子邮件真实性、可靠性提供鉴定性资料。

4. 申请证据保全和认定

在实践诉讼中，若电子邮件未经电子签名或者其他论证，则由于真伪难以鉴别而影响其证据效力。因此，在很多情况下，举证人可以申请公证处对电子邮件进行证据保全，也可以申请人民法院对电子邮件证据进行诉前保全。电子邮件证据保全的条件：

（1）保全的电子邮件证据须能证明案件的待证事实，只需审查所要保全的电子邮件证据与待证事实在形式上具有关联即可。

（2）证据有毁损、灭失或者以后难以取得的可能性。而电子邮件本身在存储、传输和使用过程中，极易遭到截取、篡改、删除等破坏，且不留痕迹。

（3）证据保全申请不得迟于举证期限届满前七日提出。鉴于网络存在的不安全性问题，以及电子邮件自身的易删除性、易篡改性和易灭失性，更应该采取证据保全措施。

在电子证据保全的基础上，再求助于计算机专家和权威鉴定机构对证据进行认定。我国已经建立了一些电子数据司法鉴定中心，既可以解决电子邮件等电子证据遇到的合法性和真实性的问题，又可以在证据认定时给法院审判提供可靠的依据。

（二）电子邮件的法律诉讼价值体现

电子邮件作为合同书面形式的一种已为《合同法》所认可，同时电子邮件是企业电子商务运营的主要基础之一，因电子邮件营销波及面广、效率高、成本低、针对性强、反馈率高等优点。近年来，各大企业之间亦往往通过电子邮件进行洽谈商务、缔结契约等种种民事法律行为，自然对双方的行为具有相应的法律约束力。但是，很多企事业单位、政府机构在通过电子邮件对内对外业务谈判、合同洽谈签订运作中都会遇到一些法律诉讼，若不能在规定时限内及时向法庭提供有效证据，则会承担败诉或巨额赔款的风险。而电子邮件作为双方的信息情感交流手段，其中包含的信息真实完整有效的记录了双方交易的基本情况，这些都是解决纠纷的有效凭证。而且在审判实践中已经将其作为一种证据使用，如《合同法》就将其作为证明合同关系成立与否的有效证据。因此，实施有效的电子邮件管理，及时收集、归档、保存、处置重要的电子邮件信息，可以避免消息被有意或无意删除或者病毒感染等，保证电子邮件的真实性、完整性和有效性，便于企业更好地应对法律诉讼，提交有利的相关证据，维护自身的合法利益。

四、电子证据的保全

（一）电子证据保全的类型和概念

依据我国现行法律的规定，对电子证据主要采取公证保全和司法保全两种措施。

所谓电子证据的公证保全，是指公证机关根据公民、法人或其他组织的申请委托，在诉讼发生之前对有关数据电文证据加以验证提取收存，并转存到其他介质上予以固定封存，并出具公证文书的活动。目前最常见的情形是当发生网络侵权时（如著作权侵权），对相关网页保全，也有不少电子邮件保全、手机短信保全、网上购物保全等。例如，在电子商务实践中，即时消息即能够实时在线聊天的工具，包括京东的客户服务平台、淘宝的阿里旺旺、携程网的客户端等，甚至微商常用的微信等交流工具，是电子商务活动不可缺少的一个部分。即时消息的可采性必须满足真实性和原始性的要求。

电子证据保全公证作为一种证据保全措施。其目的不在于增强数据电文的证明力，也不在于满足符合证据的形式要求，而是以公证文书的形式将能够证明某一个客观事实的电子数据固定化，这在目前网络交易尚未完全实现无纸化、网络安全技术、数字签名认证规则等尚未完善的情况下有利于更好厘清事实，确定责任，解决纠纷。

电子证据的司法保全是指司法机关依当事人申请或依职权对与案件中有关的网页等数据电文进行固定封存，以查明案件事实的强制措施。虽然《民事诉讼法》对证据保全制度作出了一定的规定，然而，现行的民事诉讼法对证据司法保全，尤其是对电子邮件等数据电文的保全并未作出具体的规定，今后在该方面有必要进一步完善。

（二）电子证据保全公证的程序

电子证据保全公证程序，包括公证申请人提出申请、公证机关受理审查、公证人员进行执业活动和出具公证书等（见图 1）。进行电子证据保全公证，应当遵循以下程序步骤：

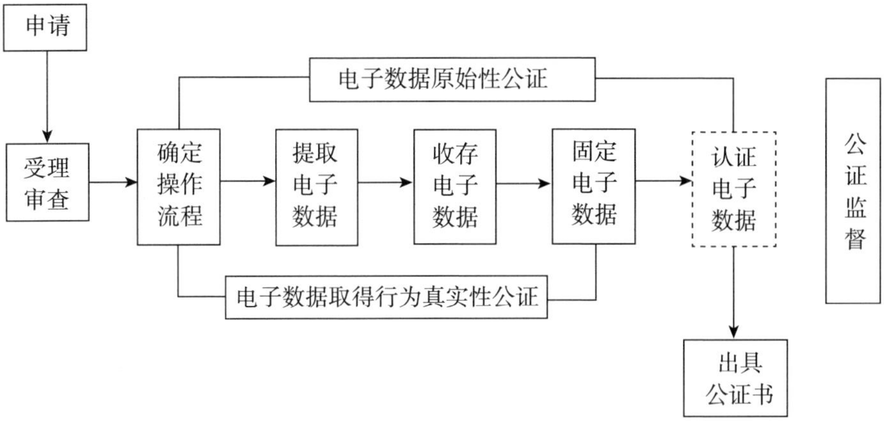

图 1　电子证据保全公证程序

1. 公证机关接受委托申请后，应该选派精通计算机专业知识的公证员办理该项公证。例如，电子邮件的公证保全，电子邮件是以计算机网络为基础的一种通信形式，通过电子通信系统对文字、声音、影像等信件内容进行记录、发送和接受，这种证据取证的方式，要以查看源代码并复制出所有内容粘贴到文字处理软件中编辑并打印的方式，这样能够取得邮件中的所有内容；附件中的内容，应分辨不同的文件格式，尽可能不失真地用高档设备打印出来；如是声音文件的，可记录成文字后打印出来，并保留原声音文件便于将来的庭审质证。

2. 审查当事人的主体资格、民事权利能力、民事行为能力及其意思表示。主要是审查当事人的意思表示是否真实，是否享有申请公证事项相适应的权利，是否拥有与电子证据保全行为相符的资质。另外，有无弄虚作假、欺诈、乘人之危、重大误解等情况存在。

3. 考察公证环境的中立性，包括该证据形成时间、地点、制作过程及所依赖的计算机系统等；审查电子证据与客观事实有无联系；电子证据内容的真实性与合法性，有无伪造、篡改等。公证员必须是对与案件有关的电子邮件等数据电文采取保全措施，同时对与案件有关的软盘、计算机系统进行搜索并保全有关电子信息，不得进入与案件无关的计算机系统或局域网。

4. 完整而准确地记录公证电子证据详细的保全过程。公证机关应当记录包括登录网络的用户名和密码及网络身份验证的过程，同时将网络上的有关信息逐一打印并将这些信息或内容的获得方式、过程、时间、地点等详细予以记录。取证时，若遇到图形、声音文件，还需采取录像的方式加以固定。

5. 公证书的送达、备份。公证机关除出具送达电子证据保全公证书外，还应允许申请人自由查询，同时，公证机关要采取妥善的措施备份已保全的电子证据防止销毁、灭失。

（三）电子证据保全公证的局限性

1. 电子证据公证的效力限制

常见的公证业务范围有：合同、遗嘱、赠与、婚姻状况、亲属关系、收养关系、文书的副本、影印本与原本相符等。在公证过程中，对于文件的制作主体，文书的生成、储存、传递，文书内容的完整性等一系列问题，都可以直接通过对当事人、文件正本验证逐一进行确认，并体现在公证文件中。但对于电子证据而言，要通过公证实现这些目的是很困难的。主要因为：

一是电子证据的自身特点所决定：（1）数字化、无形性。电子证据是以数字形式存在的，肉眼无法直接看到及解读，只有经过一系列的处理程序后通过屏幕显示或打印后才能为人所识别。（2）脆弱性。由于其数字化的特点，电子证据的生成、储存、传递信息很容易被篡改、伪造、破坏或毁灭，从表面难以区分其真实性。从这个角度看，传统证据公证的直观性特点并不适用于电子证据。

二是电子证据的证明力，无法通过单一公证得以增强。在虚拟环境下，实体社会对证据真实性验证的方法受到很大限制，必须寻找适合计算机网络条件的新方法。这些方法不是验证结果"必然正确"，而是通过对数据电文不同方法可靠性的检验，判断数据电文的真实性，以"尽可能地减少错误"。

2. 电子证据公证的质量瑕疵

电子证据公证的质量瑕疵主要体现在程序瑕疵和实体瑕疵，如不符合公证管辖的规定、申请人存在瑕疵、未检查网络连接以及计算机清洁度等。

鉴于电子证据的特性，其公证比传统证据公证有更加严格的程序和技术性要求。但是司法实践中对于电子证据的保全方式，公证机构仍然采取传统的方式，由公证员监督申请人操作计算机，登录目标网站，进行下载或者打印，即公证员扮演的角色仍然是被动的监督者、见证者及记录者。这种方式用于电子证据的保全，考虑到电子证据的特殊性，公证员眼前看到的未必为客观发生的事实。各种情况都可以形成“眼见未必为实”的假象，使证据保全公证出现瑕疵。

3. 现阶段区块链存证技术的司法运用

正如前文所述，电子证据相比于其他种类的案件来说，具有虚拟性、脆弱性、隐蔽性以及可篡改等特征。在司法审判中，如何判定电子数据的真实性和安全性，能否作为案件事实的有效证据使用，成为司法审查的重点和难点。

2018 年 6 月 28 日，杭州互联网法院上线了全国首个电子证据平台。在这个平台上，用户只需向杭州互联网法院提出申请，审核通过以后，平台可以把用户取得的电子数据做成哈希值，并生成相应的存证编号。用户提起诉讼以后，只需要输入存证编号，这套系统会自动根据存证编号向保存电子数据的源文件发出调取指令，系统会自动核对源文件跟电子数据之间是否匹配。如果匹配成功，导入杭州互联法院诉讼平台作为原告或被告的证据使用。

同一天，互联网法院宣判了全国首例以区块链技术进行存证的民事案件，该案中法院支持了原告采用区块链作为存证方式并认定了对应的侵权事实。同时，判决书也指出，“对于采用区块链等技术手段进行存证固定的电子数据，应秉承开放、中立的态度进行个案分析认定。既不能因为区块链等技术本身属于当前新型复杂技术手段而排斥或者提高其认定标准，也不能因技术具有难以篡改、删除等特点而降低认定标准，而应根据电子数据的相关法律规定综合判断其证据效力……”区块链技术本身并不是证据，而公民只要将真实、有效、可靠的数据信息传输上链，那么区块链技术就能够进一步保证证据的真实可靠，从而也就从源头上解决了电子数据可信、可用的问题。

2018 年 9 月 18 日，杭州互联网法院进一步上线了全国首个司法区块链，其实质是利用区块链技术开发建设的一个公信证据链。在这个系统中，通过时间、地点、人物、事前、事中、事后六个维度保障公民所需要生成、提交给法院的数据是真实的、未经修改的。用户通过在司法区块链网站上的操作，电子数据获取的每一个过程都将生成一个相应的哈希值，存储在杭州互联网法院独立的本地服务器中。如提起诉讼，只需将电子源文件作为电子证据提交，提供将自动对比提交的证据与源文件是否存在篡改，如果没有，可以作为当事人的证据。

当前，电子数据保全的问题可以利用区块链技术得以实现，区块链作为存证方式已经得到了司法的确认。此外，司法区块链技术的逐渐成熟使公民可以直接在法院官方的司法区块链系统中完成存证，固定客观事实，为诉讼中证据的认定、证据的保全等作出了贡献。

第四节　电子证据的司法鉴定

一、电子证据司法鉴定概述

无论是何种形式的电子邮件、电子交易记录、计算机文件、数码相机中的图片或者视频资料等，其产生、存储、传输、后期处理等各个环节都离不开电子数字技术。上文已述，我们把一切由电子数字技术形成的、用以证明案件事实的电子数据信息称为电子数字证据。然而，在司法实践中，由于案件承办人缺乏电子数字证据的知识和判断能力，需要借助于专业人士鉴定。电子数据司法鉴定是指在诉讼活动中电子数据司法鉴定人运用计算机科学理论和技术或者专门知识，对诉讼涉及的专门性问题进行鉴别和判断并提供鉴定意见的活动。它是研究如何对电子数字证据进行获取、保存、分析和出示的法律规范和科学技术。

（一）司法鉴定人

司法鉴定人是指司法机关、仲裁机构或者当事人聘请，运用专门知识或者技能，对案件中的某些专门问题进行鉴别或者判定的人。具备下列条件之一的人员，可以申请登记从事司法鉴定业务：

1. 具有与所申请从事的司法鉴定业务相关的高级专业技术职称；

2. 具有与所申请从事的司法鉴定业务相关的专业执业资格或者高等院校相关专业本科以上学历，从事相关工作五年以上；

3. 具有与所申请从事的司法鉴定业务相关工作十年以上经历，具有较强的专业技能。

（二）司法鉴定机构

司法鉴定机构是指具备司法鉴定组织的设立条件，法人或者其他组织申请从事司法鉴定业务的机构，应当具备下列条件：

1. 有明确的业务范围；

2. 有在业务范围内进行司法鉴定所必需的仪器、设备；

3. 有在业务范围内进行司法鉴定所必需的依法通过计量认证或者实验室认可的检测实验室；

4. 每项司法鉴定业务有三名以上的鉴定人。

（三）电子数据司法鉴定研究趋势

电子证据司法鉴定内容主要包括：完整取证链规范操作标准、取证工具评价指标体系建立、模糊法学分析、计算机中的法学分析、电子商务犯罪中的法学分析、信息网络数字证据级别模型建立、针对纯正的和不纯正的计算机犯罪类型的法律模式探讨等。从技术层面上研究通过计算机技术和有效的工具查找、收集、处理计算机和网络中存在的数字证据的标准和规范。从法学层面上研究利用法学知识进行分析和推理数字证据形成的调查报告，用于法院作为立案和审判的依据。

目前，对于电子数据的司法鉴定，一方面，需要进行大量电子数据司法鉴定理论体系和框架研究，以形成完备的知识体系标准和方法；另一方面，需要大量研发鉴定工具并推广使用，促使其向着软硬件结合和智能化的方向发展，以利于有效维护虚拟社会和现实社会的和谐。电子数据司法鉴定理论和实务的研究具有交叉性、前沿性和创新性，具有重大的发展前景。

二、用户行为司法鉴定

在计算机犯罪案件或民事争议案件中，特定当事人实施了哪些行为及其造成的后果往往会是双方争议的焦点。司法实践中，已出现多种需要对用户是否实施了某种特定行为进行专门性鉴别的需求。根据用户操作对象、交互的目标对象，用户行为整体上可分为两类：一是用户本地行为；二是用户网络行为。

用户行为司法鉴定需要注意以下三个要点：（1）用户行为的时间属性；（2）用户实施遗留痕迹即行为的实施过程；（3）用户行为实施的直接后果。

1. 本地行为

（1）用户本地行为鉴定事项。根据鉴定要求和操作行为的目的将其大致分为下列几种：①本地系统资源访问；②软件安装及使用；③持有电子数据；

④可移动设备接入及使用。

（2）用户本地行为鉴定方法。用户行为的司法鉴定即针对不同的用户行为，进行具体分析、检查、测定，最后提出结论性意见。基于用户本地行为的上述分类，下面对用户操作行为进行简略分析：①本地系统资源访问行为的鉴定：一是开机和本地用户登录；二是文件操作行为；三是文件创建行为；四是文件修改行为；五是文件删除行为。②软件安装及使用行为的鉴定：软件安装往往需要创建专用目录、文件，很可能复制动态链接库文件到某个系统文件下，一般都会在控制面板以及注册表中留下相关的登记性信息，还可能生成快捷方式。软件卸载后删除掉部分信息，但有可能卸载不完全，还可以利用数据得到部分相关数据。对注册表中有关键位的分析及查看控制面板中软件的安装信息可以作为主要手段来确定是否有软件安装的行为。③持有电子数据行为的鉴定：依据鉴定目标确定某一电子数据文件是否属于某一类别或是否是某特定目标文件。此处假设依据专家的专业知识可以判断数据的类别，或采用某种工具可以判断与某些参考文件中的某一个是否相同。④可移动设备接入及使用的鉴定：可移动设备接入一般会在注册表中以及最近使用文档中留下相关信息，对该行为的鉴定可以通过分析注册表，得到相关可移动设备接入记录，关注设备名称、接入时间、设备加载等信息。

2. 网络行为

（1）用户网络行为鉴定事项

根据鉴定要求以及网络行为的目的将其大致分为下面几类：①不正当浏览：分析、判断用户是否有违反某些规定的不恰当的网页上浏览行为。②网络信息的共享与下载：分析、判断用户是否有特定信息的共享与下载行为。③网络及时通信：分析、判断用户是否使用即时通信软件在某时间段内进行网上聊天、视频通话等特定行为。④电子邮件的发送：分析、判断用户是否有收取或发送特定电子邮件的行为。⑤网络信息的发布：分析、判断用户是否在某段时间内通过网络平台实施了特定信息的发布行为。

（2）用户网络行为鉴定方法

①不正当浏览行为。目前，绝大多数用户进行网络浏览行为时均使用浏览器来实现，而本地操作系统相关目录及浏览器中存储了大量的用户浏览活动信息，已浏览网页的缓存版本、工具栏搜索条件、收藏夹信息等有可能在

用户浏览过程中还自动保存在机器上。例如，在历史文档上记录了用户访问过的所有 URL 链接、链接时间以及链接用户权限，即使在清理了历史记录后，IE 浏览器还是存有记录，因此已经删除的不含散列表条目的记录可能仍然存在。故用户在使用清除功能清除浏览器中的历史记录，但是仍可以通过一些工具查找到潜在的证据信息。在收藏夹处记录了用户保存的站点的 URL 链接，用户很可能会把经常访问的网页链接保存在收藏夹中，这些显示存储的链接表明了用户的意图。为了便于快速查找，在缓存文件中存储了最近浏览过的站点的本地副本。在 cookie 处不仅记录了用户所访问的所有站点，而且还记录用户在该站点进行的所有操作，如访问过哪些网站，以及浏览过该网站的图片、文件、视频等，能够向取证人员提供用户名、密码等信息。

②网络信息的共享与下载。随着网络信息的快速发展，用户之间可以利用专有的协议进行信息的共享与下载。同时，这也为非法信息的传播搭建了一个更便捷的平台。鉴定信息共享与下载的行为，首要目标是要确定行为人的下载和共享行为，下载的文件以及识别行为人和其他计算机共享的文件，这样可以从新的客户端来获取相应的证据信息，通过分析客户端中注册表键以及文件的改变情况，来确定行为人主机下载与共享文件的具体行为。

③网络即时通信。目前，针对 QQ 和 MSN 这两种工具所产生的行为可以分两种：一是文字、语音及视频聊天行为；二是电子数据的传递行为，包括文档、照片和视频等。对于第一种用户的聊天行为，在本地聊天日志中往往记录了登入时间、聊天内容、聊天时间等，通过登入时间、聊天内容等可以作为行为人留下的痕迹来分析、判断某些行为是否发生过。对于第二种行为人的传递行为鉴定，则可以从最近使用文档以及聊天日志记录中查找到证据信息，可以判断行为人在哪段时间接收或者传递了哪些图片信息。

④电子邮件传递。电子邮件传递是通过特定的网络协议对邮件进行收取或发送的行为。这类行为取证的信息主要来源于：邮件客户端程序、行为人邮箱、邮件抬头、邮件内容、服务器日志记录。因此，对于电子邮件发送行为的鉴定，需要关注邮件收发程序、邮件收发时间、邮件收发双方用户、邮件经过的服务器以及邮件内容。

⑤网络信息发布。由于大量网络用户使用博客、微博及豆瓣、天涯等网络论坛，滋生了一些网络不法分子对于不法信息的传播，一些涉及侵犯公民

人身权利的诽谤、国家安全信息内容时不时地出现在网络信息中。对于这些不法网络信息的发布行为进行鉴定，则可以从网络信息发布平台以及本地主机中查找到相关证据信息。如某用户在自己的微博上发布严重影响他人声誉的言论，给他人生活造成了不良影响，为了消除、毁灭证据，用户删除了自己的博客信息内容，那么鉴定人员必须从网络服务器中查找到用户的日志，并恢复删除的相关信息，从而证明该用户的发布不良言论行为。

对于网络论坛而言，又分为无实名注册论坛和实名注册论坛两类。无实名注册的论坛由于用户是匿名登入的，对于该类行为的鉴定需要从服务器中查找到IP地址及用户登录时间与用户本机记录的上网时间相比较来确定该信息是否该行为人的主机。实名注册的论坛的鉴定较前者容易，该论坛上的用户是以行为人的真实身份注册为用户的，且没有权限删除其所发布的信息，因此，可以通过查找信息直接对应到用户名并与该用户名相对应的信息发布人。在现阶段，《侵权责任法》和《网络商品交易及有关服务行为管理暂行办法》都类似规定了提供网络交易平台服务的经营者应当审查、记录、保存在其平台上发布的网络商品交易及有关服务信息内容及其发布时间；并对个人真实身份信息记录保存时间作出一定的规定，有必要采取数据备份、故障恢复等技术手段确保网络交易数据和资料的完整性与安全性，以备在有权机关作出相关处理时予以提供。

三、数据库司法鉴定

随着计算机网络的发展，网络违法行为也日益增多，如网络交易诈骗案件、网上制作传播淫秽物品牟利案件、网络赌博案件、侵犯知识产权和商业秘密等案件，正是这些电子商务犯罪案件的发生使数据库的分析与统计成为电子数据司法鉴定活动中常见的一类鉴定活动。在这些网络违法案件中，数据库可能成为鉴定对象，也可能是作为证据载体和素材间接为其他类型的分析鉴定提供电子证据。

（一）数据库司法鉴定的类型与特点

鉴于数据库作为直接鉴定对象，我们可以将数据库司法鉴定分为三类，而在现实的电子数据司法鉴定实务中，对于数据库的分析被广泛应用于其他的司法鉴定类别中。

1. 数据库所有权鉴定

当数据库本身作为知识产权保护对象而当事人利益受到侵害或因违法犯罪等行为出现司法责任追究时，可以委托有资质的司法鉴定机构对数据库的法定所有权进行司法鉴定，具体可分为：鉴定数据库系统软件的所有权方、鉴定数据库内条目化记录信息的所有权方，或者以上两者的叠加即鉴定数据库整体的所有权方。

2. 数据库完整性鉴定

当数据库的数据结构和条目化记录信息因人为故意而发生变化并导致触犯法律的后果时，可以委托有资质的司法鉴定机构对数据库的完整性进行司法鉴定。主要是针对数据库字典中各字段定义的变更和增删动作，存储过程、视图等应用功能定义的变更和增删动作，以及数据库条目化记录信息的增删改情况进行分析鉴定。

3. 数据库统计鉴定

当需要对数据库内条目化信息进行数据统计和确认时，可以委托有资质的司法鉴定机构对数据库记录信息进行司法统计鉴定，但其前提条件是统计方法科学合理，数据库本身稳定可靠；反应在分析鉴定过程中，即科学合理的统计条件相同且明确时，统计结果也必然是相同且明确的，统计后的结论是具有唯一性的稳定结论。

（二）数据库司法鉴定的主要内容

1. 认定数据库所有权方：（1）鉴定人在认定数据库所有权方时，首先需要确定委托方所提交数据库的数据模型类别和系统平台类型。（2）鉴定人应主动询问数据库开发时的目的和用途，充分了解涉案行业领域中的专有名词，吃透委托方提出的鉴定需求并针对性地查看数据字典的构成和定义，详细分析那些需要编写代码的应用型存储过程和视图等高级应用。（3）对数据库内条目化的记录信息进行抽样分析和统计分析，试图发现其中的某些规律。（4）要留意一些较明显的标志信息或所有权方事先有意预设的某些特点。

2. 判断数据库结构和记录的变化情况。判断数据库结构和记录的变化情况关键要分析增删改这三种行为引起的数据有何变化，这种方法往往应用于数据库完整性鉴定和数据库所有权鉴定的分析判断过程中。

3. 数据库的和值统计、差值统计与分类统计方法，通常在“统计数据库中符合要求的记录条数”“计算总金额”的鉴定委托里，在网络赌博数据库的佣金计算中，在某淫秽论坛网站的数据库对管理人员、VIP 会员人数及普通注册会员人数分别统计的鉴定委托中普遍被操作应用。

数据库技术并不局限于仅仅以数据库为直接鉴定分析对象的司法鉴定活动中，在用户行为鉴定、网络数据司法鉴定中也被广泛地应用。

四、手机数据司法鉴定

手机作为一种现代社会不可或缺的通信电子设备，在使用手机的过程中必然会在手机本身或手机相关网络留下相应的电子数据信息。而手机数据司法鉴定就是以手机中留下的这些电子数据信息为分析对象的司法鉴定活动。

（一）手机取证的概念与原则

手机取证是在健全的取证环境中，使用恰当的手段从手机及相关设备中恢复数字证据的科学。具体来看，手机取证的电子证据来源主要有：手机内存、SIM 卡、手机扩展的闪存卡、移动运营商和短信服务提供商。同其他计算机或网络取证一样，为保证数字证据的完整性和有效性，手机取证必须在健全和合适的环境下，需要遵循一定的取证原则来保证有效地进行。手机取证在遵守基本的调查原则前提下，也要遵守手机取证的一些自有原则，以保证提取的数字证据的法律效力最大化。手机取证主要原则有：

1. 作为证据的手机及其相关设备中的数据是未经改动的，对其的任何操作都要保证原始数据的完整性；

2. 由专门的人员访问手机及其相关设备中的数据，这些人员必须是有资格的并且能解释其独立行为；

3. 所有对手机及相关设备的操作，包括对证据的获得、访问、提取、存储、转换等行为都必须由第三方建立日志审计，并完全归档保存以备质询；

4. 负责操作和调查的人员与组织必须遵守以上原则并对操作行为负责。

（二）手机数据司法鉴定的内容

1. 手机数据来源鉴定

手机数据来源鉴定，是指根据委托人提供的检材，确定数据在本手机存储介质的逻辑地址和物理地址，或者确定数据来自哪一个设备终端。如手机中的某一条短信是来自哪部手机的，可利用手机里邮件的抬头地址确定来源等。

2. 手机数据同一鉴定

手机数据同一鉴定，是指确定手机存储的数据信息是否为原始信息，或确定来自手机和其他设备的两份数据样本是否完全一致。如根据手机数据所处的环境、时间属性等参数信息来判断两份内容相同的文件或图片是否来自同一设备终端。

3. 手机数据内容鉴定

手机数据内容鉴定，是指鉴别某些数据是否客观存在，或判断涉案电子证据的真实性，以及对隐藏数据进行显示分析和判断。如敲诈勒索案件中犯罪嫌疑人是否存在拨打受害人及其亲属的电话，是否有通话记录存在。

4. 手机数据功能鉴定

手机数据功能鉴定，是指对手机系统软件和应用软件的功能、结构特征进行分析鉴定。对软件进行模拟实验以验证程序功能或是利用逆向工程技术对软件程序进行反编译得到程序源代码，再根据源代码来判断其功能。

5. 复合鉴定

复合鉴定，是指鉴定要求中包含了以上四种鉴定的两种或两种以上的鉴定内容或者是手机数据鉴定与其他类型鉴定相结合的鉴定。

（三）手机数据司法鉴定的特殊要求

1. 鉴定环境方面

除满足一般电子数据司法鉴定所必备的环境外，还应具备屏蔽手机信号的工作室，手机连接、复制和维修相关的硬件设备，手机数据读取、备份、恢复和分析相关的工具软件及手机其他应用的一系列专用工具。

2. 鉴定方法方面

手机数据鉴定应优先机卡分离分别读取，否则应有相应的对策。

3. 鉴定流程方面

其应在电子数据鉴定传统流程上增加校验次数，以确定原始数据的完整性，并对过程采取录像，增加见证人等措施。

第十二章　电子商务法律保护

电子商务法律保护在《电子商务法》中主要体现在四大块：消费者权益的保护、知识产权的保护、环境保护、网络安全与个人信息保护。网络安全与个人信息保护已在前文详述，本章就不再赘述。本章将结合《电子商务法》关于消费者权益的保护、知识产权的保护、环境保护的相关规定详述电子商务法律保护。

电子商务法律保护在消费者权益保护上主要体现在：消费者隐私权的保护、消费者知情权和公平交易权的保护、消费者人身和财产安全权的保护；在知识产权保护上主要体现在对商标权、网络商标权的保护等；在环境保护上主要体现在电子商务的绿色发展，包括电子商务经营者销售的商品或提供的服务需符合环境保护要求；快递物流服务提供者应使用环保材料等。

第一节　电子商务消费者权益保护

电子商务作为一种新的商业模式，凭借其高效、快捷及成本低廉等方面的优势，成为当前消费者的主要消费模式。但是由于电子商务所具有的开放性、分散性和虚拟性的特点，使消费者维权存在一定的难度。所以，《电子商务法》中规定电子商务平台经营者、电子商务经营者对消费者权益的义务与责任有利于电子商务消费者权益的保护。

一、电子商务中消费者权益的侵害

（一）电子商务消费者隐私权的侵害

1. 电子商务消费者隐私权侵害的产生

电子商务平台经营者或是电子商务经营者为确保网络交易的安全，一般都要求消费者在平台交易时采取实名登记。消费者要将自己真实的信息登记在网络服务商提供的系统中录入，如姓名、身份证号码、地址、联系电话等。电子商务平台经营者或是电子商务经营者据此保护交易安全的同时也获取了用户的数据，可以通过用户在电商平台的交易记录分析形成用户信用情况、消费能力等的数据库。但是，不可避免地会出现消费者信息泄露的情况，实践也表明消费者信息泄露现象屡见不鲜，进而导致消费者隐私权受侵犯。

2. 电子商务消费者隐私权侵犯的表现形式

隐私权是自然人保有其个人私生活秘密并排除他人非法侵犯的权利，其内容包括：一是个人生活安宁权，即自然人的住宅不受侵扰。自然人的生活安宁受法律保护；二是个人生活信息保密权；三是个人通信秘密权，即通信秘密受法律保护，禁止以开拆他人信件等方式侵害他人的通信秘密；四是个人隐私利用权。消费者隐私权毋庸置疑也属于隐私权，且在交易过程中，消费者属于弱势群体，其合法权益更应当受法律保护。因侵犯消费者隐私权的主体不同，具体的侵权形式也不同，其中表现形式主要如下：

第一，非法发送垃圾短信或者邮件、盗取消费者的社会交际信息。在电商与消费者进行一次交易后，电商得知了消费者的联系方式，就会通过短信或者邮件等方式向消费者推销产品。更有甚者，较少部分非法电商在获知消费者的社交信息，如 QQ 号、微信号、人人号等，之后，非法盗取相关账号，偷看消费者的个人隐私，甚至从事向消费者的好友、亲人进行诈骗等非法活动。

第二，非法公开、出售消费者的数据。电子交易平台进行实名制登记后，对消费者的基本个人信息有了准确的数据，并通过消费者的浏览记录和交易情况，可以进行相应的数据分析。如果网络服务商未将消费者的信息进行保密，而是直接将其所获悉的个人基本信息及其他数据转卖于他人，则将导致消费者信息大量泄露，网络服务商却从中得利。

第三，非法监察、破坏消费者的商务交易。该形式主要是通过电子技术对电子交易进行非法干涉，以获取消费者的网络信息，然后破坏交易或者非法利用消费者信息。

（二）电子商务消费者知情权和公平交易权的侵害

1. 电子商务消费者知情权和公平交易权侵害的产生

消费者与经营者的信息不对称是在交易过程中必然存在的，更何况是电子商务这种特殊的网上交易模式。消费者只有通过卖家的描述以及不全面的买家评价来获取商品的基本信息。伴随现在拍照技术以及修图技术的发展，卖家可以将商品图片进行美化，使得消费者无法在购买时知悉商品的真实情况，并且网上购物也存在以劣充好，以假当真的情况。这种交易信息不对称的现象直接侵犯了消费者的知情权和公平交易权。

2. 电子商务消费者知情权和公平交易权侵害的表现形式

在大数据环境以及电子商务消费者与电子商务经营者信息不对等的情况下，电子商务消费者知情权和公平交易权的侵害主要表现为电子商务经营者存在刷单、炒信用、精准营销、大数据杀熟、搭售等情形。

（1）刷单、炒信用

刷单、炒信用主要是指电子商务经营者通过虚构交易、编造消费者评价等方式进行虚假或者引人误解的商业宣传，欺骗、误导消费者，侵害了消费者的知情权和公平交易权。具体表现形式为：电子商务经营者建立微信群、QQ 群等要求群友进行网上购物但无实际交易，即使有快递寄出也是空壳快递，并对群友进行返现或送礼，此为刷单；刷单成功之后电子商务经营者进而会要求对商品进行好评并对此进行返现奖励，此为炒信用。就法律性质而言，刷单、炒信用属于“虚假交易”范畴，侵犯了消费者的知情权。从浙江省余杭区人民法院判决的全国首例刷单炒信入刑案件来看，刷单、炒信用行为属于以营利为目的，明知是虚假信息仍通过网络有偿提供发布信息等服务，扰乱市场秩序，情节严重的行为。法院将其界定为“非法经营”的行为，应当依照非法经营罪追究刑事责任。

（2）精准营销

电子信息技术的发展使得电子商务成为信息沟通和贸易活动的重要形式，越来越多的企业会依托信息技术和大数据技术进行精准营销。世界市场学权威、美国西北大学教授营销大师菲利普·科特勒认为：精准营销“就是公司需要更精准、可衡量和高投资回报的营销沟通，需要更注重结果和行动”。精准营销就是通过现代信息技术手段实现的个性化营销活动，通过市场定量分析的手段（marketing test）、个性化沟通技术（数据库、CRM、现代物流等）等实现企业对效益最大化的追求 。

精准营销的基础是利用信息技术获取、挖掘用户的上网行为、浏览习惯，研究用户偏好，从而向其推送符合其偏好的广告信息，这其中就涉及用户的个人隐私问题。电子商务经营者则根据消费者的兴趣爱好、消费习惯等特征向其提供商品或者服务的搜索结果，进而导致消费者在未全面了解各类商品或服务的情况下进行消费，使消费者丧失了更多的选择权，严重侵害了消费者的知情权和公平交易权。具体表现形式为：淘宝平台消费者在浏览平台页面或者店铺时，平台或店铺会根据消费者对某类商品的点击率、搜索率、浏览足迹以及商品价格等进行有机排序，将符合消费者消费习惯的商品排序靠前等。

（3）大数据杀熟

大数据杀熟主要是指同样的商品或服务，老客户看到的价格反而比新客户要贵出许多的现象，严重侵害了消费者的公平交易权。该词当选为 2018 年度社会生活类十大流行语。大数据杀熟主要体现为：在线旅游、网络购物、网络外卖、网络购票、网络约车等平台上，在这些平台上针对新老客户有不同的优惠制度。一般而言，对新客户的优惠力度远远大于老客户，进而导致同样的商品或服务，老客户的价格要高于新客户，现在流行的“飞猪网”就有爆出此类现象。

（4）搭售

搭售行为是指电子商务经营者搭售商品或者服务时，将搭售的商品或者服务作为消费者的默认同意选项，误导消费者选择进而侵害消费者知情权和公平交易权。例如，买机票搭个“专车”接送、订酒店搭个 SPA 等行为都是典型的搭售。经营者利用其在市场上的既有优势，通过搭售将其业务范围不断扩展，垄断力量不断扩张，这可能会在一定程度上损害其他厂商的利益，而被搭售商品市场上的竞争者也会受到排挤。并且由于经营者往往会以较低的价格进行搭售，而无论是搭售商品市场，还是被搭售商品市场上的竞争者，降价幅度都是有限的，因此，其市场份额必定会受到不利影响。对于潜在竞争者而言，其进入市场的难度也大幅度提高。

（5）违规广告推送

手机软件和电商平台违规采集用户信息、没有明示其如何收集用户信息以及收集用户信息后未向用户披露用途等违规采集、使用信息过程，往往伴随着将采集到的用户信息以大数据处理的方式，在其手机软件和电商平台中不断推送相关的个性化内容广告，消费者对此不堪其扰。

在大数据时代，软件和平台收集用户信息的情况是屡见不鲜的，但是很多的大数据使用却不是非常规范，这给客户提供良好的个性化服务本身无可厚非，同时也满足了客户的兴趣、喜好，但软件和平台在收集好信息后，应当合法地提供广告。这就包括在提供个性化广告服务的同时，还要明示如何收集用户信息向用户作出，软件如何处理用户数据信息及其是否用于发布广告的目的，并征得用户的同意后方能进行。

（三）电子商务消费者人身、财产权的侵害

电子商务消费者人身、财产安全权侵害的产生主要体现在商品本身的安全性、商品运输过程的安全性以及电子商务作为新型交易模式其线上押金的退还机制。

1. 一般的产生形式

在电子商务交易过程中，因其特殊的交易方式，消费者人身、财产安全权保护并不仅仅是卖家提供安全有保障的商品，还要求快递公司在运输过程中保障商品的安全。而在电子商务的销售及快递运输的过程中，缺乏严格的监管，就会出现危害消费者安全的情形，例如，2013 年 11 月，山东“夺命快递”导致 1 人死亡 7 人中毒事件的发生，“夺命快递”由武汉发往潍坊，在卸载中造成了化学品泄漏，有 8 人因此出现不同程度的中毒症状，其中东营大王镇居民刘某因吸入氟乙酸甲酯而中毒死亡，收寄快件的当地快递公司由于收寄验视不规范，将被依法吊销快递业务经营许可证。2014 年 11 月，某儿童食其父庄某在网上所购的油炸蚂蚱和蚕蛹导致食物过敏，几乎危及生命。

2. 押金退还机制

押金是出押人（债务人或第三人）与受押人（债权人）双方约定的由出押人向受押人给付一定数量的金钱作为其履行债务的担保，履行债务情况下返还押金或者从中抵扣；不履行债务情况下受押人有权优先受偿该款项。电子商务经营者可以根据约定向消费者收取押金，但应当明示押金退还的方式、程序，不得对押金退还设置不合理条件，消费者申请退还押金且符合押金退还条件的，电子商务经营者应当及时退还。

日常生活中最常见的押金便是网上订酒店、共享单车等都需要先行支付押金，当消费者取消订单或者取消享受该服务时，押金退还却变得不那么容易。2017 年 6 月，以小鸣单车、悟空单车为代表的多家共享单车公司倒闭，消费者向公司要求退还押金时受到多般阻挠，至今有些消费者也未取回押金。也有些共享单车公司在押金退还上设置一些阻碍，例如 ofo 的押金只能通过 APP 提交，小黄人单车的押金只能前往线下服务中心办理退押申请等。这些行为会侵犯消费者的合法权益。

二、电子商务经营者的义务和责任

在电子商务的健康发展中，不仅需要赋予消费者权利，还需要电子商务经营者履行相应义务，承担相关责任。

（一）提供商品信息义务

电子商务经营者应当全面、真实、准确、及时地披露商品或者服务信息，保障消费者的知情权和选择权。电子商务经营者不得以虚构交易、编造用户评价等方式进行虚假或者引人误解的商业宣传，欺骗、误导消费者。对于网络商店的产品，电子商务经营者应当对每一产品的信息作出详细的说明，且提供的信息必须真实、客观，防止引人误解的虚假宣传，同时对消费者推送的商品不应进行有条件的筛选，无理剥夺消费者对商品或服务的选择权，对于搭售的产品应当赋予消费者是否需要购买的选择权。如若违法上述义务，市场监督部门将可以责令该电子商务经营者限期改正，没收非法所得，可以并处五万元以上二十万元以下的罚款，情节严重的并处二十万元以上五十万元以下的罚款。

（二）商品质量保障及售后服务义务

电子商务经营者销售的商品或者提供的服务应当符合保障人身、财产安全的要求和环境保护要求，不得销售或者提供法律、行政法规禁止交易的商品或者服务。电子商务经营者所提供的商品质量应与广告宣传相符，不得提供伪劣商品，当商品有瑕疵或与介绍不符的，电子商务经营者应当履行售后服务的义务，履行对某些商品实行三包义务，即包修、包换、包退。同时，针对有收取押金的网上商品或服务，电子商务经营者设置的押金退还机制应当合法有效，对符合退还押金条件的消费者不得无理由拒绝退还或故意拖延退还时间。如若违反押金退还义务的，有关主管部门可责令该电子商务经营者限期改正，没收非法所得，可以并处五万元以上二十万元以下的罚款，情节严重的并处二十万元以上五十万元以下的罚款。

（三）保护消费者个人信息的责任

电子商务经营者收集、使用其用户的个人信息，应当遵守法律、行政法规有关个人信息保护的规定。对于电子商务消费者个人信息的保护，不仅是对消费者隐私权的保护，也是防止不法分子对消费者信息的利用。违反信息保护的，可根据《网络安全法》的相应规定由有关部门作出处罚。

第二节　电子商务知识产权保护

电子商务中的知识产权保护的内容非常广泛，几乎囊括了所有的知识产权，而知识产权侵权案件包括利用网络侵害著作权、商标权、专利权的案件，《电子商务法》主要规定知识产权保护原则的建立。

一、电子商务知识产权侵权的常见情形

（一）电子商务新型商标侵权的情形

1. 商标域名的恶意抢注

因域名自身属性的特殊，所以存在恶意将他人的注册商标、企业名称等抢先注册为自己域名的行为。1997 年《中国互联网络域名注册暂行管理办法》实施之后，大规模的恶意抢注行为得到制止，但是现在仍然存在此类行为。

恶意抢注域名行为可能给商标权人造成损害的表现主要有：

（1）域名转让高额的出让金，使商标权人受到直接的财产损失；

（2）商标持有人因无法注册域名而不能进行网络经营活动，影响其商品

的销售；

（3）域名持有人在相应的网站上从事与商标权人相同或相似的业务，进行同业竞争，并使交易对象产生误解，影响商标持有人的业绩；

（4）域名持有人故意贬低商标持有人的商誉，从而贬损商标权人在市场上的竞争地位。

2. 电子布告板系统的商标侵权

电子布告板系统（又称 BBS），是互联网上用于用户信息交流的平台之一，就如公告板，如果某人建立了电子布告系统，其他人就可以通过该系统上传或者下载信息。而电子布告板系统的经营者通常未经商标所有人许可，将注册商标放入其系统便于吸引客户的点击。

3. 超链接（锚）商标侵权

网页链接使不同网站服务器的数据能够直接相连，该操作只需用户点击相关链接文本即可。超链接的标志，常任意使用他人的商标、商品名称等，用来吸引用户的点击，该操作必然会直接或间接地引发商标侵权行为。

（二）电子商务新型著作权侵权的情形

侵犯著作权行为的构成要件是：必须有侵权行为的客观事实；使用行为必须具有违法性；行为人主观上有过错；侵害的对象应是处于著作权保护期的享有合法著作权的作品。

《著作权法》第四十六条对侵害行为作出了详细的规定。

二、电子商务法知识产权保护规则的建立

电子商务法中针对只是产权保护规则的建立主要涉及了两大原则：避风港原则和红旗原则，同时也规定了相应的处罚原则。

（一）避风港原则的内涵及法律依据

所谓“避风港”原则就是指网络服务提供商（ISP）在提供网络空间服务中发现著作权侵权时应立即告知侵权人或自身采取包括删除、断链等措施，就不视为侵权的原则。目前，避风港原则也应用于搜索引擎、网络储存、内容下载及交易平台信息等方面。

避风港原则或条款来源于 1998 年美国的《数字千年版权法案》（DMCA 法案），主要含义是著作权被侵权不知情况下不承担法律责任。后该条款移植

到电子商务平台经营者不知侵权行为的处理措施。

2006 年 7 月 1 日，《信息网络传播权保护条例》采纳了“避风港”原则，该《条例》第二十条至第二十三条规定，网络服务商享受避风港待遇，使用免责条件以及追责情形作出详细规定。2005 年 4 月 30 日，国家版权局、信息产业部发布的《互联网著作权行政保护办法》第十二条，2012 年 3 月《著作权法修改草案》第六十九条均规定，网络服务商不承担著作权或相关权的信息审查义务，没有证据表明网络服务提供者明知侵权事实或接到著作权人通知后，采取措施移除相关内容的，不承担行政法律责任。

其实在海量的信息中，电子商务平台经营者很难对平台内经营者提供的产品或服务进行严格的事前审查，过于严苛的法律规定会极大地打击电商发展的积极性。但是，过分宽松责任，便会成为网站或侵权赔偿责任的挡箭牌，因此，准确理解和应用避风港原则意义重大。

（二）适用避风港原则具体条件

1.“通知 + 删除/断链”措施

“通知 + 删除/断链”措施是电子商务平台经营者免责的条件。电子商务平台经营者知道在平台上登载、下载作品、表演、信息，权利人认为平台提供的网络服务侵犯了其权利（包括著作权等），可以向该电子商务平台经营者提交书面通知，要求停止侵权，删除侵权作品或断开侵权链接。如果电子商务平台经营者依照此原则采取了措施，则可以存在免责。

2.“通知”应当符合条件

《电子商务法》第四十二条明确规定了权利人的“通知义务”，权利人知道自身权利受到侵害，应当以书面形式通知电子商务平台经营者。该通知书必须具备以下内容：（1）权利人的姓名（名称）、联系方式和地址；（2）要求删除、屏蔽、断开链接的侵权作品、表演、录音录像制品的名称和网络地址；（3）构成侵权的初步证明材料。同时，权利人还应当向平台作出善意声明和真实性声明。善意声明是表明作品使用取得权利人及其他代理人授权或准许；真实性声明是指权利人通知信息的准确可靠，具有真实意思表示。

3.“反通知”规则的应用

根据《信息网络传播权保护条例》第二十二条、第二十三条之规定，对“信息存储空间”和“搜索或链接服务”的 ISP 可以运用“通知”与“反通知”规则而免除自身连带侵权的法律责任。但从目前司法实践上，“通知”与“反通知”逐渐扩大到“自动接入服务”、“自动传输服务”和“自动缓存服务”领域。《侵权责任法》第三十六条隐含了网络侵权责任的“反通知”基本规则。所谓“反通知”，是指电子商务平台经营者根据被侵权人的通知采取了“删除/断链”必要措施后，网络侵权人（平台内经营者）认为其提供的信息未侵犯被侵权人的权利，或者电子商务平台经营者采取的措施已侵害了自身的合法权益，而向电子商务平台经营者提出要求撤销“删除”或恢复“链接”的权利。

“反通知”权利行使的条件：（1）“反通知”以通知行为有效存在为前提条件；（2）电子商务平台经营者已采取“删除/断链”必要措施；（3）“反通知”权利人认为其合法权益受到侵害；（4）电子商务平台经营者措施行为与被侵权人损害结果存在法律上的因果关系。

最新出台的《电子商务法》第四十三条明确规定了“反通知”规则：平台内经营者接到转送的通知后，可以向电子商务平台经营者提交不存在侵权行为的声明。声明应当包括不存在侵权行为的初步证据。

“反通知”的要求。根据《信息网络传播权保护条例》相关规定，“反通知”的形式要求与“通知”的要求一样，采用书面形式或符合电子证据形式的“电子通知”。“反通知”的具体内容：（1）网络用户的真实姓名（名称）、联系方式和地址；（2）要求恢复的内容名称和网络地址；（3）不构成侵权的初步证明材料；（4）反通知内容的真实性及声明。

电子商务平台经营者对“反通知”的审查。电子商务平台经营者仅对被侵权人通知的规则范围内进行合法合理性审查，而非对网络上所有信息进行审查。其审查的内容就是指上述是否符合“反通知”条件以及形式。如果符合上述的条件和形式，电子商务平台经营者应立即采取措施，撤销原来采取的删除或断链行为。这里审查中不能忽视“红旗标准”的规则。

4. “红旗标准”规则

即红色旗帜容易辨别，互联网交易平台对于一些显而易见的违法行为，应当主动对其进行审查处理，而不必通过“通知＋删除/断链”原则。红旗标准原则有利于平台主动监督违法行为，也有利于对一些明显的侵权行为监督审查。电子商务平台经营者按照理性人标准应当知道，却视而不见，不主动负起检测、删除等义务，则应判断其存在过错，无法进入免责的“避风港”。

我国《互联网信息服务管理办法》第十五条列举的情形都属于“红旗标准”，包括“（一）反对宪法所确定的基本原则的；（二）危害国家安全，泄露国家秘密，颠覆国家政权，破坏国家统一的；（三）损害国家荣誉和利益的；（四）煽动民族仇恨、民族歧视，破坏民族团结的；（五）破坏国家宗教政策，宣扬邪教和封建迷信的；（六）散布谣言，扰乱社会秩序，破坏社会稳定的；（七）散布淫秽、色情、赌博、暴力、凶杀、恐怖或者教唆犯罪的；（八）侮辱或者诽谤他人，侵害他人合法权益的；（九）含有法律、行政法规禁止的其他内容的”。由此可见，电子商务平台经营者出现上述行为仍应承担相应的民事责任。

三、知识产权保护的法律相关规定

（一）法规程序规定

1. 诉前，专利权人或者利害关系人、商标注册人或者利害关系人、著作权人或者与著作权有关的权利人向人民法院申请采取责令停止有关行为的措施和证据保全的。

2. 因指控侵权不实或者因一方当事人申请采取财产保全、先予执行、证据保全、诉前停止有关行为的措施给另一方当事人造成财产损失、另一方当事人请求申请人赔偿的，被控侵权人或者被申请人可以向有管辖权的人民法院起诉请求指控人或者申请人赔偿；也可以在原侵权之诉中提出损害赔偿的请求。后一种情况人民法院可以一并处理。

3. 在专利无效行政诉讼中，无效宣告请求程序的请求人和专利权人均为与专利复审委员会的决定有利害关系的当事人，请求人或者专利权人对专利复审委员会的决定不服提起诉讼的，人民法院应当通知另一方当事人作为第三人参加诉讼。第三人对人民法院的第一审判决不服的，有权提起上诉。因此，人民法院通知不到第三人的，应当公告送达通知；第三人接到通知后不到庭参加诉讼的，应说明理由并明确是否放弃其所有的诉讼权利；公告送达或者接到通知后不到庭参加诉讼，也不明确放弃权利的，仍应列为第三人。

对有关商标确权行政诉讼中的第三人，参照此办法处理。

（二）法规特殊规定

我国对驰名商标的特别保护机制。

驰名商标的认定：《商标法》第十四条规定：认定驰名商标应当考虑下列因素：（1）相关公众对该商标的知晓程度；（2）该商标使用的持续时间；（3）该商标的任何宣传工作的持续时间、程度和地理范围；（4）该商标作为驰名商标受保护的记录；（5）该商标驰名的其他因素。

1. 对未注册的驰名商标进行保护

《商标法》第十三条规定：就相同或者类似商品申请注册的商标是复制、摹仿或者翻译他人未在中国注册的驰名商标，容易导致混淆的，不予注册并禁止使用。

2. 对已注册的驰名商标进行跨类保护

《商标法》第十三条还规定：就不相同或者不相类似商品申请注册的商标是复制、摹仿或者翻译他人已经在中国注册的驰名商标，误导公众，致使该驰名商标注册人的利益可能受到损害的，不予注册并禁止使用。

3. 对恶意注册驰名商标的行为可随时请求撤销

《商标法》第四十五条规定：驰名商标所有人对于他人恶意注册自己驰名商标的行为请求商标评审委员会裁定撤销该注册商标，不受五年时效限制。这条规定承认了驰名商标因凝集了较高的商誉，应当受到比普通商标更强的保护。而恶意抢注人是无法依靠时效将他人驰名商标据为己有的。

（三）《电子商务法》相关规定

《电子商务法》第八十四条规定了相应的处罚原则："电子商务平台经营者违反本法第四十二条、第四十五条规定，对平台内经营者实施侵犯知识产权行为未依法采取必要措施的，由有关知识产权行政部门责令限期改正；逾期不改正的，处五万元以上五十万元以下的罚款；情节严重的，处五十万元以上二百万元以下的罚款。"

第三节　电子商务环境保护

电子商务法中关于电商环境保护主要涉及三点：（1）电子商务经营者销

售商品或提供服务的环保要求；（2）快递物流服务提供者在包装、仓储、运输等方面的环保要求；（3）政策对电子商务绿色发展的促进。

一、电子商务经营者的环保要求

电子商务经营者的环保要求体现在《电子商务法》的第十三条："电子商务经营者销售的商品或者提供的服务应当符合保障人身、财产安全的要求和环境保护要求，不得销售或者提供法律、行政法规禁止交易的商品或者服务"，该条主要是对电子商务经营者的环保要求进行了原则性的规定。

电子商务经营者销售商品或提供服务的环保要求主要是要符合《环境保护法》的相关规定，包括"绿色采购、绿色消费""工艺、设备和产品实行淘汰制度"等。"绿色采购、绿色消费"，是指国家鼓励和引导公民、法人和其他组织使用有利于保护环境的产品和再生产品，减少废弃物产生。国家机关和使用财政资金的其他组织应当优先采购和使用节能、节水、节材等有利于保护环境的产品、设备和设施。"工艺、设备和产品实行淘汰制度"，是指国家对严重污染环境额工艺、设备和产品实行淘汰制度。任何单位和个人不得生产、销售或者转移、使用严重污染环境的工艺、设备和产品。禁止引进不符合我国环境保护规定的技术、设备、材料和产品。

电子商务经营者在经营过程中应当销售符合《环境保护法》等规定的商品，同时也应当实现商品的再销售、再利用，如建立类似于闲鱼、拍拍二手、孔夫子旧书网等的二手商品线上交易平台，实现电子商务环境保护的更深入化。

《电子商务法》第七十五条针对电子商务经营者在经营过程中违反环境保护要求的情形规定的违法责任："电子商务经营者违反本法第十二条、第十三条规定，未取得相关行政许可从事经营活动，或者销售、提供法律、行政法规禁止交易的商品、服务，或者不履行本法第二十五条规定的信息提供义务，电子商务平台经营者违反本法第四十六条规定，采取集中交易方式进行交易，或者进行标准化合约交易的，依照有关法律、行政法规的规定处罚"。

二、快递物流服务提供者的环保要求及电子商务绿色发展的政府促进作用

电子商务这一新型商务交易模式的兴起与发展促使人们形成了线上交易

的热潮，这一现象在减少线下购物所消耗的资源的同时，也增加了快递物流服务业中的资源消耗。因此，在电子商务模式下从快递物流服务这一方面着手能更加有效地实现环保要求。

快递物流服务提供者的环保要求主要体现在《电子商务法》第五十二条："快递物流服务提供者应当按照规定使用环保包装材料，实现包装材料的减量化和再利用"。该条款主要是对快递物流服务提供者的环保要求进行了原则性的规定。

电子商务绿色发展的政府促进作用主要体现在《电子商务法》第六十五条："国务院和县级以上地方人民政府及其有关部门应当采取措施，支持、推动绿色包装、仓储、运输，促进电子商务绿色发展"。该条款也只是对政府促进作用进行了原则性的规定，同时从该条款中也体现了政府促进与快递物流相结合促进电子商务绿色发展的主要宗旨。

政府促进与快递物流相结合促进电子商务绿色发展主要可以从三个方面进行着力：资源集约、绿色包装、绿色运输和配送。

（一）资源集约

资源集约主要就是鼓励电子商务企业与快递物流企业开展供应链绿色流程再造，提高资源复用率，降低企业成本。加强能源管理，建立绿色节能低碳运营管理流程和机制，在仓库、分拨中心、数据中心、管理中心等场所推广应用节水、节电、节能等新技术、新设备，提高能源利用效率。根据国务院办公厅《关于推进电子商务与快递物流协同发展的意见》，该部分主要由国家发展改革委、环境保护部、工业和信息化部负责。

（二）绿色包装

绿色包装主要是指制定实施电子商务绿色包装、减量包装标准，推广应用绿色包装技术和材料，推进快递物流包装物减量化。（商务部、国家邮政局、国家标准委负责）开展绿色包装试点示范，培育绿色发展典型企业，加强政策支持和宣传推广。（国家发展改革委会同相关部门负责）鼓励电子商务平台开展绿色消费活动，提供绿色包装物选择，依不同包装物分类定价，建立积分反馈、绿色信用等机制引导消费者使用绿色包装或减量包装。探索包装回收和循环利用，建立包装生产者、使用者和消费者等多方协同回收利用体系。建立健全快递包装生产者责任延伸制度。根据国务院办公厅《关于推进电子商务与快递物流协同发展的意见》，该部分主要由国家发展改革委、环境保护部、商务部、国家邮政局负责。

（三）绿色运输和配送

绿色运输和配送指的是加快调整运输结构，逐步提高铁路等清洁运输方式在快递物流领域的应用比例。鼓励企业综合运用电子商务交易、物流配送等信息，优化调度，减少车辆空载和在途时间。鼓励快递物流领域加快推广使用新能源汽车和满足更高排放标准的燃油汽车，逐步提高新能源汽车使用比例。根据国务院办公厅《关于推进电子商务与快递物流协同发展的意见》该部分主要由国家邮政局、交通运输部及各省级人民政府负责。

目前，电商及快递相关大型龙头企业在探索电子商务绿色发展方面取得了阶段性成效。如2016年6月，菜鸟网络宣布联合32家中国及全球合作伙伴启动菜鸟绿色联盟（又称“绿色计划”），承诺到2020年替换50%的包装材料，填充物为100%可降解绿色包材。2016年，京东在北京、上海、成都已经投放近百辆新能源电动车，百公里电耗仅为31.50千瓦时，与传统燃油车辆百公里油耗11升柴油相比环保效果明显。其自主研发的电子签收系统，引导消费者在POS机上签名取件，预计节约上千吨物流小票及附加物料。2017年6月，京东物流又和宝洁、雀巢、联合利华等供应链上下游企业合作，启动“青流计划”，通过创新应用绿色物流技术、统一物流耗材标准，促进品牌商、物流企业、包装耗材企业以及消费者之间的高效协同，从商品生产打包、入仓到出库、运输、配送等整个链条中提升资源利用率，减少资源浪费，实现节能降耗、低碳环保。

第十三章　电子商务争议解决

第一节　电子商务争议概述

一、电子商务争议的概念

电子商务争议指的是在各方主体通过互联网等信息网络销售商品或者提供服务的经营活动过程中产生的争议。该争议具体可以包括：消费者权益保护引起的争议，环境保护引起的争议，知识产权保护引起的争议，网络安全与个人信息保护引起的争议，网络销售的产品或者服务质量引起的争议等。

二、电子商务争议的主体

电子商务争议的主体应包括：电子商务经营者、消费者、第三人。

电子商务经营者是指在通过互联网等信息网络从事销售商品或者提供服务的经营活动的自然人、法人和非法人组织，包括电子商务平台经营者、平台内经营者以及通过自建网站、其他网络服务销售商品或者提供服务的电子商务经营者等。

电子商务争议中的消费者，是指通过互联网等信息网络购买商品或者接受服务的自然人、法人或非法人组织。

电子商务争议中的第三人，是指通过互联网等信息网络从事商品或服务买卖过程中，除电子商务经营者、消费者以外的自然人、法人或非法人组织，包括知识产权权利人、快递物流服务提供者（如 EMS）、电子支付服务提供者（如支付宝）、行政机关（如市场监督管理局）等。

三、电子商务争议的类型

从依据的法律角度分类，电子商务争议类型可分为：民商类争议、刑事类争议、行政类争议。

民商类争议主要包括：

1. 消费者与电子商务平台经营者、平台内经营者之间的买卖合同纠纷、产品责任纠纷、侵权责任纠纷等；

2. 电子商务平台经营者与平台内经营者之间的服务合同纠纷等；

3. 电子商务经营者或消费者与快递物流服务提供者、电子支付服务提供者之间的服务合同纠纷、不当得利纠纷、无因管理纠纷等；

4. 电子商务经营者与知识产权人之间的知识产权合同纠纷、知识产权侵权纠纷等。

刑事类争议主要包括侵犯公民个人信息罪、虚假广告罪等。

行政类争议主要包括电子商务经营者在经营许可类方面的争议。

第二节　电子商务纠纷新类型

电子商务争议除传统电子商务合同以及域名，人身权、财产权和知识产权纠纷外，还出现了新型的争议类型。其中，网上拍卖纠纷比较典型。

网上拍卖，是指网络服务商利用互联网通讯传输技术，向商品所有者或某些权益所有人提供有偿或无偿使用的互联网技术平台，让商品所有者或某些权益所有人在其平台上独立开展以竞价、议价方式为主的在线交易模式。就如，淘宝网上的司法拍卖是由浙江淘宝网络有限公司与全国各级人民法院合作进行的，其中由人民法院通过淘宝网上司法拍卖平台从事拍卖活动，淘宝提供司法拍卖平台相关的互联网信息服务及技术支持。

一、网上拍卖的法律关系

拍卖人是指依照《拍卖法》和《公司法》设立的从事拍卖活动的企业法人。委托人是指委托拍卖人拍卖物品或者财产权利的公民、法人或者其他组织。竞买人是指参加竞购拍卖标的的公民、法人或者其他组织。买受人是指以最高应价购得拍卖标的的竞买人。传统的拍卖中，拍卖人接受委托的，应当与委托人签订书面委托拍卖合同。而在网上拍卖过程中，较多的网络提供商仅是为拍卖交易提供一个场所，而商品质量、交易行为和后果及交易双方违约或违法均与网络提供商无关；由供应商与竞买人自己解决或承担法律责任。相应的网络提供商的法律地位类似于居间人。委托人和买受人之间为买卖合同关系。

拍卖物的限制，民法上允许交易的物包括流通物和限制流通物，拍卖标的物为流通物的，具备了拍卖的其他生效要件，拍卖可生效；拍卖标的物为限制流通物的，除需具备拍卖的一般条件外，还应办理批准或登记手续，拍卖可完全生效。比如，商业出售图书、音像制品，必须取得营业许可证。当拍卖标的物为禁止流通物的，拍卖无效，比如，法律禁止流通的盗版软件、盗版图书、盗版电影、毒品、枪支、弹药、电视作品以及受国家保护的各类动物等。其中，司法拍卖是指人民法院将查封、扣押、冻结的被执行人财产，在被执行人逾期不履行义务时，依法以公开竞价的方式卖与出价最高的竞买人，并用所得金额清偿债务的执行行为，是人民法院执行中的一种强制处分措施。

二、网上拍卖的程序

传统拍卖中，按照《拍卖法》的规定，拍卖人应当于拍卖日七日前发布拍卖公告。拍卖公告应当载明下列事项：一是拍卖的时间、地点；二是拍卖标的；三是拍卖标的展示时间、地点；四是参与竞买应当办理的手续。拍卖过程中，拍卖标的无保留价的，拍卖师应当在拍卖前予以说明。拍卖标的有保留价的，竞买人的最高应价未达到保留价时，该应价不发生效力，拍卖师应当停止拍卖标的的拍卖。竞买人的最高应价经拍卖师落槌或者以其他公开表示买定的方式确认后，拍卖成交。

网拍的程序及规定，需委托人及竞拍人在参加拍卖之前均进行仔细的了解。网上拍卖并没有拍卖师，通常是在拍卖公告时直接约定拍卖截止时间，作为拍卖结束的标志。自拍卖开始至拍卖结束期间，竞拍人均可出价竞拍，并且可以保障竞拍人在竞拍过程中有更多的时间考虑是否继续进行竞价。关于网拍的保留价，竞拍中有出价记录达到（或超过）保留价，则该次拍卖有效，在拍卖结束时，出价最高者为拍品买受人，将获得该拍品；在拍卖结束时，如果所有的出价记录都没有达到（或超过）保留价，则该次拍卖无效。例如，淘宝司法拍卖中，在拍卖还没有开始的时候，如果拍卖商品有保留价，则保留价的文案显示为“保留价：有”；如果拍卖商品没有保留价，则文案显示“保留价：无”。

三、网上拍卖的法律问题

网上拍卖的系统故障的法律后果。目前尚无法律明确规定网上拍卖的网络服务商系统问题而造成委托人或者买受人利益损失的责任承担方式。而在实践过程中，银行和证券公司在从事网上银行或网上证券业务时，与用户签订的合同中，虽然向用户提示业务风险，但将系统故障的风险和责任都由用户承担，银行或证券公司方面不承担任何赔偿责任。对于该部分法律应当予以明确。

网上拍卖的欺诈行为。欺诈行为的主要表现形式有两种：一是委托人为了谋取非法利益或达到其他的目的，而在网上发布拍卖物的信息；二是委托人在公开拍卖物信息时，故意隐瞒了拍卖物的瑕疵或故意作出虚假的陈述，以次充好，以假冒真等。网上拍卖的欺诈更容易实现，因为竞价人仅凭借网上公布的信息作为参考，所以需要法律予以规范。

网上拍卖作为一种网络行为，其构成的侵权应属于网络侵权，根据《侵权责任法》第三十六条的规定，网络用户、网络服务提供者利用网络侵害他人民事权益的，应当承担侵权责任。网络用户利用网络服务实施侵权行为的，被侵权人有权通知网络服务提供者采取删除、屏蔽、断开链接等必要措施。网络服务提供者接到通知后未及时采取必要措施的，对损害的扩大部分与该网络用户承担连带责任。网络服务提供者知道网络用户利用其网络服务侵害他人民事权益，未采取必要措施的，与该网络用户承担连带责任。

对于网络服务提供者是否承担连带责任的问题，最高人民法院《关于审理利用信息网络侵害人身权益民事纠纷案件适用法律若干问题的规定》第九条对此进行了规定，在认定网络服务提供者是否要承担连带责任的问题上可以就以下几点进行综合考虑：（1）网络服务提供者是否以人工或者自动方式对侵权网络信息以推荐、排名、选择、编辑、整理、修改等方式作出处理；（2）网络服务提供者应当具备的管理信息的能力，以及所提供服务的性质、方式及其引发侵权的可能性大小；（3）该网络信息侵害人身权益的类型及明显程度；（4）该网络信息的社会影响程度或者一定时间内的浏览量；（5）网络服务提供者采取预防侵权措施的技术可能性及其是否采取了相应的合理措施；（6）网络服务提供者是否针对同一网络用户的重复侵权行为或者同一侵权信息采取了相应的合理措施；（7）与本案相关的其他因素。

网上拍卖属于电子商务合同，其法院管辖依照电子商务合同管辖（下文将详细阐述）。

我国首例网上拍卖纠纷的案例发生在1999年9月。

具体案情：某某现代科技股份有限公司于1999年9月委托某某网拍卖公司网上拍卖3台电脑，确定保留价为7290～19，800元不等。次日，某某网在网上公布拍卖日期为10月6～10日，但未展示保留价。由于网上拍卖的软件出现故障，在公示拍卖日期前就自动运行进行拍卖点击程序。某某网的注册用户张某在10月1～5日通过网上竞拍报价，仅以1000～5750元不等购得上述电脑，并得到拍卖软件的确认，而网站则显示张某的报价低于保留价而无效。后来张某将购买电脑的货款汇到对方，但却见到上述电脑仍在网上竞拍于是继续要求给付拍卖标的，拍卖方坚持主张的应价因拍卖软件技术故障以及低于保留价无效。张遂诉至法院，一审法院认定拍卖方的系统出现故障，张某的应价虽然经过拍卖系统确认，但低于委托人的保留价，应价无效。后张某上诉，二审法院驳回上诉，维持原判。该案主要是涉及了竞买人应价低于委托人保留价的拍卖效力确认问题。

第三节　电子商务争议解决

根据我国于2018年8月31日通过，自2019年1月1日起实施的《电子商务法》的立法精神，本节关于电子商务争议的解决主要针对的是消费者与电子商务平台经营者、平台内经营者之间的商品买卖纠纷、产品责任纠纷、侵权责任纠纷等的争议解决。

电子商务争议的解决方式主要包括电子商务平台的预设解决机制、民间组织调和机制、法律途径解决机制。

一、电子商务平台经营者担保机制的设立

我国电子商务立法激励电子商务平台经营者建立担保机制以利于电子商务的发展和消费者权益的保护。

本文中所阐述的电子商务平台经营者担保机制主要针对电子商务经营者在经营过程中对消费者商品、服务质量的担保机制。

该担保机制的内容主要包括电子商务平台经营者先行赔偿机制的设立和消费者权益保证金的设立。

（一）电子商务平台经营者先行赔偿机制的设立

电子商务平台经营者先行赔偿机制，是指平台内经营者在与消费者交易过程中因平台内经营者违约造成消费者损害的情况下，电子商务平台经营者先于平台内经营者对消费者进行赔付的机制。

《消费者协议保护法》和《电子商务法》仅就三种情况确定了电子商务平台经营者的连带责任或先行赔付责任：

1.（未尽审核义务）对关系消费者生命健康的商品或者服务，电子商务平台经营者对平台内经营者的资质资格未尽到审核义务，或者对消费者未尽到安全保障义务，造成消费者损害的，依法承担相应的责任；

2.（未采取必要措施）电子商务平台经营者知道或者应当知道平台内经营者销售的商品或者提供的服务不符合保障人身、财产安全的要求，或者有其他侵害消费者合法权益行为，未采取必要措施的，依法与该平台经营者承担连带清偿责任；

3.（不能提供真实有效信息）电子商务平台经营者不能提供平台内经营者的真实名称、地址和有效联系方式的，消费者可以向电子商务平台经营者要求赔偿。

上述三种情况确定的电子商务平台经营者的连带责任或先行赔付责任远远不能涵盖消费者在电子商务平台消费过程中所可能存在的消费纠纷、侵权纠纷等。因此，电子商务平台先行赔偿机制的设立有利于消除消费者网上购物时的忧虑（如在无实物情况下对于商品质量及售后的担忧）、有利于消费者

群体的巩固、促进消费者权益的保障及电子商务的发展。同时，电子商务平台经营者先行赔付消费者损失后，可向平台内经营者进行追偿。

（二）消费者权益保证金的设立

消费者权益保证金，是指电子商务平台经营者为赔付消费者损失而向平台内经营者预先收取的金额及银行同期存款利息。消费者权益保证金的设立就是为了电子商务平台经营者先行赔偿机制能够有效地实施。

同时，消费者权益保证金应仅可用于赔付消费者损失，不得用于电子商务平台经营者与平台内经营者互相承担违约责任之用途。消费者权益保证金的使用情况应当定期公开。电子商务平台经营者与平台内经营者应就消费者权益保证金的提取数额、管理、使用和退还办法等作出明确约定，针对目前存在的电子商务平台经营者无故不退还平台内经营者保证金的不良风气，双方更应该在协商过程中明确保证金的退还办法。

二、电子商务经营者在线解决机制的设立

在线解决机制，主要是借助计算机和网络技术，以计算机网络为平台进行争议解决的机制。

现行有效的在线解决方式包括在线消费者投诉、举报处理和在线调解两种。以某宝为例，某宝网站中在消费者与销售者存在质量等争议时，某宝网站后台设置了客服进行投诉和协商争议解决，客户可以对销售者进行在线投诉，也可以由客服与销售者进行协商处理。电子商务经营者可以以某宝的在线争议解决机制为蓝本设立符合自己平台特色的相应机制，同时可以引进第三方，如律师、消协等对消费者的疑问、投诉、举报进行答疑解惑并对争议进行相应的调解活动以期提高消费者的满意度，保障消费者权益。

电子商务经营者应就消费者的在线投诉、举报、调解制定相应的规则，也就是在线争议解决规则，并就该规则进行公示。

三、第三方介入解决

第三方主要包括：民间组织（如消费者组织、行业协会等）、仲裁机构、法院。本节重点阐述法院阶段电子商务争议的解决。

（一）电子商务争议法律关系

本节所阐述的电子商务争议法律关系主要包括：电子商务合同法律关系和电子商务侵权法律关系。

本节所指的电子商务合同纠纷主要是指买卖合同纠纷。

本节所指的电子商务侵权纠纷主要是指产品责任纠纷根据侵权主体的不同可以分为：（1）产品生产者责任纠纷；（2）产品销售者责任纠纷；（3）产品运输者责任纠纷；（4）产品仓储者责任纠纷。

（二）电子商务诉讼主体问题

在电子商务运作过程中天然地较传统甲方乙方模式多一层平台规制，其产生诉讼的主体至少包括：电子商务平台经营者、电子商务平台内经营者、电子商务产品生产者、物流服务提供者、消费者等。厘清主体问题是为了顺利、精准、直接地发起诉讼和选择诉讼路径，倘若主体选择错误，极易导致后续诉讼主张不能或直接驳回起诉。根据《电子商务法》的表述，电子商务经营者包含：电子商务平台经营者、平台内经营者以及通过自建网站、其他网络服务销售商品或者提供服务的电子商务经营者，为方便阅读，本节以下分别称为平台经营者、平台内经营者和其他经营者。

1. 平台经营者

电子商务平台经营者是电子商务法律关系的连接点，一方面接受消费者的注册和使用，另一方面又管理并提供服务于电子商务经营者。通常情况，平台经营者除却自身运营中对于平台运行必要的软硬件服务提供者的诉讼（如供应商、软件委托开发等通用领域诉讼），针对消费者用户及平台内经营者以管理、协调、服务为主，多为管理及服务中的被动应诉。

2. 平台内经营者

除却共性类诉讼，电子商务平台内经营者开展经营中主要会与消费者和平台经营者发生直接诉讼关系。其与消费者间因为《电子商务法》有要求其设立投诉举报方式，故多为交易矛盾升级、投诉无法解决而产生的被动应诉，与电子商务平台间多因不服管理或平台服务偏差、低下等导致的损失而引发主动诉讼。此外，在平台内经营者非直接产品生产商的情形下，也多有采购、供应及产品质量纠纷等诉讼。

3. 消费者

鉴于平台经营者需要根据《电子商务法》去管理、登记、接受注册及注销的大前提，在假定平台确保其工作真实客观有效的情况下，消费者在诉讼中的主体基本以平台注册的信息为准，如有偏差则需要消费者来举证。

4. 其他

在平台经营者、平台内经营者、消费者这最主要的铁三角架构外，还会有诸如电子商务物流服务提供者、电子商务产品生产商、电子商务监管部门、其他经营者等多主体由于各种原因作为主体参诉。

（三）电子商务诉讼时效问题

时效是电子商务诉讼中的程序性问题，厘清时效问题是为了避免诉讼中出现诉讼时效超过这类低级程序错误。

首先，基于《民法总则》的颁布和实施，一年短期诉讼时效已经废止，所以可以明确三年诉讼时效已是主流，除了部分法律法规衔接时产生的不溯及既往情形。

根据最高人民法院《关于适用〈中华人民共和国民法总则〉诉讼时效制度若干问题的解释》可见，原《民法通则》中时效规定的适用考量在于《民法总则》施行之日原诉讼时效是否届满，掌握这点对于时效的判断可以作出清晰明确。

（四）电子商务诉讼管辖问题

《电子商务法》未对电子商务争议管辖法院进行明确的规定，因此，电子商务争议的管辖法院可依据《民事诉讼法》及其司法解释、《合同法》、《侵权责任法》等进行确认。

1. 电子商务合同纠纷的管辖法院

电子商务合同纠纷的管辖法院与传统的合同纠纷管辖法院一致，根据《民事诉讼法》第三十四条规定合同双方当事人可以协议选择被告住所地、合同签订地、合同履行地、原告住所地、标的物所在地人民法院管辖，但不得违反本法对级别管辖和专属管辖的规定。所以，电子商务合同管辖法院确定的难点在于其合同签订地、合同履行地的确定。

（1）合同签订地

一般情况下，合同签订地即为合同成立地，合同签订地的确认即为合同成立地的确认，合同当事人亦可以约定合同成立地人民法院为争议管辖法院。

《合同法》第三十四条第二款规定："采用数据电文形式订立合同的，收件人的主营业地为合同成立的地点；没有主营业地的，其经常居住地为合同成立的地点。当事人另有约定的，按照其约定。"《合同法》第三十五条规定："当事人采用合同书形式订立合同的，双方当事人签字或者盖章的地点为合同成立的地点。"因此，针对电子商务合同双方当事人多以计算机网络为载体采用数据电文形式订立合同的特点，电子商务合同当事人约定以合同签订地或合同成立地法院为纠纷管辖法院的，可以认定该电子合同纠纷管辖法院应为收件人主营业地所在法院或其经常居住地所在法院。

（2）合同履行地

《民事诉讼法司法解释》第十八条规定："合同约定履行地点的，以约定的履行地点为合同履行地。合同对履行地没有约定或约定不明确的，争议标的为给付货币的，接收货币一方所在地为合同履行地；交付不动产的，不动产所在地为合同履行地；其他标的，履行义务一方所在地为合同履行地。即时结算的合同，交易行为地为合同履行地。合同没有实际履行的，当事人双方住所地都不在合同约定的履行地的，由被告住所地人民法院管辖。"第二十条规定："以信息网络方式订立的买卖合同，通过信息网络交付标的的，以买受人住所地为合同履行地；通过其他方式交付标的的，收货地为合同履行地。合同对履行地有约定的，从其约定。"由此可见，电子商务合同当事人约定合同履行地人民法院为纠纷管辖法院分为两种情况：

①合同履行地地址约定明确的电子商务合同当事人在合同中明确约定合同履行地对应确定且唯一地址的，该约定地址所在地人民法院为合同纠纷管辖法院，不以实际履行义务的地点为合同履行地。

当然，在电子商务合同约定过程中，其关于合同履行地的约定多以格式条款的形式体现。如果该条款为格式条款，且符合《合同法》第四十条规定，"格式条款具有本法第五十二条和第五十三条规定情形的，或者提供格式条款一方免除其责任、加重对方责任、排除对方主要权利的，该条款无效"的情形，则该合同履行地条款约定无效。

②合同履行地地址约定不明确或未约定的。电子商务合同当事人在合同中就合同履行地地址约定不明确或者未约定的，根据电子商务合同标的的交

付方式确定合同履行地。

通过信息网络交付标的的，以买受人住所地为合同履行地。该合同履行地的规定主要针对电子商务交易过程中无形的数字化产品，如通过信息网络提供权利人许可的买卖可传播的作品、表演、录音录像制品等。因为通过计算机互联网等信息网络进行的数字化产品买卖具有特殊性，它无须以有形载体进行交付，买受人接受产品的终端不具有确定性，故规定买受人住所地为该类交易形式的合同履行地有利于均衡当事人程序利益。

通过其他方式交付标的的，收货地为合同履行地。这里所说的“其他方式”指的是有形商品通过“线上订立、线下交付”，如邮寄等线下方式送达。该有形商品的交付可以确定唯一的收货地点，故规定收货地为其合同履行地。

2. 电子商务侵权纠纷的管辖法院

《民事诉讼法司法解释》第二十六条规定：“因产品、服务质量不合格造成他人财产、人身损害提起的诉讼，产品制造地、产品销售地、服务提供地、侵权行为地和被告人所在地人民法院都有管辖权。”其中，侵权行为地包括：侵权行为实施地和侵权结果发生地。针对电子商务交易活动中存在标的为无形的数字化产品的特性，该无形数字化产品侵权往往发生在网络领域内，不具有具体的侵权行为地，《民事诉讼法司法解释》第二十五条规定了：“信息网络侵权行为实施地包括实施被诉侵权行为的计算机等信息设备所在地，侵权结果发生地包括被侵权人住所地”。

（五）电子商务诉讼举证责任问题

电子商务争议诉讼过程中的举证责任分配原则上遵循“谁主张，谁举证”。诉讼当事人对自己提出的诉讼请求所依据的事实或者反驳对方诉讼请求所依据的事实，应当提供证据加以证明，在作出判决前，当事人未能提供证据或者证据不足以证明其事实主张的，由负有举证证明责任的当事人承担不利后果。

在电子商务交易活动中，电子商务交易活动双方一般都是基于电子商务经营者提供的数据电文合同进行相关的交易，交易记录也是以数据的形式记载在电子商务经营者计算机网络上。因此，在电子商务争议诉讼过程中，电子商务经营者有着掌握电子商务交易活动原始合同和交易记录的天然优势。《电子商务法》第六十二条根据电子商务交易活动的特殊属性规定了举证责任的倒置，由电子商务经营者而非消费者就电子商务交易活动事实的存在承担举证责任，并承担因举证不能导致的不利后果：“在电子商务争议处理中，电子商务经营者应当提供原始合同和交易记录。因电子商务经营者丢失、伪造、篡改、销毁、隐匿或者拒绝提供前述资料资料，致使人民法院、仲裁机构或者有关机关无法查明事实的，电子商务经营者应当承担相应的法律责任”。

（六）互联网法院

以杭州为例，杭州市专门组建了“互联网法院”，于2017年8月18日挂牌成立，是全国第一家集中审理涉网案件的试点法院。2018年9月3日，最高人民法院审判委员会第1747次会议审议通过了最高人民法院《关于互联网法院审理案件若干问题的规定》，也明确了杭州互联网法院的管辖范围。互联网法院集中管辖所在市的辖区内应当由基层人民法院受理的特定类型互联网案件。具体包括：

1. 通过电子商务平台签订或者履行网络购物合同而产生的纠纷；

2. 签订、履行行为均在互联网上完成的网络服务合同纠纷；

3. 签订、履行行为均在互联网上完成的金融借款合同纠纷、小额借款合同纠纷；

4. 在互联网上首次发表作品的著作权或者邻接权权属纠纷；

5. 在互联网上侵害在线发表或者传播作品的著作权或者邻接权而产生的纠纷；

6. 互联网域名权属、侵权及合同纠纷；

7. 在互联网上侵害他人人身权、财产权等民事权益而产生的纠纷；

8. 通过电子商务平台购买的产品，因存在产品缺陷，侵害他人人身、财产权益而产生的产品责任纠纷；

9. 检察机关提起的互联网公益诉讼案件；

10. 因行政机关作出互联网信息服务管理、互联网商品交易及有关服务管理等行政行为而产生的行政纠纷；

11. 上级人民法院指定管辖的其他互联网民事、行政案件。

可见，电子商务诉讼在杭州领域内已经进入特定管辖的范畴，随着互联网法院试点的进一步铺开和推广，电子商务诉讼成为专有管辖案件的可能性也会大大提高。

而目前在非特定类型区域的电子商务诉讼管辖，则需根据主体登记情况来进一步明确。根据市场监管总局《关于做好电子商务经营者登记工作的意见》（国市监注〔2018〕236号），允许经营者使用《电子商务法》第九条中规定的由电子商务平台提供的网络经营场所，作为经营场所申请办理登记。目前，仅允许个体工商户使用网络经营场所办理登记，除此特定情形外，企业和农民专业合作社仍按照既有规定办理登记。而且以网络经营场所作为经营场所登记的个体工商户，仅可通过互联网开展经营活动，且不得擅自改变其住宅房屋用途用于从事线下生产经营活动并应作出相关承诺。

附：

中华人民共和国电子商务法

（2018 年 8 月 31 日第十三届全国人民代表大会常务委员会
第五次会议通过　2018 年 8 月 31 日中华人民共和国
主席令第 7 号公布　自 2019 年 1 月 1 日起施行）

第一章　总　　则

第一条　为了保障电子商务各方主体的合法权益，规范电子商务行为，维护市场秩序，促进电子商务持续健康发展，制定本法。

第二条　中华人民共和国境内的电子商务活动，适用本法。

本法所称电子商务，是指通过互联网等信息网络销售商品或者提供服务的经营活动。

法律、行政法规对销售商品或者提供服务有规定的，适用其规定。金融类产品和服务，利用信息网络提供新闻信息、音视频节目、出版以及文化产品等内容方面的服务，不适用本法。

第三条　国家鼓励发展电子商务新业态，创新商业模式，促进电子商务技术研发和推广应用，推进电子商务诚信体系建设，营造有利于电子商务创新发展的市场环境，充分发挥电子商务在推动高质量发展、满足人民日益增长的美好生活需要、构建开放型经济方面的重要作用。

第四条　国家平等对待线上线下商务活动，促进线上线下融合发展，各级人民政府和有关部门不得采取歧视性的政策措施，不得滥用行政权力排除、限制市场竞争。

第五条　电子商务经营者从事经营活动，应当遵循自愿、平等、公平、诚信的原则，遵守法律和商业道德，公平参与市场竞争，履行消费者权益保护、环境保护、知识产权保护、网络安全与个人信息保护等方面的义务，承担产品和服务质量责任，接受政府和社会的监督。

第六条 国务院有关部门按照职责分工负责电子商务发展促进、监督管理等工作。县级以上地方各级人民政府可以根据本行政区域的实际情况，确定本行政区域内电子商务的部门职责划分。

第七条 国家建立符合电子商务特点的协同管理体系，推动形成有关部门、电子商务行业组织、电子商务经营者、消费者等共同参与的电子商务市场治理体系。

第八条 电子商务行业组织按照本组织章程开展行业自律，建立健全行业规范，推动行业诚信建设，监督、引导本行业经营者公平参与市场竞争。

第二章 电子商务经营者

第一节 一般规定

第九条 本法所称电子商务经营者，是指通过互联网等信息网络从事销售商品或者提供服务的经营活动的自然人、法人和非法人组织，包括电子商务平台经营者、平台内经营者以及通过自建网站、其他网络服务销售商品或者提供服务的电子商务经营者。

本法所称电子商务平台经营者，是指在电子商务中为交易双方或者多方提供网络经营场所、交易撮合、信息发布等服务，供交易双方或者多方独立开展交易活动的法人或者非法人组织。

本法所称平台内经营者，是指通过电子商务平台销售商品或者提供服务的电子商务经营者。

第十条 电子商务经营者应当依法办理市场主体登记。但是，个人销售自产农副产品、家庭手工业产品，个人利用自己的技能从事依法无须取得许可的便民劳务活动和零星小额交易活动，以及依照法律、行政法规不需要进行登记的除外。

第十一条 电子商务经营者应当依法履行纳税义务，并依法享受税收优惠。

依照前条规定不需要办理市场主体登记的电子商务经营者在首次纳税义务发生后，应当依照税收征收管理法律、行政法规的规定申请办理税务登记，并如实申报纳税。

第十二条 电子商务经营者从事经营活动，依法需要取得相关行政许可的，应当依法取得行政许可。

第十三条 电子商务经营者销售的商品或者提供的服务应当符合保障人身、财产安全的要求和环境保护要求，不得销售或者提供法律、行政法规禁止交易的商品或者服务。

第十四条 电子商务经营者销售商品或者提供服务应当依法出具纸质发票或者电子发票等购货凭证或者服务单据。电子发票与纸质发票具有同等法律效力。

第十五条 电子商务经营者应当在其首页显著位置，持续公示营业执照信息、与其经营业务有关的行政许可信息、属于依照本法第十条规定的不需要办理市场主体登记情形等信息，或者上述信息的链接标识。

前款规定的信息发生变更的，电子商务经营者应当及时更新公示信息。

第十六条 电子商务经营者自行终止从事电子商务的，应当提前三十日在首页显著位置持续公示有关信息。

第十七条 电子商务经营者应当全面、真实、准确、及时地披露商品或者服务信息，保障消费者的知情权和选择权。电子商务经营者不得以虚构交易、编造用户评价等方式进行虚假或者引人误解的商业宣传，欺骗、误导消费者。

第十八条 电子商务经营者根据消费者的兴趣爱好、消费习惯等特征向其提供商品或者服务的搜索结果的，应当同时向该消费者提供不针对其个人特征的选项，尊重和平等保护消费者合法权益。

电子商务经营者向消费者发送广告的，应当遵守《中华人民共和国广告法》的有关规定。

第十九条 电子商务经营者搭售商品或者服务，应当以显著方式提请消费者注意，不得将搭售商品或者服务作为默认同意的选项。

第二十条 电子商务经营者应当按照承诺或者与消费者约定的方式、时限向消费者交付商品或者服务，并承担商品运输中的风险和责任。但是，消费者另行选择快递物流服务提供者的除外。

第二十一条 电子商务经营者按照约定向消费者收取押金的，应当明示押金退还的方式、程序，不得对押金退还设置不合理条件。消费者申请退还押金，符合押金退还条件的，电子商务经营者应当及时退还。

第二十二条 电子商务经营者因其技术优势、用户数量、对相关行业的控制能力以及其他经营者对该电子商务经营者在交易上的依赖程度等因素而具有市场支配地位的，不得滥用市场支配地位，排除、限制竞争。

第二十三条 电子商务经营者收集、使用其用户的个人信息，应当遵守法律、行政法规有关个人信息保护的规定。

第二十四条 电子商务经营者应当明示用户信息查询、更正、删除以及用户注销的方式、程序，不得对用户信息查询、更正、删除以及用户注销设置不合理条件。

电子商务经营者收到用户信息查询或者更正、删除的申请的，应当在核实身份后及时提供查询或者更正、删除用户信息。用户注销的，电子商务经营者应当立即删除该用户的信息；依照法律、行政法规的规定或者双方约定保存的，依照其规定。

第二十五条 有关主管部门依照法律、行政法规的规定要求电子商务经营者提供有关电子商务数据信息的，电子商务经营者应当提供。有关主管部门应当采取必要措施保护电子商务经营者提供的数据信息的安全，并对其中的个人信息、隐私和商业秘密严格保密，不得泄露、出售或者非法向他人提供。

第二十六条 电子商务经营者从事跨境电子商务，应当遵守进出口监督管理的法律、行政法规和国家有关规定。

第二节 电子商务平台经营者

第二十七条 电子商务平台经营者应当要求申请进入平台销售商品或者提供服务的经营者提交其身份、地址、联系方式、行政许可等真实信息，进行核验、登记，建立登记档案，并定期核验更新。

电子商务平台经营者为进入平台销售商品或者提供服务的非经营用户提

供服务，应当遵守本节有关规定。

第二十八条 电子商务平台经营者应当按照规定向市场监督管理部门报送平台内经营者的身份信息，提示未办理市场主体登记的经营者依法办理登记，并配合市场监督管理部门，针对电子商务的特点，为应当办理市场主体登记的经营者办理登记提供便利。

电子商务平台经营者应当依照税收征收管理法律、行政法规的规定，向税务部门报送平台内经营者的身份信息和与纳税有关的信息，并应当提示依照本法第十条规定不需要办理市场主体登记的电子商务经营者依照本法第十一条第二款的规定办理税务登记。

第二十九条 电子商务平台经营者发现平台内的商品或者服务信息存在违反本法第十二条、第十三条规定情形的，应当依法采取必要的处置措施，并向有关主管部门报告。

第三十条 电子商务平台经营者应当采取技术措施和其他必要措施保证其网络安全、稳定运行，防范网络违法犯罪活动，有效应对网络安全事件，保障电子商务交易安全。

电子商务平台经营者应当制定网络安全事件应急预案，发生网络安全事件时，应当立即启动应急预案，采取相应的补救措施，并向有关主管部门报告。

第三十一条 电子商务平台经营者应当记录、保存平台上发布的商品和服务信息、交易信息，并确保信息的完整性、保密性、可用性。商品和服务信息、交易信息保存时间自交易完成之日起不少于三年；法律、行政法规另有规定的，依照其规定。

第三十二条 电子商务平台经营者应当遵循公开、公平、公正的原则，制定平台服务协议和交易规则，明确进入和退出平台、商品和服务质量保障、消费者权益保护、个人信息保护等方面的权利和义务。

第三十三条 电子商务平台经营者应当在其首页显著位置持续公示平台服务协议和交易规则信息或者上述信息的链接标识，并保证经营者和消费者能够便利、完整地阅览和下载。

第三十四条 电子商务平台经营者修改平台服务协议和交易规则，应当在其首页显著位置公开征求意见，采取合理措施确保有关各方能够及时充分表达意见。修改内容应当至少在实施前七日予以公示。

平台内经营者不接受修改内容，要求退出平台的，电子商务平台经营者不得阻止，并按照修改前的服务协议和交易规则承担相关责任。

第三十五条 电子商务平台经营者不得利用服务协议、交易规则以及技术等手段，对平台内经营者在平台内的交易、交易价格以及与其他经营者的交易等进行不合理限制或者附加不合理条件，或者向平台内经营者收取不合理费用。

第三十六条 电子商务平台经营者依据平台服务协议和交易规则对平台内经营者违反法律、法规的行为实施警示、暂停或者终止服务等措施的，应当及时公示。

第三十七条 电子商务平台经营者在其平台上开展自营业务的，应当以显著方式区分标记自营业务和平台内经营者开展的业务，不得误导消费者。

电子商务平台经营者对其标记为自营的业务依法承担商品销售者或者服务提供者的民事责任。

第三十八条 电子商务平台经营者知道或者应当知道平台内经营者销售的商品或者提供的服务不符合保障人身、财产安全的要求，或者有其他侵害消费者合法权益行为，未采取必要措施的，依法与该平台内经营者承担连带责任。

对关系消费者生命健康的商品或者服务，电子商务平台经营者对平台内经营者的资质资格未尽到审核义务，或者对消费者未尽到安全保障义务，造成消费者损害的，依法承担相应的责任。

第三十九条 电子商务平台经营者应当建立健全信用评价制度，公示信用评价规则，为消费者提供对平台内销售的商品或者提供的服务进行评价的途径。

电子商务平台经营者不得删除消费者对其平台内销售的商品或者提供的服务的评价。

第四十条 电子商务平台经营者应当根据商品或者服务的价格、销量、信用等以多种方式向消费者显示商品或者服务的搜索结果；对于竞价排名的商品或者服务，应当显著标明“广告”。

第四十一条 电子商务平台经营者应当建立知识产权保护规则，与知识产权权利人加强合作，依法保护知识产权。

第四十二条 知识产权权利人认为其知识产权受到侵害的，有权通知电子商务平台经营者采取删除、屏蔽、断开链接、终止交易和服务等必要措施。通知应当包括构成侵权的初步证据。

电子商务平台经营者接到通知后，应当及时采取必要措施，并将该通知转送平台内经营者；未及时采取必要措施的，对损害的扩大部分与平台内经营者承担连带责任。

因通知错误造成平台内经营者损害的，依法承担民事责任。恶意发出错误通知，造成平台内经营者损失的，加倍承担赔偿责任。

第四十三条 平台内经营者接到转送的通知后，可以向电子商务平台经营者提交不存在侵权行为的声明。声明应当包括不存在侵权行为的初步证据。

电子商务平台经营者接到声明后，应当将该声明转送发出通知的知识产权权利人，并告知其可以向有关主管部门投诉或者向人民法院起诉。电子商务平台经营者在转送声明到达知识产权权利人后十五日内，未收到权利人已经投诉或者起诉通知的，应当及时终止所采取的措施。

第四十四条 电子商务平台经营者应当及时公示收到的本法第四十二条、第四十三条规定的通知、声明及处理结果。

第四十五条 电子商务平台经营者知道或者应当知道平台内经营者侵犯知识产权的，应当采取删除、屏蔽、断开链接、终止交易和服务等必要措施；未采取必要措施的，与侵权人承担连带责任。

第四十六条 除本法第九条第二款规定的服务外，电子商务平台经营者可以按照平台服务协议和交易规则，为经营者之间的电子商务提供仓储、物流、支付结算、交收等服务。电子商务平台经营者为经营者之间的电子商务提供服务，应当遵守法律、行政法规和国家有关规定，不得采取集中竞价、做市商等集中交易方式进行交易，不得进行标准化合约交易。

第三章　电子商务合同的订立与履行

第四十七条 电子商务当事人订立和履行合同，适用本章和《中华人民共和国民法总则》《中华人民共和国合同法》《中华人民共和国电子签名法》

等法律的规定。

第四十八条 电子商务当事人使用自动信息系统订立或者履行合同的行为对使用该系统的当事人具有法律效力。

在电子商务中推定当事人具有相应的民事行为能力。但是，有相反证据足以推翻的除外。

第四十九条 电子商务经营者发布的商品或者服务信息符合要约条件的，用户选择该商品或者服务并提交订单成功，合同成立。当事人另有约定的，从其约定。

电子商务经营者不得以格式条款等方式约定消费者支付价款后合同不成立；格式条款等含有该内容的，其内容无效。

第五十条 电子商务经营者应当清晰、全面、明确地告知用户订立合同的步骤、注意事项、下载方法等事项，并保证用户能够便利、完整地阅览和下载。

电子商务经营者应当保证用户在提交订单前可以更正输入错误。

第五十一条 合同标的为交付商品并采用快递物流方式交付的，收货人签收时间为交付时间。合同标的为提供服务的，生成的电子凭证或者实物凭证中载明的时间为交付时间；前述凭证没有载明时间或者载明时间与实际提供服务时间不一致的，实际提供服务的时间为交付时间。

合同标的为采用在线传输方式交付的，合同标的进入对方当事人指定的特定系统并且能够检索识别的时间为交付时间。

合同当事人对交付方式、交付时间另有约定的，从其约定。

第五十二条 电子商务当事人可以约定采用快递物流方式交付商品。

快递物流服务提供者为电子商务提供快递物流服务，应当遵守法律、行政法规，并应当符合承诺的服务规范和时限。快递物流服务提供者在交付商品时，应当提示收货人当面查验；交由他人代收的，应当经收货人同意。

快递物流服务提供者应当按照规定使用环保包装材料，实现包装材料的减量化和再利用。

快递物流服务提供者在提供快递物流服务的同时，可以接受电子商务经营者的委托提供代收货款服务。

第五十三条 电子商务当事人可以约定采用电子支付方式支付价款。

电子支付服务提供者为电子商务提供电子支付服务，应当遵守国家规定，告知用户电子支付服务的功能、使用方法、注意事项、相关风险和收费标准等事项，不得附加不合理交易条件。电子支付服务提供者应当确保电子支付指令的完整性、一致性、可跟踪稽核和不可篡改。

电子支付服务提供者应当向用户免费提供对账服务以及最近三年的交易记录。

第五十四条 电子支付服务提供者提供电子支付服务不符合国家有关支付安全管理要求，造成用户损失的，应当承担赔偿责任。

第五十五条 用户在发出支付指令前，应当核对支付指令所包含的金额、收款人等完整信息。

支付指令发生错误的，电子支付服务提供者应当及时查找原因，并采取相关措施予以纠正。造成用户损失的，电子支付服务提供者应当承担赔偿责任，但能够证明支付错误非自身原因造成的除外。

第五十六条 电子支付服务提供者完成电子支付后，应当及时准确地向用户提供符合约定方式的确认支付的信息。

第五十七条 用户应当妥善保管交易密码、电子签名数据等安全工具。用户发现安全工具遗失、被盗用或者未经授权的支付的，应当及时通知电子支付服务提供者。

未经授权的支付造成的损失，由电子支付服务提供者承担；电子支付服务提供者能够证明未经授权的支付是因用户的过错造成的，不承担责任。

电子支付服务提供者发现支付指令未经授权，或者收到用户支付指令未经授权的通知时，应当立即采取措施防止损失扩大。电子支付服务提供者未及时采取措施导致损失扩大的，对损失扩大部分承担责任。

第四章　电子商务争议解决

第五十八条 国家鼓励电子商务平台经营者建立有利于电子商务发展和消费者权益保护的商品、服务质量担保机制。

电子商务平台经营者与平台内经营者协议设立消费者权益保证金的，双方应当就消费者权益保证金的提取数额、管理、使用和退还办法等作出明确约定。

消费者要求电子商务平台经营者承担先行赔偿责任以及电子商务平台经营者赔偿后向平台内经营者的追偿，适用《中华人民共和国消费者权益保护法》的有关规定。

第五十九条 电子商务经营者应当建立便捷、有效的投诉、举报机制，公开投诉、举报方式等信息，及时受理并处理投诉、举报。

第六十条 电子商务争议可以通过协商和解，请求消费者组织、行业协会或者其他依法成立的调解组织调解，向有关部门投诉，提请仲裁，或者提起诉讼等方式解决。

第六十一条 消费者在电子商务平台购买商品或者接受服务，与平台内经营者发生争议时，电子商务平台经营者应当积极协助消费者维护合法权益。

第六十二条 在电子商务争议处理中，电子商务经营者应当提供原始合同和交易记录。因电子商务经营者丢失、伪造、篡改、销毁、隐匿或者拒绝提供前述资料，致使人民法院、仲裁机构或者有关机关无法查明事实的，电子商务经营者应当承担相应的法律责任。

第六十三条 电子商务平台经营者可以建立争议在线解决机制，制定并公示争议解决规则，根据自愿原则，公平、公正地解决当事人的争议。

第五章 电子商务促进

第六十四条 国务院和省、自治区、直辖市人民政府应当将电子商务发展纳入国民经济和社会发展规划，制定科学合理的产业政策，促进电子商务创新发展。

第六十五条 国务院和县级以上地方人民政府及其有关部门应当采取措施，支持、推动绿色包装、仓储、运输，促进电子商务绿色发展。

第六十六条 国家推动电子商务基础设施和物流网络建设，完善电子商务统计制度，加强电子商务标准体系建设。

第六十七条 国家推动电子商务在国民经济各个领域的应用，支持电子商务与各产业融合发展。

第六十八条 国家促进农业生产、加工、流通等环节的互联网技术应用，鼓励各类社会资源加强合作，促进农村电子商务发展，发挥电子商务在精准扶贫中的作用。

第六十九条 国家维护电子商务交易安全，保护电子商务用户信息，鼓励电子商务数据开发应用，保障电子商务数据依法有序自由流动。

国家采取措施推动建立公共数据共享机制，促进电子商务经营者依法利用公共数据。

第七十条 国家支持依法设立的信用评价机构开展电子商务信用评价，向社会提供电子商务信用评价服务。

第七十一条 国家促进跨境电子商务发展，建立健全适应跨境电子商务特点的海关、税收、进出境检验检疫、支付结算等管理制度，提高跨境电子商务各环节便利化水平，支持跨境电子商务平台经营者等为跨境电子商务提供仓储物流、报关、报检等服务。

国家支持小型微型企业从事跨境电子商务。

第七十二条 国家进出口管理部门应当推进跨境电子商务海关申报、纳税、检验检疫等环节的综合服务和监管体系建设，优化监管流程，推动实现信息共享、监管互认、执法互助，提高跨境电子商务服务和监管效率。跨境电子商务经营者可以凭电子单证向国家进出口管理部门办理有关手续。

第七十三条 国家推动建立与不同国家、地区之间跨境电子商务的交流合作，参与电子商务国际规则的制定，促进电子签名、电子身份等国际互认。

国家推动建立与不同国家、地区之间的跨境电子商务争议解决机制。

第六章　法律责任

第七十四条 电子商务经营者销售商品或者提供服务，不履行合同义务或者履行合同义务不符合约定，或者造成他人损害的，依法承担民事责任。

第七十五条 电子商务经营者违反本法第十二条、第十三条规定，未取得相关行政许可从事经营活动，或者销售、提供法律、行政法规禁止交易的商品、服务，或者不履行本法第二十五条规定的信息提供义务，电子商务平台经营者违反本法第四十六条规定，采取集中交易方式进行交易，或者进行标准化合约交易的，依照有关法律、行政法规的规定处罚。

第七十六条 电子商务经营者违反本法规定，有下列行为之一的，由市场监督管理部门责令限期改正，可以处一万元以下的罚款，对其中的电子商务平台经营者，依照本法第八十一条第一款的规定处罚：

（一）未在首页显著位置公示营业执照信息、行政许可信息、属于不需要办理市场主体登记情形等信息，或者上述信息的链接标识的；

（二）未在首页显著位置持续公示终止电子商务的有关信息的；

（三）未明示用户信息查询、更正、删除以及用户注销的方式、程序，或者对用户信息查询、更正、删除以及用户注销设置不合理条件的。

电子商务平台经营者对违反前款规定的平台内经营者未采取必要措施的，由市场监督管理部门责令限期改正，可以处二万元以上十万元以下的罚款。

第七十七条 电子商务经营者违反本法第十八条第一款规定提供搜索结果，或者违反本法第十九条规定搭售商品、服务的，由市场监督管理部门责令限期改正，没收违法所得，可以并处五万元以上二十万元以下的罚款；情节严重的，并处二十万元以上五十万元以下的罚款。

第七十八条 电子商务经营者违反本法第二十一条规定，未向消费者明示押金退还的方式、程序，对押金退还设置不合理条件，或者不及时退还押金的，由有关主管部门责令限期改正，可以处五万元以上二十万元以下的罚款；情节严重的，处二十万元以上五十万元以下的罚款。

第七十九条 电子商务经营者违反法律、行政法规有关个人信息保护的规定，或者不履行本法第三十条和有关法律、行政法规规定的网络安全保障义务的，依照《中华人民共和国网络安全法》等法律、行政法规的规定处罚。

第八十条 电子商务平台经营者有下列行为之一的，由有关主管部门责令限期改正；逾期不改正的，处二万元以上十万元以下的罚款；情节严重的，责令停业整顿，并处十万元以上五十万元以下的罚款：

（一）不履行本法第二十七条规定的核验、登记义务的；

（二）不按照本法第二十八条规定向市场监督管理部门、税务部门报送有关信息的；

（三）不按照本法第二十九条规定对违法情形采取必要的处置措施，或者未向有关主管部门报告的；

（四）不履行本法第三十一条规定的商品和服务信息、交易信息保存义务的。

法律、行政法规对前款规定的违法行为的处罚另有规定的，依照其规定。

第八十一条 电子商务平台经营者违反本法规定，有下列行为之一的，由市场监督管理部门责令限期改正，可以处二万元以上十万元以下的罚款；情节严重的，处十万元以上五十万元以下的罚款：

（一）未在首页显著位置持续公示平台服务协议、交易规则信息或者上述信息的链接标识的；

（二）修改交易规则未在首页显著位置公开征求意见，未按照规定的时间提前公示修改内容，或者阻止平台内经营者退出的；

（三）未以显著方式区分标记自营业务和平台内经营者开展的业务的；

（四）未为消费者提供对平台内销售的商品或者提供的服务进行评价的途径，或者擅自删除消费者的评价的。

电子商务平台经营者违反本法第四十条规定，对竞价排名的商品或者服务未显著标明“广告”的，依照《中华人民共和国广告法》的规定处罚。

第八十二条 电子商务平台经营者违反本法第三十五条规定，对平台内经营者在平台内的交易、交易价格或者与其他经营者的交易等进行不合理限制或者附加不合理条件，或者向平台内经营者收取不合理费用的，由市场监督管理部门责令限期改正，可以处五万元以上五十万元以下的罚款；情节严重的，处五十万元以上二百万元以下的罚款。

第八十三条 电子商务平台经营者违反本法第三十八条规定，对平台内经营者侵害消费者合法权益行为未采取必要措施，或者对平台内经营者未尽到资质资格审核义务，或者对消费者未尽到安全保障义务的，由市场监督管理部门责令限期改正，可以处五万元以上五十万元以下的罚款；情节严重的，责令停业整顿，并处五十万元以上二百万元以下的罚款。

第八十四条 电子商务平台经营者违反本法第四十二条、第四十五条规定，对平台内经营者实施侵犯知识产权行为未依法采取必要措施的，由有关知识产权行政部门责令限期改正；逾期不改正的，处五万元以上五十万元以下的罚款；情节严重的，处五十万元以上二百万元以下的罚款。

第八十五条 电子商务经营者违反本法规定，销售的商品或者提供的服务不符合保障人身、财产安全的要求，实施虚假或者引人误解的商业宣传等不正当竞争行为，滥用市场支配地位，或者实施侵犯知识产权、侵害消费者权益等行为的，依照有关法律的规定处罚。

第八十六条 电子商务经营者有本法规定的违法行为的，依照有关法律、行政法规的规定记入信用档案，并予以公示。

第八十七条 依法负有电子商务监督管理职责的部门的工作人员，玩忽职守、滥用职权、徇私舞弊，或者泄露、出售或者非法向他人提供在履行职责中所知悉的个人信息、隐私和商业秘密的，依法追究法律责任。

第八十八条 违反本法规定，构成违反治安管理行为的，依法给予治安管理处罚；构成犯罪的，依法追究刑事责任。

第七章 附　　则

第八十九条 本法自 2019 年 1 月 1 日起施行。

后　记

近年来，我国的互联网技术处于国际领先水平，随之而来，互联网业务迅速发展，由此电子商务活动走进千家万户。经营者创新创业，从电子商务中获取利益，满足生活需要。但由于国家法律颁布实施滞后，产生诸多法律纠纷，也有部分经营者利用法律缺陷投机钻营损害国家和人民的利益。为此，国家颁发了电子商务方面法律法规予以管制。《中华人民共和国电子商务法》的实施是电子商务领域的一件大事。为更好地学习和理解电子商务法律法规，浙江金奥律师事务所组织资深律师联合浙江六和律师事务所骨干律师在原《电子商务法律服务指引》的基础上进行修改和创新，出版《中华人民共和国电子商务法适用指南》。

浙江金奥律师事务所是经浙江省司法厅批准的综合性律师事务所。经吸收合并，现有律师、实习律师和行政人员60余名，是浙中地区规模最大的律师事务所。首席合伙人洪友红荣获全国优秀律师、浙江省“十大”优秀律师、金华市人民政府拔尖人才等荣誉。浙江六和律师事务所是浙江省规模最大的律师事务所之一，该所主任郑金都担任浙江省律师协会会长，电子商务法律部拥有较强的研究电子商务业务的实力。

本书的完成是编写团队共同努力的成果，中央财经大学博士生导师郭华教授亲自作序，浙江金奥律师事务所陈巧烨、朱恺、金珍双、叶夏爽律师也付出大量心血，在此一并表示感谢。

由于时间紧、任务重、互联网业务更新快，国家法律法规存在缺陷。本书的内容难免存在疏漏，敬请广大读者批评指正。

编　者

2018年12月28日